大数据与人工智能技术丛书

# Python
## 经济金融数据分析与决策

李树青 沈永建 编著

清华大学出版社
北京

## 内 容 简 介

本书内容包括数据统计分析、数据相关性分析、时间序列分析、会计决策分析方法、管理决策分析方法、金融决策分析方法等，结合经济、金融、管理等领域的实际问题，融合了财经类专业知识和 Python 编码实战，通过近 200 个案例的 Python 代码讲解，帮助读者提升财经类数据分析与决策的实践能力。

本书适合作为高等学校财经类专业的教材，也适合对量化交易等领域感兴趣的金融从业人员及普通读者参考。

版权所有，侵权必究。举报：010-62782989，beiqinquan@tup.tsinghua.edu.cn。

**图书在版编目（CIP）数据**

Python 经济金融数据分析与决策 / 李树青，沈永建编著. -- 北京：清华大学出版社，2025.5.（大数据与人工智能技术丛书）. -- ISBN 978-7-302-69226-3

Ⅰ．F830.41

中国国家版本馆 CIP 数据核字第 20251T2X30 号

责任编辑：付弘宇
封面设计：刘　键
责任校对：韩天竹
责任印制：刘　菲

出版发行：清华大学出版社
网　　址：https://www.tup.com.cn，https://www.wqxuetang.com
地　　址：北京清华大学学研大厦 A 座　　邮　编：100084
社 总 机：010-83470000　　邮　购：010-62786544
投稿与读者服务：010-62776969，c-service@tup.tsinghua.edu.cn
质量反馈：010-62772015，zhiliang@tup.tsinghua.edu.cn
课件下载：https://www.tup.com.cn，010-83470236

印 装 者：涿州市毂润文化传播有限公司
经　　销：全国新华书店
开　　本：185mm×260mm　　印　张：14.5　　字　数：347 千字
版　　次：2025 年 6 月第 1 版　　印　次：2025 年 6 月第 1 次印刷
印　　数：1～1500
定　　价：49.00 元

产品编号：100421-01

# 前　言

　　本书主要面向高等院校 Python 程序设计教学及实验实训的要求，以培养使用 Python 进行面向实际任务的数据分析的能力为目标，结合与财经相关的经济、金融、管理等领域的实际问题，融合专业知识应用的教学和 Python 代码实战能力的培养。本书主要内容包括数据统计分析、数据相关性分析、时间序列分析、会计决策分析方法、管理决策分析方法、金融决策分析方法等。

　　本书在编写过程中遵循专业复合、例子实用、代码简洁的理念，对相关教学内容进行精心设计和选择，通过近 200 个示例程序和几十幅效果图，构建了面向财经相关的应用领域、融合真实数据分析任务的解决方案及 Python 实现的复合型学习路线。

　　本书是在编者及其教学团队多年讲授相关课程，从事相关课题研究的基础上凝练而成的，同时也吸收了国内外诸多相关教材的内容和成果。

　　本书的编写得到了南京财经大学信息工程学院各位同仁的大力支持，清华大学出版社也对本书的出版给予了很大的帮助，在此一并表示感谢。限于编者水平，书中难免存在疏漏和不足之处，敬请有关专家和广大读者批评指正。

　　本书配套 PPT 课件、教学大纲、例子代码、数据集等教学资源，读者可以通过关注封底的微信公众号"书圈"下载。关于本书及配套资源使用中的问题，请联系 404905510@qq.com。

　　编者创建了与本书相关的教学资源网站，欢迎读者扫描下方二维码访问。

编　者
2025 年 2 月

# 目 录

## 第一篇 基础知识篇

### 第1章 数据处理基础 ············ 3
#### 1.1 数据获取 ············ 3
##### 1.1.1 专业数据库 ············ 3
##### 1.1.2 互联网数据网站 ············ 6
#### 1.2 数据读取 ············ 8
##### 1.2.1 文件读取方式 ············ 8
##### 1.2.2 动态生成方式 ············ 13
##### 1.2.3 大规模数据读取与存储 ············ 16
#### 1.3 数据预处理 ············ 22
##### 1.3.1 缺失数据处理 ············ 23
##### 1.3.2 数据转换 ············ 27
#### 习题 ············ 31

## 第二篇 数据分析篇

### 第2章 数据统计分析 ············ 35
#### 2.1 数据类型 ············ 35
##### 2.1.1 单一数据类型 ············ 35
##### 2.1.2 组合数据类型 ············ 36
#### 2.2 数据抽样 ············ 37
##### 2.2.1 随机抽样 ············ 37
##### 2.2.2 等距抽样 ············ 37
##### 2.2.3 分层抽样 ············ 38
##### 2.2.4 整群抽样 ············ 39
#### 2.3 数据分组 ············ 40
##### 2.3.1 等距分组 ············ 40
##### 2.3.2 不等距分组 ············ 42
#### 2.4 数据分布分析 ············ 44
##### 2.4.1 频次分布分析 ············ 44
##### 2.4.2 时序分布分析 ············ 57
##### 2.4.3 集中度分析 ············ 60

2.5 数据假设检验 ································································ 68
    2.5.1 正态分布检验 ···················································· 69
    2.5.2 T值检验 ··························································· 71
习题 ················································································· 72

# 第3章 数据相关性分析 ·························································· 74
3.1 相关度 ········································································ 74
    3.1.1 线性相关度计算 ·················································· 75
    3.1.2 非线性相关度计算 ··············································· 76
3.2 回归分析 ····································································· 76
    3.2.1 线性回归分析 ····················································· 77
    3.2.2 非线性回归分析 ·················································· 90
习题 ················································································· 93

# 第4章 时间序列分析 ······························································ 95
4.1 时序水平指标分析 ························································ 95
    4.1.1 发展水平 ··························································· 95
    4.1.2 增减量 ······························································ 98
4.2 时序速度指标分析 ························································ 99
    4.2.1 发展速度 ··························································· 99
    4.2.2 增减速度 ························································· 100
4.3 长期趋势分析 ····························································· 105
    4.3.1 移动平均法 ······················································ 105
    4.3.2 长期趋势信息的分解 ········································· 108
习题 ··············································································· 114

# 第三篇 应用分析篇

# 第5章 会计决策分析方法 ····················································· 117
5.1 成本分析 ··································································· 117
    5.1.1 不同性质的成本对比分析 ···································· 117
    5.1.2 历史成本法的拟合 ············································ 119
    5.1.3 账户成本法 ······················································ 121
    5.1.4 作业成本法 ······················································ 122
5.2 本量利分析 ································································ 124
    5.2.1 本量利基本指标分析 ········································· 124
    5.2.2 盈亏平衡分析 ··················································· 125
5.3 边际值分析 ································································ 130
    5.3.1 边际成本计算 ··················································· 130
    5.3.2 边际收益计算 ··················································· 132
    5.3.3 边际利润计算 ··················································· 133

  5.3.4 需求价格弹性计算 ·············· 133
 5.4 预测分析 ·············· 134
  5.4.1 销售预测 ·············· 134
  5.4.2 成本预测 ·············· 141
  5.4.3 利润预测 ·············· 142
  5.4.4 资金预测 ·············· 144
 5.5 财会机器人 ·············· 145
  5.5.1 基于键盘鼠标模拟的实现方法 ·············· 146
  5.5.2 基于文件读写的实现方法 ·············· 149
 习题 ·············· 151

## 第 6 章　管理决策分析方法 ·············· 152
 6.1 决策树分析 ·············· 152
 6.2 线性规划分析 ·············· 157
  6.2.1 双变量的生产规划 ·············· 157
  6.2.2 多变量的生产规划 ·············· 162
  6.2.3 二值变量结合的非线性生产规划 ·············· 165
 6.3 最优化问题 ·············· 169
  6.3.1 最小成本计算 ·············· 169
  6.3.2 最大利润计算 ·············· 171
 6.4 改变量分析 ·············· 172
  6.4.1 平均变化率 ·············· 172
  6.4.2 经济函数改变量 ·············· 173
 6.5 多值计算 ·············· 174
 习题 ·············· 175

## 第 7 章　金融决策分析方法 ·············· 177
 7.1 利息计算 ·············· 177
  7.1.1 借贷利息计算 ·············· 177
  7.1.2 按揭贷款计算 ·············· 179
 7.2 博彩量化分析 ·············· 180
  7.2.1 掷色子模拟分析 ·············· 180
  7.2.2 购买彩票模拟分析 ·············· 182
 7.3 股票行情可视化 ·············· 186
  7.3.1 K 线图绘制 ·············· 186
  7.3.2 成交量图绘制 ·············· 188
  7.3.3 MACD 图绘制 ·············· 189
  7.3.4 KDJ 图绘制 ·············· 191
 7.4 股票行情分析 ·············· 193
  7.4.1 股票异动涨跌幅阈值的确定 ·············· 193

   7.4.2 股票最可能上涨和下跌的星期几 …………………………… 194
   7.4.3 跳空缺口分析 ……………………………………………………… 197
   7.4.4 多股票对比分析 ………………………………………………… 200
   7.4.5 黄金分割线交易法 ……………………………………………… 204
  7.5 回测模拟 ……………………………………………………………………… 206
   7.5.1 高抛低吸策略 …………………………………………………… 206
   7.5.2 均值回归策略 …………………………………………………… 209
   7.5.3 趋势跟踪策略 …………………………………………………… 213
   7.5.4 正态分布买入策略 ……………………………………………… 215
 习题 ………………………………………………………………………………………… 217
附录 A 本书使用的数据文件说明 ……………………………………………………… 218
附录 B 常见中英文字体名称 ……………………………………………………………… 223
附录 C print()方法输出数字字符串的格式 …………………………………………… 224

# 第一篇 基础知识篇

# 第 1 章

# 数据处理基础

数据是分析的基础,因此在进行各种分析之前,首先必须获取有效的数据,并且对这些数据进行必要的处理,以满足分析的要求。本章内容是本书后续章节涉及的必备基础知识。

## 1.1 数据获取

本节主要结合一些常见的经济管理类数据资源来介绍相关数据获取方法。经济管理类数据广泛存在于各类数据库资源和网络资源中。

下面介绍常用的获取方法。

### 1.1.1 专业数据库

此类数据库有很多,可以提供各类经济数据的下载,但是大多数是付费数据库。如中经网省级统计年鉴(https://njk.cei.cn/),如图 1-1 所示。

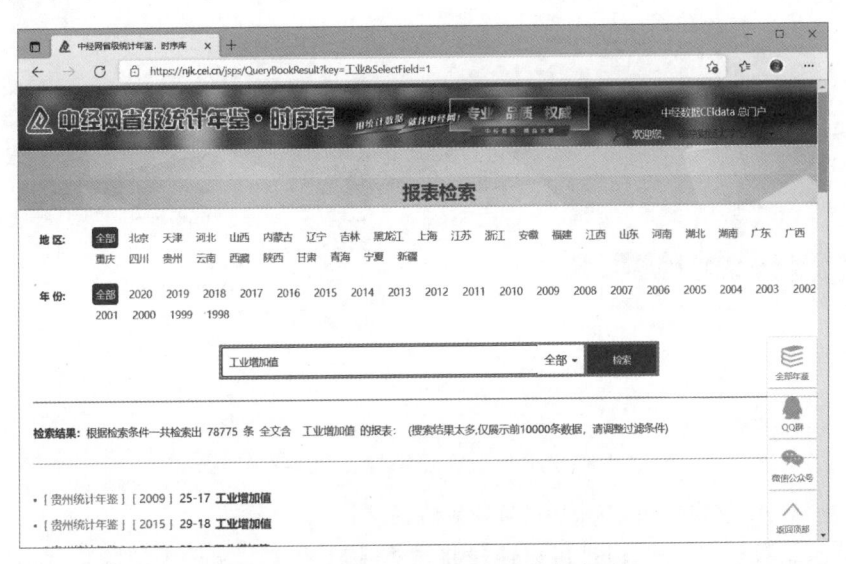

图 1-1 中经网省级统计年鉴检索主页

单击某条记录，即可看到详细的信息，如图 1-2 所示。

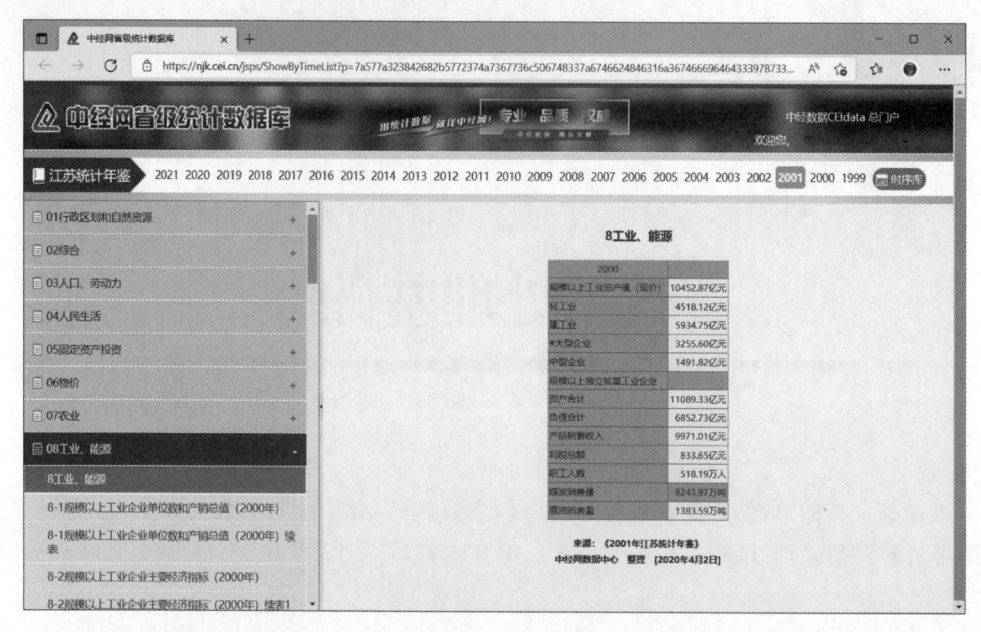

图 1-2　中经网省级统计年鉴的检索结果

可以直接利用专业数据库的数据下载功能，但是很多专业数据库的数据并没有直接提供下载。通常可以考虑使用以下方法。

（1）选择所需数据并右击进行复制，如图 1-3 所示。

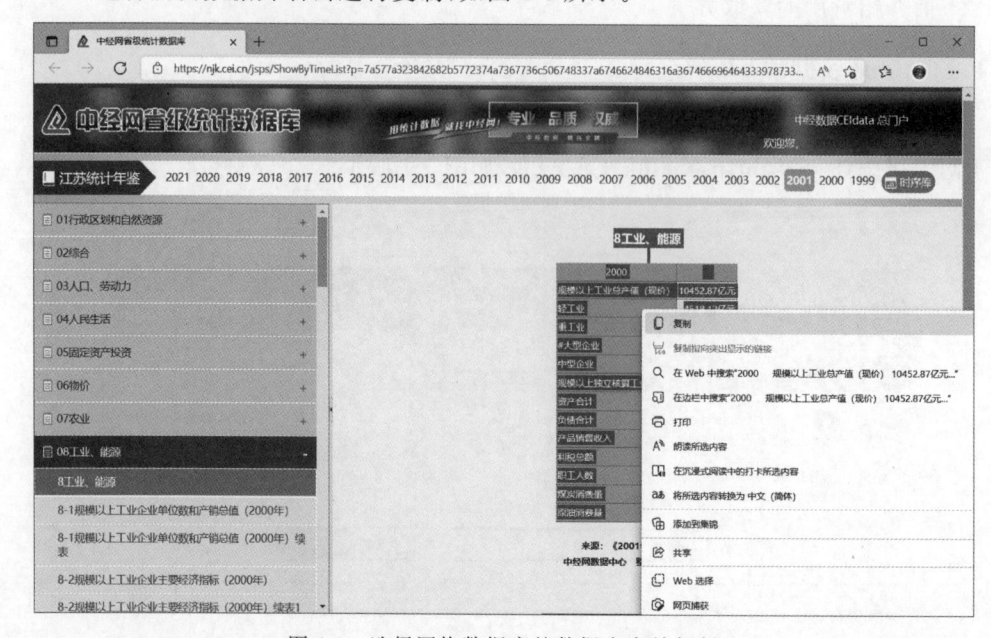

图 1-3　选择网络数据库的数据内容并复制

（2）在 WPS 表格或者 Excel 中直接粘贴，如图 1-4 所示。

虽然原始数据有格式，但是可以通过将数据保存为文本文件来消除格式，如保存为

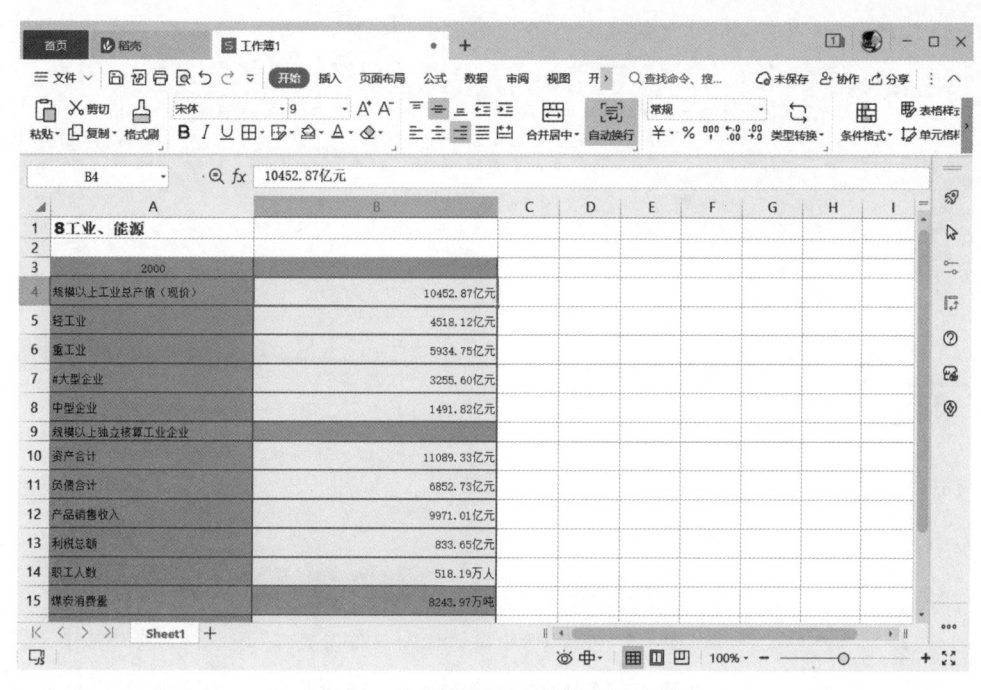

图 1-4　在 WPS 表格中粘贴表格数据

CSV 文件，如图 1-5 所示。CSV 文件是一种纯文本文件，通常适合保存各种表格数据，文件中的每行对应数据表格的一行，每行中通过逗号来分隔不同的列。它是数据分析任务中最常见的一种数据文件格式。

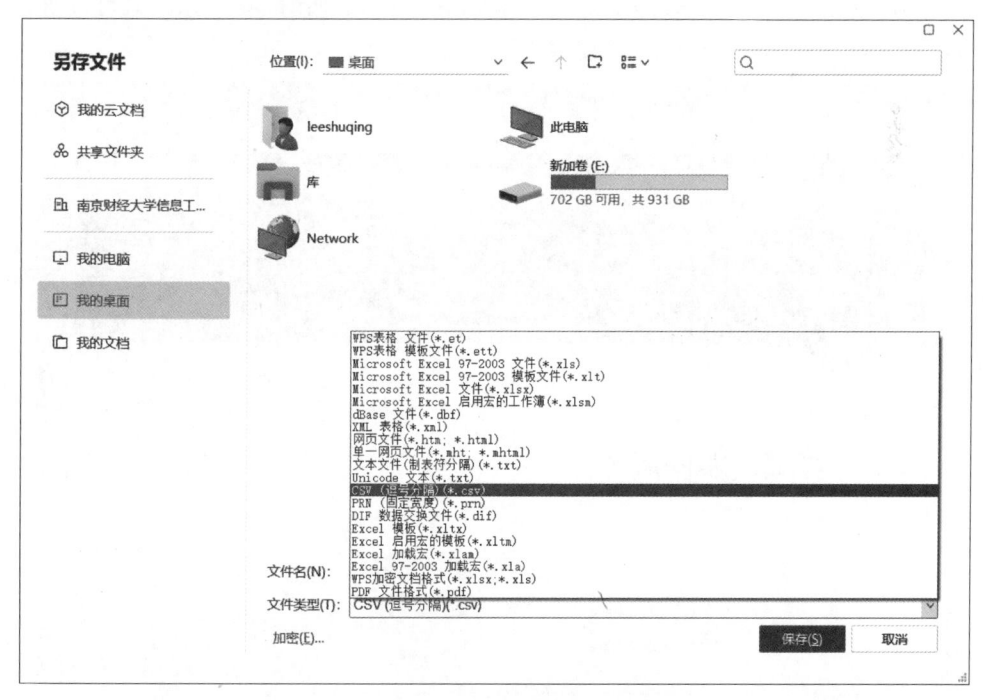

图 1-5　使用 CSV 文件保存数据

打开该 CSV 文件,即可看到纯文本数据内容,如图 1-6 所示。

图 1-6　在 WPS 中显示 CSV 文件内容

(3) 后续进行一些必要的无用行列的删除和调整,形成规范、可用的数据表格文件。

## 1.1.2　互联网数据网站

互联网上还有很多使用方便的数据资源网站,其中有些可以免费使用。如国家统计局的"查数"网站(https://data.stats.gov.cn/search.htm,如图 1-7 所示),既可以直接搜索所需数据,也可以根据目录选择所需数据。

图 1-7　国家统计局的"查数"网站

其中的大部分数据资源可以免费下载，单击图1-8中箭头所指的"下载"图标即可下载。下载前需要登录，注册是免费的。

图1-8　"查数"网站的下载功能

可以提供经济管理类数据检索服务的常用互联网数据网站如表1-1所示。

表1-1　常见互联网数据网站

| 网 站 名 称 | 网　　址 |
| --- | --- |
| 搜数网 | http：//www.soshoo.com/ |
| 飞桨AI Studio | https：//aistudio.baidu.com/aistudio/datasetoverview |
| AMiner | https：//www.aminer.cn/data/ |
| data.world | https：//data.world/dataquest |
| Network Data Repository | https：//networkrepository.com/ |
| Machine Learning Datasets | https：//www.datasetlist.com/ |
| 天池 | https：//tianchi.aliyun.com/dataset |
| 美国统一数据开放门户 | https：//data.gov/ |
| Kaggle竞赛数据集 | https：//www.kaggle.com/ |
| UCI机器学习数据集 | http：//mlr.cs.umass.edu/ml/ |
| 世界银行开放数据 | https：//data.worldbank.org/ |
| 数据堂 | https：//www.datatang.com/dataset |

对于互联网上的更多数据资源，利用搜索引擎是一种有效的获取方式。事实上，互联网上存在大量可用的数据资源，相当多的资源都可以免费获取。一般有以下两种获取方式可供参考。

（1）通过已知的数据文件名称：对于确定名称的数据文件，直接使用该文件名称，必要时前后加上双引号限定为精确检索，即可直接搜索相关的下载链接。

（2）限定在某些网站内部来进行专门检索，如检索"site：tsinghua.edu.cn data download"表示在清华大学网站内部检索关于"数据下载"的英文资源。除了教育网外，博客网站、个人主页也是很好的数据资源获取来源。

## 1.2 数据读取

各种途径获取的数据通常均以数据文件的格式存在。常见的格式有两种，分别是文本文件和非文本文件，下面分别进行介绍。

### 1.2.1 文件读取方式

**1. 文本文件**

文本文件是最常见的一种数据文件格式，就是把原始的数据内容直接以文本字符的方式写入文件，因此几乎所有的平台都可以自由读取。例如在 Windows 操作系统中，就可以使用记事本、写字板等内置软件直接打开文本文件。

对于数据量较大的文件，建议使用诸如 Editplus 或者 Sublime 等专业文本编辑器来打开，其中 Sublime 不仅免费而且功能强大（下载地址为 https://www.sublimetext.com/）。

在这些文本数据文件中，一般以行为单位来表示一条数据记录，往往也以行为单位来读取数据。例如一个企业的财务信息，每一行通过各种常见的分隔符来表示多个数据列，其中分隔符可能是逗号、Tab 制表符或者空格，逗号最为常见，因此在读取文本文件时，有时需要设定其他正确的分隔符。此类文件扩展名一般为 CSV，含义是"逗号分隔值，Comma-Separated Values"。

分隔的每列通常表达不同的数据特征，例如对于一条企业财务数据记录而言，数据列可能为投资收益、营业外收支净额或者利润总额等。有时，一些数据文件还会在每一列的数据值前后加上双引号或者单引号以作区分。这些都使得非常有必要在数据处理和分析前看清数据文件的格式说明，或者手动打开数据文件看看其数据格式，以便确定正确、有效的处理方式。

【例 1-1】 读取文本数据文件。

例如，得到一个数据文件 udau.dat，如果使用 Windows 自带的记事本打开，正确的打开方式为：打开记事本程序，单击"文件"→"打开"，在"打开"对话框中，选择数据文件所在的目录，如这里是"桌面"，一般此时无法看到该数据文件，因为该数据文件扩展名不是 TXT，默认记事本无法找到。单击"文件名"右侧的"文件类型"下拉列表框，选择"所有文件（*.*）"，此时就能看到该数据文件进而选中它，如图 1-9 所示。

如果打开文件时显示乱码，可以考虑在"打开"对话框下方的"编码"下拉列表框中选择合适的字符编码，这里选择 UTF-8。

【例 1-2】 读取 CSV 数据文件。

```
1  import pandas as pd
2  data = pd.read_csv('datafile1.csv', header = None)
3  print(data.head())
```

图 1-9　在记事本中设置数据文件的打开方式

输出如下：

```
           0      1    2    3   ...       16         17         18        19
0  2018/12/31   0.17   --   --  ...  7,024,257  6,857,100  2,347,972      4.13
1  2017/12/31   0.12   --   --  ...  6,848,235  6,682,483  2,273,404         3
2  2016/12/31   0.28   --   --  ...  7,287,902  7,099,881  1,654,760      4.43
3  2015/12/31  -1.64   --   --  ...    317,412    280,977      5,657   -178.71
4  2014/12/31  -0.29   --   --  ...    286,873    251,297    100,392    -15.55
```

这个文件使用标准的逗号分隔符,读取方法也是一种常见的数据文件查看方法,默认 head() 方法返回 5 条头部记录。此时 header 属性为 None,表示没有标题行,将使用 0、1 等整数连续表达各个数据列的名称。如果没有添加此参数设置,默认的读取方式会把第一行数据记录作为标题行。

注意,该文件和本节后面几个数据文件都可以在本书的教学资源中找到。本书涉及的很多数据文件在多个章节连续使用,如果章节内容需要使用新的数据文件,会对新使用的数据文件进行说明。

为了方便并和本书保持一致,可以将数据文件选中并复制,然后在 PyCharm 中选中当前项目,即项目名称所在的最上层标题,右击选择"粘贴"(Paste),即可将数据文件保存到当前项目中,并可以直接在代码中读取,如图 1-10 所示。

如果文件放在其他目录下,则需要明确地在代码中的文件名称前加上完整路径。例如数据文件在 D:\temp 目录下,相应的读取代码为

```
data = pd.read_csv('d:\\temp\\datafile1.csv')
```

这里的文件路径中使用了双反斜杠来区分不同的目录层次,这是一种转义字符的写法。不管使用哪种数据文件存储方式,只要出现如图 1-11 所示的错误,就需要仔细检查数据文件是否正确。

一般数据文本文件的扩展名为 CSV,也可能为 TXT、DAT 等,甚至有时数据文件没

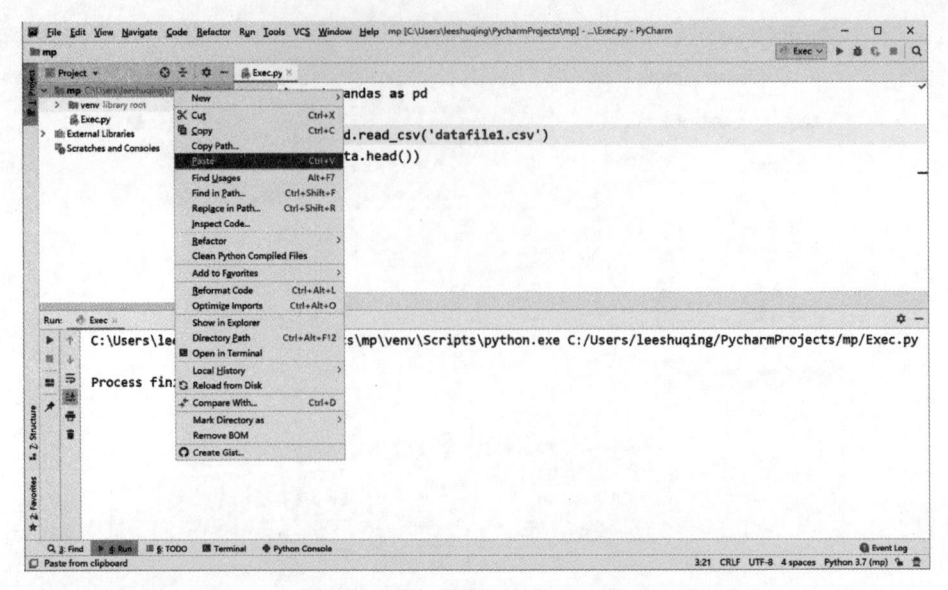

图 1-10　通过复制粘贴将数据文件保存到当前项目中

图 1-11　因为数据文件路径错误导致的读取失败

有扩展名,但是这些并不影响数据文件的读取,只需要在读取时给出完整的数据文件名称即可。

默认情况下,DataFrame 只会显示行列记录的部分内容。如果想看清全部列,可以增加设置如下:

```
1  import pandas as pd
2  data = pd.read_csv('datafile1.csv', header = None)
3  pd.set_option('display.max_columns', None)
4  pd.set_option('display.width', 500)
5  print(data.head())
```

上面第三行和第四行代码为常见的输出设置语句,分别表示显示所有列和设置最大横向宽度以确保一行输出一条记录。

对于一些分隔符异常的数据文件,需要设置分隔符才能正确读取。

【例1-3】 读取不使用逗号分隔符的数据文件。

```
1    import pandas as pd
2    data = pd.read_csv('datafile2.csv', sep = '\t', header = None)
3    print(data.head())
```

该数据文件使用 Tab 制表符来分隔各数据列,因此如果这里不设置 sep 属性,将会把所有一行数据默认看成一列。

对于含有中文的文本文件,如果出现类似于 UnicodeDecodeError 的字符编码错误,则需要设置字符集才能正确读取。

【例1-4】 读取含有中文字符的数据文件。

```
1    import pandas as pd
2    data = pd.read_csv('datafile3.csv', encoding = 'UTF-8')
3    print(data.head())
```

不正确的字符设置仍会产生字符编码转换错误,因此,encoding 参数的取值并非一定是 UTF-8,需要根据所在操作系统进行灵活选择,一般为 UTF-8、GBK、GB2312 等。

PyCharm 在导入和加载数据文件时通常会自动打开数据文件,但是也会因为字符编码产生错误,如图 1-12 所示。

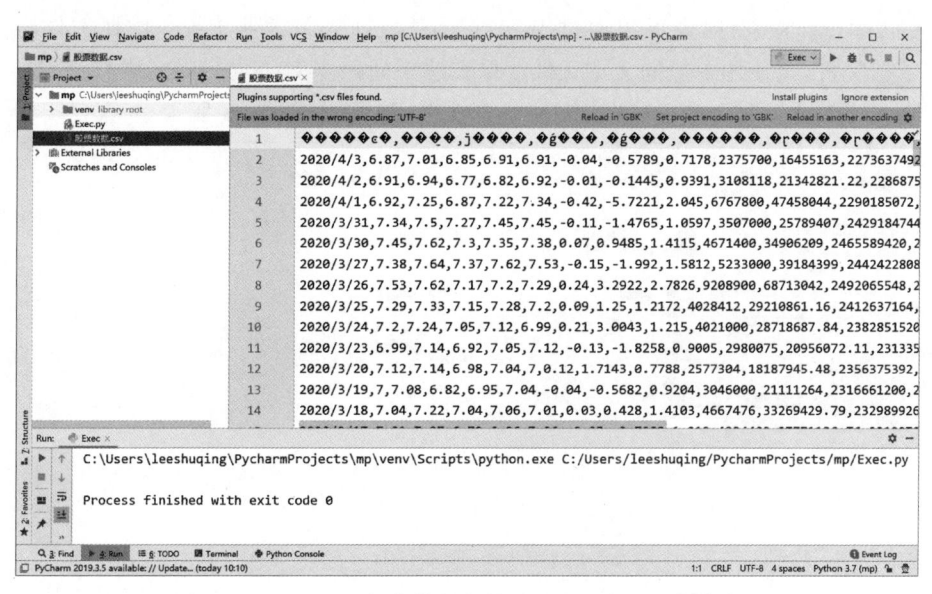

图 1-12　PyCharm 加载数据文件时没有正确设置字符编码

此时就需要设置正确的字符编码,方法是单击数据文件上方的红色背景色区域(见彩页),选择 Reload in 'GBK'。

**2. 非文本文件**

非文本文件就是除了文本文件以外的其他所有格式的文件,显然种类千差万别。不同的格式通常都需要特定的程序才能打开，如图片必须用图片查看器才能浏览，音频必须用音乐播放器才能播放。但是对于数据文件而言，常见的非文本文件主要是 Excel 文件等类型。

Excel 文件因为版本不同，有 XLS 和 XLSX 两种常见的文件格式，分别需要使用不同的库。对于 XLS 数据文件，需要安装 xlrd 库，即可直接读取。

【例 1-5】 读取 Excel 数据文件。

```
1  import pandas as pd
2  data = pd.read_excel('datafile4.xls')
3  print(data.head())
```

这里的读取方法为 read_excel()，它是 Pandas 库中专门读取 Excel 文件的方法。

对于 XLSX 数据文件，需要安装 openpyxl 库，此时需要增加 engine 属性设置。例如：

```
1  import pandas as pd
2  data = pd.read_excel('datafile5.xlsx', engine = 'openpyxl')
3  print(data.head())
```

由于 Excel 数据文件往往包含多个工作表(sheet)，因此还可以通过 sheet_name 属性设置读取特定的工作表。例如：

```
1  import pandas as pd
2  data = pd.read_excel('datafile5.xlsx', engine = 'openpyxl', sheet_name = '2')
3  print(data.head())
```

在实际操作中，有时也可以通过 WPS 或者 Excel 先将这些 Excel 数据文件转换为 CSV 数据文件，再使用一般的文本文件读取方法来处理。例如，在 WPS 中打开 Excel 数据文件，选择"另存为"，在"文件类型"中选择 CSV 即可，如图 1-13 所示。

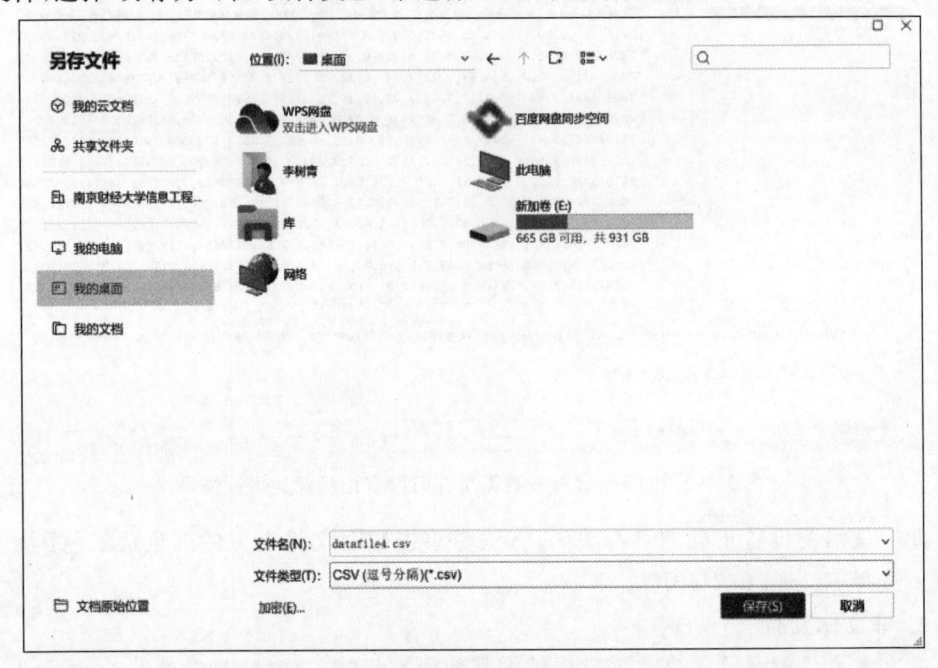

图 1-13 将 Excel 数据文件转换为 CSV 数据文件

## 1.2.2 动态生成方式

所谓动态生成方式,是指通过代码直接生成数据集合。这些数据是动态生成的,没有事先存储在数据文件中,但是依然可以在运行期间加载,从而实现和读取数据文件一样的效果。它们通常应用于仿真分析和测试用例中。

**【例 1-6】** 设定列名称并生成记录。

```
1  import pandas as pd
2  cols = ['company', 'city']
3  data = pd.DataFrame(columns = cols)
4  data.loc[0] = ['Huawei', 'Shenzhen']
5  data.loc[1] = ['Baidu', 'Beijing']
6  print(data)
```

输出如下:

```
   company      city
0  Huawei   Shenzhen
1  Baidu    Beijing
```

代码说明如下:

(1) 第三行建立一个新的 DataFrame,可以认为 DataFrame 就是一个二维数据表格,而人们读取和使用的各种数据往往也是二维表格结构,因此通过运行期间动态建立一个 DataFrame 并指定里面列的名称,即可得到一个新的数据结构。

(2) 第四和第五行分别添加两条记录,此时通过 loc 方法指定添加行的次序。loc 方法后面的方括号指定了记录的序号,默认从 0 开始,也就是第一条记录。赋值为一个列表,元素的个数要和列数保持一致。

本例也可以写成下面的形式:

```
1  import pandas as pd
2  data = pd.DataFrame({
3      'company': ['Huawei', 'Baidu'],
4      'city': ['Shenzhen', 'Beijing']
5  })
6  print(data)
```

或者

```
1  import pandas as pd
2  cols = ['company', 'city']
3  data = pd.DataFrame(columns = cols, data = [['Huawei', 'Shenzhen'], ['Baidu', 'Beijing']])
4  print(data)
```

或者

```
1  import pandas as pd
2  data = pd.DataFrame()
3  data['company'] = ['Huawei', 'Baidu']
4  data['city'] = ['Shenzhen', 'Beijing']
5  print(data)
```

这些效果都一样，读者可以根据自己的需要灵活选择不同的写法。

【例 1-7】 设定列的名称、类型并生成记录。

```
1   import pandas as pd
2   cols = ['ID', 'company', 'city']
3   data = pd.DataFrame(columns = cols)
4   data['ID'] = data['ID'].astype('int')
5   data.loc[0] = [1, 'Huawei', 'Shenzhen']
6   data.loc[1] = [2, 'Baidu', 'Beijing']
7   print(data)
```

这里主要的改变是第四行，将特定列的类型转换为指定的类型。默认情况下，DataFrame 会根据数据自动判断合适的数据类型。也可以通过 astype() 方法强制设定数据列的数据类型。例如，这里将当前 ID 数据列转换为整数类型，此时就需要在后续添加数据时，将第一列数据设置为整数。如果类型不一致，DataFrame 会自动进行数据类型转换。

这里还有一个常见的问题。一般情况下，很多 DataFrame 的内置函数方法都无法实现对自身数据的修改，而是只返回一个修改后的新副本，因此往往需要再次赋值给原有变量进行覆盖，才能实现更新效果的保存。例如，这里要将改变后的数据列再次赋值（覆盖）给原始数据列后，才能实现数据类型的更新。

【例 1-8】 根据现有的 DataFrame 来构建新的 DataFrame。

```
1   import pandas as pd
2   data = pd.DataFrame({
3       'company': ['Huawei', 'Baidu'],
4       'city': ['Shenzhen', 'Beijing']
5   })
6   result = pd.DataFrame(columns = data.columns)
7   print(result)
```

这里 result 的数据列和 data 一致，行记录为空。在很多数据操作中，通过这种方法可以快速得到结构相同的新数据结构，非常方便。

不同的 DataFrame 还可以自由组合，形成行列更多的 DataFrame。

【例 1-9】 将现有的 DataFrame 纵向合并，拼接为新的 DataFrame。

```
1   import pandas as pd
2   data = pd.DataFrame({
3       'company': ['Huawei', 'Baidu'],
4       'city': ['Shenzhen', 'Beijing']
5   })
6   result = pd.concat([data, data])
7   print(result)
```

输出如下：

```
   company      city
0   Huawei  Shenzhen
1    Baidu   Beijing
0   Huawei  Shenzhen
1    Baidu   Beijing
```

Pandas 的 concat()方法可以将传递过来的列表中的所有 DataFrame 默认进行纵向合并。如果这些 DataFrame 不具有相同的列结构,拼接结果将保留全部列的内容,将没有对应的元素内容全部填充为空值。

如果希望按照水平方向横向拼接,可以设置 axis 参数。

【例 1-10】 将现有的 DataFrame 进行横向合并,拼接为新的 DataFrame。

```
1   import pandas as pd
2   data = pd.DataFrame({
3       'company': ['Huawei', 'Baidu'],
4       'city': ['Shenzhen', 'Beijing']
5   })
6   result = pd.concat([data, data], axis = 1)
7   print(result)
```

输出如下:

```
   company      city company      city
0   Huawei  Shenzhen  Huawei  Shenzhen
1    Baidu   Beijing   Baidu   Beijing
```

同样,此时如果拼接的 DataFrame 具有不同的行数,则将以最大行数来存储,产生的多余元素都以空值填充。

最后补充一些关于 Series 的基本知识。Series 与 DataFrame 密不可分,简单来说,可以将 Series 看成只有一列的 DataFrame。通常在 DataFrame 中返回的很多单列数据都是 Series 类型。

【例 1-11】 由 DataFrame 变量生成 Series 变量。

```
1   import pandas as pd
2   data = pd.DataFrame({
3       'company': ['Huawei', 'Baidu'],
4       'city': ['Shenzhen', 'Beijing']
5   })
6   print(data['company'])
```

输出如下:

```
0    Huawei
1     Baidu
```

这里直接读取 DataFrame 的第一列,即可得到一个 Series 变量。从输出来看,Series 由于只有一列,虽然也有列名,但没有显示列名,也有默认从 0 开始的索引和每行的数值,因此,对于 Series 变量,一般直接通过进一步的切片或者条件选择即可获取特定的行数值。例如,下面的代码展示了利用条件选择获取 Series 元素的方法:

```
1   import pandas as pd
2   data = pd.DataFrame({
3       'company': ['Huawei', 'Baidu'],
4       'city': ['Shenzhen', 'Beijing']
5   })
6   result = data['company']
7   print(result[result == 'Baidu'])
```

输出如下：

```
1    Baidu
```

需要说明的是，如果在读取 DataFrame 数据列时使用了双方括号，则依然返回一个 DataFrame，只是该 DataFrame 只有一列。例如：

```
1  import pandas as pd
2  data = pd.DataFrame({
3      'company': ['Huawei', 'Baidu'],
4      'city': ['Shenzhen', 'Beijing']
5  })
6  print(data[['company']])
```

输出如下：

```
   company
0  Huawei
1  Baidu
```

可以看出，这个唯一的列具有一个明确的列名"company"。

**【例 1-12】** 由 Series 变量生成 DataFrame 变量。

```
1  import pandas as pd
2  data = pd.DataFrame({
3      'company': ['Huawei', 'Baidu'],
4      'city': ['Shenzhen', 'Beijing']
5  })
6  result = data['company']
7  print(pd.DataFrame(result))
```

输出如下：

```
   company
0  Huawei
1  Baidu
```

本例把例 1-11 得到的 Series 再次转换为 DataFrame，具体方法有很多种，这里的方法是利用 pd.DataFrame()直接转换。

### 1.2.3 大规模数据读取与存储

**1. 大规模数据读取方法**

对于大规模的数据文件，直接采取传统的数据文件读取方法会导致很明显的性能问题，甚至会读取失败。

**【例 1-13】** 一次性读取较大规模的数据文件。

这里有一个电影用户评分数据文件 ratings.csv（可以在教学资源中找到，详细格式说明请参阅附录 A），大小近 600MB，包含记录近 2300 万条。

首先使用标准的方法来读取全部文件：

```
1  from time import time
2  import pandas as pd
3  start = time()
```

```
4   data = pd.read_csv('ratings.csv')
5   stop = time()
6   print(str(stop - start) + "秒")
7   print(data)
```

输出如下:

```
4.050334453582764 秒
          userId   movieId   rating   timestamp
0              1       169      2.5  1204927694
1              1      2471      3.0  1204927438
2              1     48516      5.0  1204927435
3              2      2571      3.5  1436165433
4              2    109487      4.0  1436165496
...          ...       ...      ...         ...
22884372  247753     49530      5.0  1430437962
22884373  247753     69481      3.0  1430437984
22884374  247753     74458      4.0  1430437968
22884375  247753     76093      5.0  1430437811
22884376  247753    130636      0.5  1430437721
```

这里对于时间间隔的获取是通过 time 库的 time() 函数实现的,该函数通过返回时间戳获取当前计算机时间,通过计算执行前后的时间戳差值即可得到执行的秒数。该数值可能会因为计算机性能的不同而有差异。

如果数据文件规模较大,必然占用较大的内存空间,很多计算可以采取边读取边处理的灵活方式,因此可以考虑使用部分读取方式,指定每次读取的行数。

**【例 1-14】** 读取较大规模数据文件的部分行记录。

```
1   from time import time
2   import pandas as pd
3   start = time()
4   data = pd.read_csv('ratings.csv', nrows = 5)
5   stop = time()
6   print(str(stop - start) + "秒")
7   print(data)
```

输出如下:

```
0.002991914749145508 秒
   userId  movieId  rating   timestamp
0       1      169     2.5  1204927694
1       1     2471     3.0  1204927438
2       1    48516     5.0  1204927435
3       2     2571     3.5  1436165433
4       2   109487     4.0  1436165496
```

其中 read_csv() 方法的 nrows 属性可以设置读取的开始行数,这里指前 5 行。由于读取的数据行很少,因此读取速度大大加快。虽然数据只有 5 行,但是数据列完整,因此可以方便地看出该数据文件的基本特征。

**【例 1-15】** 分块读取较大规模数据文件。

```
1   from time import time
```

```
2   import pandas as pd
3   start = time()
4   reader = pd.read_csv('ratings.csv', chunksize = 10000000)
5   data = []
6   for chunk in reader:
7       data.append(chunk)
8   data = pd.concat(data)
9   stop = time()
10  print(str(stop - start) + "秒")
```

输出如下：

4.3675696849823 秒

代码说明如下：

（1）在第四行中，read_csv()方法通过 chunksize 可以设置每次读取的行数。通过不断循环获取每次读取的、chunksize 大小的数据行，可以实现对大规模数据文件的逐块读取。读取的数据块以二维列表的方式来存储。

（2）在第八行中，本例中的操作演示了一种可能，即将分块读取的数据再次合并成一个完整的数据集，该功能可以利用 concat()方法实现从二维列表到 DataFrame 的转换。

从速度来看，该读取方式未必更快，读者可以根据实际情况做出灵活选择。但是，这种读取方式有一种优点，那就是一次读取部分数据，占用内存较小，可以处理完后再读取再处理，以此类推，从而实现对大规模数据文件的有效处理。

分块读取也可以使用其他方式来实现。例如：

```
1   from time import time
2   import pandas as pd
3   loop = True
4   chunks = []
5   start = time()
6   data = pd.read_csv('ratings.csv', iterator = True)
7   while loop:
8       try:
9           chunk = data.get_chunk(10000000)
10          chunks.append(chunk)
11      except StopIteration:
12          loop = False
13  data = pd.concat(chunks)
14  stop = time()
15  print(str(stop - start) + "秒")
```

输出如下：

4.420436382293701 秒

这种方式与前一种效果类似，它首先通过在 read_csv()方法中增加 iterator 属性获得一个数据读取器，然后在循环中通过 get_chunk()方法反复读取指定的行数，直到读取完毕后产生异常而退出循环，从而完成读取。最后利用 concat()方法实现数据转换。

由于并非所有数据列都需要读取并计算，因此可以设定 usecols 属性来选择指定列。

【例 1-16】 读取较大规模数据文件的部分列记录。

```
1  from time import time
2  import pandas as pd
3  start = time()
4  data = pd.read_csv('ratings.csv', usecols=['userId', 'rating'])
5  stop = time()
6  print(str(stop - start) + "秒")
7  print(data)
```

输出如下:

```
3.2712783813476562 秒
          userId  rating
0              1     2.5
1              1     3.0
2              1     5.0
3              2     3.5
4              2     4.0
...          ...     ...
22884372  247753     5.0
22884373  247753     3.0
22884374  247753     4.0
22884375  247753     5.0
22884376  247753     0.5
```

这里必须先确定数据文件中的列名称,然后可以在 read_csv() 方法的 usecols 属性中通过列表来选择所需的列。

显然,减少不必要数据的读取可以有效提高读取的速度。

**2. 大规模数据存储方法**

读入内存的数据可能非常庞大,有效的处理往往依赖于更精简的数据存储。这里仍然以例 1-13 的评分数据文件为例,可以查看读取后内存的占用情况。

**【例 1-17】** 查看读取数据的基本情况。

```
1  import pandas as pd
2  data = pd.read_csv('ratings.csv')
3  print(data.info())
```

输出如下:

```
<class 'pandas.core.frame.DataFrame'>
RangeIndex: 22884377 entries, 0 to 22884376
Data columns (total 4 columns):
 #   Column     Dtype
---  ------     -----
 0   userId     int64
 1   movieId    int64
 2   rating     float64
 3   timestamp  int64
dtypes: float64(1), int64(3)
memory usage: 698.4 MB
None
```

DataFrame 的 info() 方法可以直接返回所读取数据的基本信息。其中,关键信息有两个：一个是每个数据列的类型，默认情况下，在 64 位操作系统上都是 64 位整数，显然对于这些最大不到 25 万的用户 ID 和电影 ID 而言过于浪费，评分（rating）最大值是 5，只需要 8 位整数即可表达，事实上，32 位整数就已经足够，它最大能表达接近 21.5 亿的整数，即使存储最大值为 14 亿多的 timestamp 类型也足够；另一个是内存占用说明，现在是 698.4MB。

因此，可以进一步改变数据列的数据类型，以减少数据占用空间。

**【例 1-18】** 通过数据类型精度转换来减少数据内存占用。

先通过观察列的取值来判断合适的数据类型。

```
1   import pandas as pd
2   data = pd.read_csv('ratings.csv')
3   print(data.describe())
```

输出如下：

```
              userId        movieId         rating      timestamp
count  2.288438e+07   2.288438e+07   2.288438e+07   2.288438e+07
mean   1.235452e+05   1.140816e+04   3.526077e+00   1.128959e+09
std    7.147469e+04   2.413688e+04   1.061173e+00   1.819892e+08
min    1.000000e+00   1.000000e+00   5.000000e-01   7.896520e+08
25%    6.133900e+04   9.200000e+02   3.000000e+00   9.747639e+08
50%    1.233220e+05   2.329000e+03   3.500000e+00   1.115685e+09
75%    1.855250e+05   5.218000e+03   4.000000e+00   1.271194e+09
max    2.477530e+05   1.517110e+05   5.000000e+00   1.454054e+09
```

describe() 方法可以直接返回所有数据列的数值分布情况，这样就可以方便地进一步确定合适的数据类型。例如，对于 userId 列，最大值约为 25 万，最小值为 1。

```
1   import pandas as pd
2   data = pd.read_csv('ratings.csv')
3   data['userId'] = data['userId'].astype('int32')
4   data['movieId'] = data['movieId'].astype('int32')
5   data['rating'] = data['rating'].astype('int8')
6   data['timestamp'] = data['timestamp'].astype('int32')
7   print(data.info())
```

输出如下：

```
<class 'pandas.core.frame.DataFrame'>
RangeIndex: 22884377 entries, 0 to 22884376
Data columns (total 4 columns):
 #   Column     Dtype
---  ------     -----
 0   userId     int32
 1   movieId    int32
 2   rating     int8
 3   timestamp  int32
dtypes: int32(3), int8(1)
memory usage: 283.7 MB
None
```

通过 astype() 方法将几个精度过高的数据类型转换为低精度，从而减少不必要的内存占用。当然,这一切都建立在对数据内容的了解上。此时的内存占用只有283.7MB,不到最初的一半。

对于字符串类型而言,情况更是如此。通常情况下,因为数据类型自身的存储特点,字符串占用的空间要远远大于整数和浮点数类型。在 pandas 中,DataFrame 的设计来自 NumPy,它们都采用了 ndarray 数组表示数据类型。数组的每个元素必须具有相同的长度,例如 int64 和 float64 长度都是 8 字节,但是字符串长度不固定,因此 pandas 没有直接将字符串保存在 ndarray 中,而是使用 object ndarray 保存指向字符串的指针,因此字符串类型显示为 object。

可以通过将其转换为类别(category)类型来提高存储效率。类别类型是 pandas 提供的一种特殊存储机制,它自动将这些存在重复值的字符数据映射为一种整数表示形式,对于数据使用没有任何影响,同时在存储上极大地降低了消耗。

**【例 1-19】** 通过转换字符串类型来降低数据内存占用。

例如,数据文件 Indicators.csv(可以在教学资源中找到,详细格式说明请参阅附录 A)中有不少字符串类型变量。

```
1  import pandas as pd
2  data = pd.read_csv('Indicators.csv')
3  print(data.info())
```

输出如下:

```
<class 'pandas.core.frame.DataFrame'>
RangeIndex: 5656458 entries, 0 to 5656457
Data columns (total 6 columns):
 #   Column         Dtype
---  ------         -----
 0   CountryName    object
 1   CountryCode    object
 2   IndicatorName  object
 3   IndicatorCode  object
 4   Year           int64
 5   Value          float64
dtypes: float64(1), int64(1), object(4)
memory usage: 258.9+ MB
```

可以看出前四列都是字符串类型,占用的总存储空间接近260MB。其实,这些字符串内很多都完全一样而且在多行中反复出现,如国家名称和指标名称等,直接存储很浪费空间。

可以将字符串转换为类别类型。例如:

```
1  import pandas as pd
2  data = pd.read_csv('Indicators.csv')
3  data['CountryName'] = data['CountryName'].astype('category')
4  data['CountryCode'] = data['CountryCode'].astype('category')
5  data['IndicatorName'] = data['IndicatorName'].astype('category')
6  data['IndicatorCode'] = data['IndicatorCode'].astype('category')
7  print(data.info())
```

输出如下：

```
<class 'pandas.core.frame.DataFrame'>
RangeIndex: 5656458 entries, 0 to 5656457
Data columns (total 6 columns):
 #   Column         Dtype
---  ------         -----
 0   CountryName    category
 1   CountryCode    category
 2   IndicatorName  category
 3   IndicatorCode  category
 4   Year           int64
 5   Value          float64
dtypes: category(4), float64(1), int64(1)
memory usage: 129.6 MB
None
```

转换后文件大小只有不到130MB，减少了近一半。

## 1.3 数据预处理

获取的原始数据往往会因为各种原因存在着很多错误，如缺失数据、数据类型错误、数据表达不符合计算要求等。为了能够完成各种常见的数据分析，经常需要对获取的原始数据进行必要的预处理。准确的数据分析往往依赖于有效的数据整理。

本节例子主要结合一个二手车交易记录数据集car_train_0110.csv（可以在教学资源中找到，详细格式说明请参阅附录A）。

任何数据文件在处理分析前都应该尝试进行简单的读取验证。下面这段代码比较典型，通过输出数据来观察整体数据情况：

```
1  import pandas as pd
2  data = pd.read_csv('car_train_0110.csv', sep = ' ')
3  pd.set_option('display.max_columns', None)
4  pd.set_option('display.width', 500)
5  print(data)
```

第二行read_csv()方法的sep参数表示数据列的分隔符，该文件使用了不常用的空格作分隔符，因此需要手动指定，否则无法划分不同的数据列。

输出内容较多，其中部分内容如下：

```
        SaleID    name  regDate   model  brand  bodyType  fuelType
0       134890     734  20160002  13.0   9      NaN       0.0
1       306648  196973  20080307  72.0   9      7.0       5.0
2       340675   25347  20020312  18.0  12      3.0       0.0
3        57332    5382  20000611  38.0   8      7.0       0.0
4       265235  173174  20030109  87.0   0      5.0       5.0
...        ...     ...       ...   ...  ..      ...       ...
249995   10556    9332  20170003  13.0   9      NaN       NaN
249996  146710  102110  20030511  29.0  17      3.0       0.0
```

## 1.3.1 缺失数据处理

**1. 定位缺失数据**

从上面的输出可以看出数据中存在一些"NaN",它表示该值缺失。NaN 意思是"Not a Number(不是一个数值)",这种缺失值也常常被称为"空值"。如果缺失数据过多,会导致数据分析结果有效性变差,一般对于此类问题,仍然建议更新原始数据获取来源。即使缺失数据不多,但是此类缺失信息可能会导致很多数据分析算法出现错误,因此,有必要进行诸如补齐等操作以确保数据分析的顺利进行。

要处理缺失数据,首先必须先定位缺失数据,如在第几行第几列等。

**【例 1-20】** 查看哪些数据元素缺失。

```
1  import pandas as pd
2  data = pd.read_csv('car_train_0110.csv', sep = ' ')
3  print(data.isnull())
```

输出如下:

```
        SaleID  name  regDate  model  brand  ...  v_19   v_20   v_21   v_22   v_23
0       False   False False    False  False  ...  False  False  False  False  False
1       False   False False    False  False  ...  False  False  False  False  False
2       False   False False    False  False  ...  False  False  False  False  False
3       False   False False    False  False  ...  False  False  False  False  False
4       False   False False    False  False  ...  False  False  False  False  False
...     ...     ...   ...      ...    ...    ...  ...    ...    ...    ...    ...
249995  False   False False    False  False  ...  False  False  False  False  False
249996  False   False False    False  False  ...  False  False  False  False  False
249997  False   False False    False  False  ...  False  False  False  False  False
249998  False   False False    False  False  ...  False  False  False  False  False
249999  False   False False    False  False  ...  False  False  False  False  False
```

isnull()方法返回一个和原始 DataFrame 一样大小的新 DataFrame,每个元素都表示对应的原始 DataFrame 元素是否为空值,False 表示不是空值,True 表示是空值。但是由于数据太多,并不容易直接从结果中看出真正的空值,因此可以进一步利用 any()方法来筛选。

**【例 1-21】** 查看哪些列存在数据缺失。

```
1  import pandas as pd
2  data = pd.read_csv('car_train_0110.csv', sep = ' ')
3  result = data.isnull()
4  print(result.any(0))
```

输出内容较多,部分内容如下:

```
SaleID          False
name            False
regDate         False
model           False
brand           False
bodyType        True
fuelType        True
```

```
gearbox              True
power                False
kilometer            False
notRepairedDamage    True
regionCode           False
seller               False
```

可以看出有 4 列存在空值。

代码说明如下：

（1）第三行代码将查询空值的结果以新的 DataFrame 来存储，因此每个元素对应原始 DataFrame 中相应元素是否为空值。如果为 True，则表示相应元素为空值。

（2）在第四行代码中，any() 方法参数为 0 时，表示返回以列为单位的查询结果，值为 True 表示该列中至少存在一个为 True 的结果，值为 False 表示没有 True 元素值。因此，最终可以看到哪些列存在空值。

借助于 any() 方法，将参数值设置为 1，可以得到以行为单位的查询结果。例如将第四行代码改为

```
print(result.any(1))
```

则输出如下：

```
0         True
1         False
2         False
3         False
4         False
 ...        ...
249995    True
249996    False
249997    False
249998    False
249999    True
```

由于行数很多，可以进一步选择只显示有空值的行号。

**【例 1-22】** 查看哪些行存在数据缺失。

```
1  import pandas as pd
2  data = pd.read_csv('car_train_0110.csv', sep = ' ')
3  result = data.isnull()
4  result = result.any(1)
5  print(result[result == True])
```

输出如下：

```
0         True
9         True
21        True
23        True
25        True
 ...        ...
249979    True
249982    True
```

```
249990    True
249995    True
249999    True
```

上述代码将 any()方法的查询结果保存下来,并再次使用条件选择的方法只显示值为 True(即含有空值)的行号。

但是这些列名和行号只是一种总体上的说明,仍然无法具体确定是哪一行那一列的元素具有空值。综合以上方法,可以得到更具体的查询方式。

【例 1-23】 查看缺失数据所在的行列位置。

```
1  import pandas as pd
2  data = pd.read_csv('car_train_0110.csv', sep = ' ')
3  result = data.isnull()
4  for row in result.index:
5      for col in result.columns:
6          if (result.loc[row, col] == True):
7              print(row, col)
```

输出内容较多,部分内容如下:

```
0 bodyType
0 notRepairedDamage
9 fuelType
21 bodyType
23 gearbox
23 notRepairedDamage
```

这里很明确地给出了哪一行(以数字表示行号,0 表示第一行)哪一列(以列名表示)存在空值。由于数据量很大,因此上述代码运行时间较长。

代码说明如下:

(1)第三行仍然利用 result 保存原始 DataFrame 每个元素是否为空值。

(2)代码的关键在于从第四行开始的循环,该循环首先以行为单位来遍历,index 属性存储全部的行索引,即默认的行号。

(3)第五行再次循环遍历每一行的每一列,为此采取序号的方式来遍历,columns 属性存储全部的列名。

(4)第六行使用了 loc()方法,根据行号和列名来读取特定的元素,一旦值为 True 即可输出。

除了使用 loc()方法定位元素外,还可以使用 iloc()方法定位元素。但是 iloc()方法只能使用行号和列号来读取元素,因此需要调整代码如下:

```
1  import pandas as pd
2  data = pd.read_csv('car_train_0110.csv', sep = ' ')
3  result = data.isnull()
4  for indexs in result.index:
5      for i in range(len(result.columns)):
6          if (result.iloc[indexs, i] == True):
7              print(indexs, result.columns[i])
```

输出内容同上。

不同在于不能直接以 columns 中的每个列名作为 iloc() 的参数,而是将该列名转换为当前列的序号。其他使用方法不变。

### 2. 处理缺失数据

对于缺失数据的处理,主要方法包括删除所在记录(或所在列)或者补齐数据内容。

删除方法比较简单,如果相关数据记录不多并且数据总量较多,那么可以考虑使用删除方法,这对于数据分析的结果影响不大。

**【例 1-24】** 删除存在缺失数据的行。

```
1  import pandas as pd
2  data = pd.read_csv('car_train_0110.csv', sep = ' ')
3  print(data.shape)
4  data.dropna(axis = 0, inplace = True)
5  print(data.shape)
```

输出如下:

```
(250000, 40)
(180251, 40)
```

代码说明如下:

(1) 第五行中使用了 dropna 方法来删除含有空值的数据,其中 axis 参数值为 0 表示按行删除(1 表示按列删除,通常这没有意义)。inplace 参数值为 True 表示可以直接更新原始 DataFrame 数据,否则就需要写成

```
data = data.dropna(axis = 0)
```

在很多 DataFrame 方法中都有这个属性,实现同样的效果。

甚至可以进一步限定哪些列存在空值才删除对应的行,如:

```
data.dropna(axis = 0, subset = ['bodyType', 'notRepairedDamage'], inplace = True)
```

表示只删除 bodyType 和 notRepairedDamage 两列中存在空值的数据行,输出为

```
(250000, 40)
(190016, 40)
```

可以看出,删除行的数量明显减少,只有 6 万行左右。

(2) 为了能看清楚删除的效果,第 4 行和第 6 行代码分别显示了删除前后的行列数量,可以看出删除了大约 7 万行。

除了使用删除的方法外,还可以使用填充的方法。例如简单地使用 0 值来填充,当然这明显存在不足,如果填充数据量少则问题不大。更合适的方法是选择最有可能出现的数值,这样可以防止填充的内容和实际应该具有的数值产生太大的差异,因此通常填充数值会根据数据行列整体数值的分布情况做出选择。

**【例 1-25】** 以固定值填充缺失数据。

```
1  import pandas as pd
2  data = pd.read_csv('car_train_0110.csv', sep = ' ')
3  data.fillna(0, inplace = True)
4  result = data.isnull()
5  print(result.any(0))
```

输出全部为 False，说明已经不再存在空值。

其中，DataFrame 的 fillna()方法表示使用参数数值来填充当前 DataFrame 所有的空值。

同样，也可以指定特定的列进行固定值填充，如只对 bodyType 和 gearbox 两列填充如下：

```
data[['bodyType', 'gearbox']].fillna(0, inplace = True)
```

【例 1-26】 以最有可能出现的值填充缺失数据。

```
1  import pandas as pd
2  data = pd.read_csv('car_train_0110.csv', sep = ' ')
3  data['bodyType'].fillna(data['bodyType'].dropna().median(), inplace = True)
4  data['gearbox'].fillna(data['gearbox'].dropna().mean(), inplace = True)
5  data['fuelType'].fillna(data['fuelType'].dropna().mode()[0], inplace = True)
```

这里演示了三种不同的数值选择方法，median()方法返回中位数，mean()方法返回平均值，mode()返回众数。其中众数有可能存在多个，因此返回结果为列表，此时通过序号 0 只获取第一个众数。同时，为了使得这些填充数值计算更为准确，在通过 dropna 删除了空值后才进行相关的数值计算。

## 1.3.2　数据转换

**1. 数据转置**

数据转置是指将数据的行列进行交换。在常见的数据分析任务中，列的数量相对有限而且固定，而行数则较多并且可以改变。因此，对于某些获取的数据而言，为了实现更规范和方便的数据处理，可以进行必要的数据转置。

本节例子主要结合"居民消费价格指数月度数据.csv"（可以在教学资源中找到，详细格式说明请参阅附录 A）。

【例 1-27】 将读取的数据文件内容转置显示。

```
1  import pandas as pd
2  data = pd.read_csv('居民消费价格指数月度数据.csv', encoding = 'GBK')
3  data.set_index('指标', inplace = True)
4  data = pd.DataFrame(data.values.T, index = data.columns, columns = data.index)
5  print(data)
```

输出内容较多，部分内容如下：

| 指标 | 居民消费价格指数(上年同月 = 100) | ... | 其他用品和服务类居民消费价格指数(上年同月 = 100) |
| --- | --- | --- | --- |
| 2021 年 7 月 | 101.0 | ... | 98.7 |
| 2021 年 6 月 | 101.1 | ... | 99.1 |
| 2021 年 5 月 | 101.3 | ... | 99.1 |

代码说明如下：

（1）第三行代码设置行索引。默认的行索引是从 0 开始的序号，和行号保持一致。也可以将其他数据设置为索引，例如这里可以将月份信息设置为索引，每行对应一个唯一的月份索引。

（2）第四行代码重建了 DataFrame，数据内容就是数据元素的转置，T 属性返回转置的结果。同时为了方便处理，再次将新 DataFrame 的索引设置为指标名称（即原有的列名），将列名称设置为月份（即原先的行索引）。

**2．粒度转换**

原始数据内容往往与需要处理的数据分析任务并不相适应，一个常见的问题就是记录数值粒度问题。例如注册时间以天为单位，但是对于数据分析而言，通常以月、季度或者年份为单位来进行分析更容易得出具有普遍意义的结论。再如收入，精确到小数的原始数据会导致收入取值过于细致，而通常对于收入区间段的分析更有意义。

本节例子主要结合一个二手车交易记录数据集 car_train_0110.csv（可以在教学资源中找到，详细格式说明请参阅附录 A）。

【例 1-28】将汽车开始售卖时间（creatDate）转换为月份信息（利用时间类型转换）。

```
1  import pandas as pd
2  from datetime import datetime
3  data = pd.read_csv('car_train_0110.csv', sep = ' ')
4  data['creatDate'] = data['creatDate'].astype('string')
5  data['creatDate'] = data['creatDate'].apply(datetime.strptime, args = ['%Y%m%d']).dt.month
6  print(data[['SaleID', 'creatDate']])
```

输出如下：

```
        SaleID   creatDate
0       134890   3
1       306648   3
2       340675   3
3        57332   3
4       265235   3
...        ...  ...
249995   10556   3
249996  146710   4
249997  116066   3
249998   90082   3
249999   76453   3
```

代码说明如下：

（1）第四行转换数据类型，虽然 creatDate 列表示时间信息，但是由于都是数字符号，因此 DataFrame 会自动加载为整数类型。通过转换为字符串，可以进一步对时间进行抽取。

（2）第五行使用 datetime 库的 strptime() 方法将字符串转换为时间型。这里使用了 apply() 方法对当前列的每个值进行处理。在很多情况下，如果可以直接将 DataFrame 的数据列作为函数参数，就可以像处理一般变量那样编写。如：

```
datetime.strptime(data['creatDate'], '%Y%m%d')
```

但是这样写会使 strptime() 产生问题，因为它不支持对一个存储多个数值的数据列 data['creatDate'] 进行操作。此时必须反过来，对 data['creatDate'] 通过 apply() 方法应用相应的处理函数，如果处理函数还有其他参数，则可以使用 apply() 方法的 args 参数来设置。对于 strptime()方法,第二个参数指定了字符串中的时间信息成分。

一旦转换为时间类型,就可以很方便进行时间单位的抽取和处理,如 dt.month 可以直接抽取月份,dt.quarter 可以抽取季度等。

也可以直接从字符串抽取子串来获取诸如月份等信息。

【例 1-29】 将汽车开始售卖时间(creatDate)转换为月份信息(利用字符串切片)。

```
1  import pandas as pd
2  data = pd.read_csv('car_train_0110.csv', sep = ' ')
3  data['creatDate'] = data['creatDate'].astype('string')
4  data['creatDate'] = data['creatDate'].str[4:6]
5  print(data[['SaleID', 'creatDate']])
```

输出如下:

```
        SaleID  creatDate
0       134890     03
1       306648     03
2       340675     03
3        57332     03
4       265235     03
...        ...    ...
249995   10556     03
249996  146710     04
249997  116066     03
249998   90082     03
249999   76453     03
```

第四行代码通过当前数据列的 str 属性获取每个元素的字符串表示,再通过切片的方式获取月份内容,因此最终输出结果中,开头的 0 也作为字符被保留了下来。

注意,此时必须要增加 str 属性的使用,如果写为

data['creatDate'] = data['creatDate'][4:6]

那么切片的写法就会被理解为获取从第五行到第六行的两组记录(行号从 0 开始),从而产生逻辑错误。

除了时间数据外,诸如收入等数值型数据也经常需要进行粒度转换。

【例 1-30】 将二手车交易价格(price)转换为价格区间。

```
1  import pandas as pd
2  data = pd.read_csv('car_train_0110.csv', sep = ' ')
3  data['price1'] = data['price'] // 1000 * 1000
4  data['price2'] = round(data['price'], -3)
5  print(data[['SaleID', 'price', 'price1', 'price2']])
```

输出如下:

```
   SaleID  price  price1  price2
0  134890    520       0    1000
1  306648   5500    5000    6000
2  340675   1100    1000    1000
3   57332   1200    1000    1000
4  265235   3300    3000    3000
```

```
           ...       ...     ...    ...     ...
        249995    10556    1200   1000    1000
        249996   146710    1200   1000    1000
        249997   116066   16500  16000   16000
        249998    90082   31950  31000   32000
        249999    76453    1990   1000    2000
```

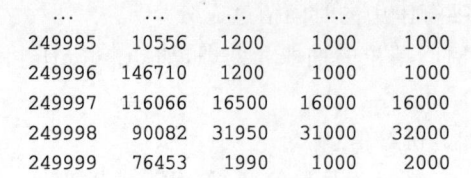

本例展示了两种常见的数值粒度转换方式,代码说明如下:

(1) 第三行首先将当前数据列和1000进行整除,再乘以1000,从而实现类似于对千分位进行取整的效果。

(2) 第四行利用四舍五入方法round()实现对千分位的四舍五入,第二个参数-3表示千分位。同样的功能也可以使用apply()方法实现,如下:

```
data['price2'] = data['price'].apply(round, args = [-3])
```

有些粒度的条件可能更为自由,此时就需要更为灵活的数值转换。

**【例1-31】** 将二手车交易价格(price)转换为三级价格区间(10 000以下为低价,10 000～50 000为中价,50 000以上为高价)。

```
1  import pandas as pd
2  data = pd.read_csv('car_train_0110.csv', sep = ' ')
3  data['priceLevel'] = ''
4  data.loc[data['price'] < 10000, 'priceLevel'] = '低价'
5  data.loc[(data['price'] >= 10000) & (data['price'] < 50000), 'priceLevel'] = '中价'
6  data.loc[data['price'] >= 50000, 'priceLevel'] = '高价'
7  print(data[['price', 'priceLevel']])
```

输出如下:

```
          price   priceLevel
0           520       低价
1          5500       低价
2          1100       低价
3          1200       低价
4          3300       低价
         ...          ...
249995     1200       低价
249996     1200       低价
249997    16500       中价
249998    31950       中价
249999     1990       低价
```

代码说明如下:

(1) 第三行定义了专门存放转换后价格区间的新数据列,默认值全为空字符串,这样可以保留原始价格信息。

(2) 第四到第六行为数据更新操作,此处展示的是常见的更新方法。首先通过loc()方法的第一个参数进行条件选择,确定需要更新的行。如果有多个条件,则需要通过诸如&等逻辑运算符进行连接,建议运算符前后的条件要加上圆括号防止条件解析错误,同时通过第二个参数指定需要更新的列。其次,将所要更新的值写在最后,即可完成条件更新。

同样的功能也可以使用自定义函数来实现：

```
1   import pandas as pd

2   def convertPrice(price):
3       if price < 10000:
4           return '低价'
5       elif price >= 10000 and price < 50000:
6           return '中价'
7       else:
8           return '高价'

9   data = pd.read_csv('car_train_0110.csv', sep = ' ')
10  data['priceLevel'] = data['price'].apply(convertPrice)
11  print(data[['price', 'priceLevel']])
```

输出内容同上。

代码说明如下：

（1）在 convertPrice()函数定义中，按照同样的条件，实现对不同参数数值返回不同结果。需要注意的是，标准 Python 中的条件写法和 Pandas 中的条件写法并不完全一样，如逻辑运算符的写法等。

（2）对于自定义函数，除非函数内部能处理集合数据，可以直接将当前数据列作为参数传递过去进行处理，否则，如果只能处理单一数值，那么就需要将 apply()方法应用到需要处理的数据列上。

## 习题

1. 查阅资料，了解常见的数据资源网站平台及其数据资源的特点。

2. 对于特点大的文本文件，如何通过简单读取几条来了解其基本数据结构？写出合适的代码。

3. 对于使用不同分隔符、双引号标注的文本数据文件，应该采取什么样的方式进行正确的读取？

4. 查阅资料，了解读取 PDF 数据文件的方法。

5. 对于一个存储订单、货物号和订货数量的数据表格，给出输出交叉表的实现代码。

6. 对于一个存储订单、货物号、货物名称、下单时间和订货数量的数据表格，如何设计有效的数据文件来表示这些数据？

7. 你认为哪种补充缺失数据的方法更合理？给出不同策略的实现方法。

8. 查阅资料，了解独热编码，谈谈为什么要使用独热编码，以及如何将离散型数值转换为独热编码。

# 第二篇 数据分析篇

# 第 2 章

# 数据统计分析

统计分析根据其定义的不同涵盖范围可宽可窄,一般分为描述性统计和推断性统计。本章的统计分析主要是指描述性统计,即通过必要的图表形式对数据进行加工处理和显示,综合概括其反映客观现象的规律性数量特征。相关案例主要围绕各种经济类应用进行分析。

## 2.1 数据类型

统计分析中,数据类型对于分析任务具有更大的影响,对于不同的数据类型也有着不同的分析方法。数据类型主要分为单一数据类型和组合数据类型。

### 2.1.1 单一数据类型

根据不同的标准可以划分出不同的类别体系。常见的划分方法如下。

(1) 按照数据取值的存储计算类型来划分,可以分为整型、浮点型、布尔型和字符型等。整型很好理解,就是正整数、零、负整数的集合。此种类型的数据不仅计算相对简单,而且适合计算机处理。通常对于其他类型的数据,有时可以通过转换为整型以方便处理和加快计算速度。浮点型也称为小数类型,不同于整型,由于很多小数具有数位无限(循环或者非循环)的特点,而计算机等数据存储设备却存在着存储数位的有限性,因此在实际计算中,浮点型往往不可避免地存在着精度丢失的可能性。布尔型主要是指真假逻辑型,在各种条件运算中应用很广。字符型也称为文本类型,通常可以表示诸如中文、英文等常见的自然语言文本。它的相关处理和一般数值型有很大的不同。例如字符"0"并不是整数 0,一个简单的例子就是"010"作为电话区号显然只能是字符型,如果是整数,那么实际就成为"10"。再如对于字符而言,通常的相加运算表示连接,字符大小的比较通常是指对字符编码的大小比较等。而且字符往往具有语义,因此复杂的字符处理还需要结合语义分析等自然语言处理方法才能更好地实现对其真实含义的理解。一般而言,如果数据文件中的数据为阿拉伯数字,读取文件时通常可以自动解析成相应的数据类型,如果数据类型解析不正确,就需要后续通过必要的数据类型转换来处理。

(2) 按照数据取值的特点来划分,可以分为连续型数据和离散型数据。连续型数据是指数据取值可以在一个区间内取任何值,因此也称为区间数据、浮点型数据等。离散型数据通常表现为整数,也称为计数型数据。在离散型数据中,分类数据或二元数据通常是指一种特殊的离散型数据。分类数据的值只能从特定的数值集合中来取,每个数值通常代表一个类别,该数据类型也被称为枚举数据、列举数据、因子数据、标称数据、多分支数据等。二元数据是最极端的一种分类数据,取值只能从两个数值中任取其一,如 0 或者 1,真或者假等,因此二元数据也称为二分数据、逻辑型数据、指示器数据、布尔型数据等。这种分类的离散型数据即使采用数值来表达,不同的数值也不能体现大小的差异,只能体现彼此类别的不同。分类数据中,常见的统计分析指标包括频数、频率、众数和异众比率等。

(3) 按照是否具有和考虑次序来划分,可以分为定序数据和不定序数据。一般而言,数值型数据比较适于采用定序数据表示,但是序列中数据的先后关系并非一定对应数值本身的大小。在统计分析中,定序数据通常用于分类,具体的数据分析指标可以使用诸如中位数、四分位数、等级相关系数等非参数分析方法。

(4) 按照不同数据之间间隔的计量单位来划分,可以分为定距数据和不定距数据。其中,定距数据不仅能体现定序数据的特点,而且能准确计算不同数据之间的差距,例如学生的分数都以 1 分为单位划分为 101 个等级(0~100 分)。定距数据的统计指标更多,如计算各种统计量、进行参数估计和检验等。不定距数据之间的间隔并不一致,例如将小于 60 分记为不及格、60 分及以上记为及格就是一种不定距划分。通常不定距数据更适合转换为类别数据来进行后续的分析。

在实际数据分析中,这些不同的数据划分标准还可以互相组合,形成更为复杂的数据类型分类体系。

## 2.1.2 组合数据类型

组合数据类型按照不同标准也可以分为很多种,例如按照维度结果,可以分为一维数据和二维数据等。一维数据常常表现为数组、列表这样的结构,复杂的情形还可以允许不同的元素具有不同的类型。二维数据常常表现为矩阵表格结构,在数据分析中,也是一种最常见的组合数据类型。

对于表格数据,通常以行为单位,每行可以称为记录、实例等,对应一个具体的表达事物,例如一行记录代表一个学生、一份交易记录等。每行可以由多列元素组成,在纵向上,这些不同行的相同列可以形成逻辑上的一个完整列,形成表达事物不同属性的特征列,例如可以认为学生由学号、姓名、班级等特征列组成。

很多情况下,组合数据并不能天然产生,需要通过变换和主动构造的方式才能得到。例如对于大段文本信息,如果以一句话为一行,每个关键词为一列,那么可以构建出关键词和句子的位置表格,其中每个元素值既可以是表示是否存在的真假值,也可以是更复杂的位置号或者出现频次等信息。

更复杂的多维数据则表现为一些非矩阵的逻辑结构,如时序数据、空间数据和网络数据等。既可以将这些复杂数据类型转换为等价的简单类型来处理，也可以利用一些更为专业、复杂的方法来直接处理。

## 2.2 数据抽样

数据抽样是指从大规模的数据中有针对性地选择一部分数据作为分析的样本，一般分为随机抽样和非随机抽样。有效的随机抽样可以通过有限的抽取数据来获取全部数据的主要特征，而非随机抽样则更多体现特别的思考，例如有意识的非随机抽样数据可以弱化样本数据反映真实公司业务的特点，从而起到保护数据隐私的作用。

和全部数据整体相比，抽样数据未必一定代表着数据的损失。事实上，它既可以节省数据收集和处理的压力，又因为可以避免过多数据收集中可能产生的登记误差，所以有时反而比全部数据更能有效反映真实数据情况。但不可否认，数据抽样会产生代表性误差，因此很多情况下，还需要通过误差控制和评估等方法来综合验证数据抽样的有效性。

本节例子主要基于一个二手车交易记录数据集 car_train_0110.csv（可以在教学资源中找到，详细格式说明请参阅附录 A）。

### 2.2.1 随机抽样

随机抽样是指从全部数据中按照随机原则抽取所需数量的数据，并以此作为数据整体的一个代表。该方法是最基本的抽样方法，通常分为重复抽样和不重复抽样。重复抽样是指每次抽中数据后会将该数据再放回总体，因此样本中的同一数据可能会被抽中多次。

【例 2-1】 采取重复抽样方法抽取 10 条记录。

```
1   import pandas as pd
2   data = pd.read_csv('car_train_0110.csv', sep = ' ')
3   print(data.sample(10, replace = True))
```

输出内容并不确定，每次都随机产生。

DataFrame 的 sample() 方法可以实现随机抽样，第一个参数表示抽样数据的个数，replace 为 True 表示重复抽样。

除了可以抽取指定数量外，也可以抽取指定比例的数据。例如下面代码表示抽取 1% 的数据：

```
data.sample(frac = 0.01, replace = True)
```

### 2.2.2 等距抽样

等距抽样是指按照一定的步幅来选择样本数据，因此需要估算数据总量。该方法适用于分布均匀、无明显趋势或具有周期性规律的数据。

【例 2-2】 按照等距抽样方法来抽取 2000 个数据样本。

```
1  import pandas as pd
2  data = pd.read_csv('car_train_0110.csv', sep = ' ')
3  length = len(data)
4  count = 2000
5  step = int(length / count)
6  result = data[::step]
7  print(result)
```

输出如下：

|        | SaleID    | name      | regDate     | ...  | v_21      | v_22      | v_23      |
|--------|-----------|-----------|-------------|------|-----------|-----------|-----------|
| 0      | 134890.0  | 734.0     | 20160002.0  | ...  | 9.077297  | 0.581214  | 3.945923  |
| 125    | 303717.0  | 195293.0  | 19990401.0  | ...  | −0.845996 | −1.186375 | −1.028306 |
| 250    | 72286.0   | 2688.0    | 20110108.0  | ...  | 3.185629  | 5.913082  | −1.428345 |
| 375    | 240252.0  | 10457.0   | 19910712.0  | ...  | 2.581507  | 4.063461  | −1.100626 |
| 500    | 145595.0  | 101396.0  | 20050103.0  | ...  | −3.146897 | −2.770827 | 3.918274  |
| ...    | ...       | ...       | ...         | ...  | ...       | ...       | ...       |
| 249375 | 196502.0  | 20924.0   | 20160812.0  | ...  | 6.670625  | 0.565745  | −0.949130 |
| 249500 | 101879.0  | 47281.0   | 19970009.0  | ...  | 7.384133  | 3.132061  | −0.598124 |
| 249625 | 20183.0   | 6606.0    | 19960104.0  | ...  | 1.085458  | −0.514615 | 2.690048  |
| 249750 | 292783.0  | 189053.0  | 20001210.0  | ...  | −3.103073 | −2.077963 | −1.219440 |
| 249875 | 35261.0   | 3998.0    | 20010909.0  | ...  | 3.485192  | −1.409825 | 3.505814  |

代码说明如下：

（1）第三到第五行主要用于计算等距抽样的步幅，length 保存原始数据的数量，count 为抽取的数据数量，step 为每次抽样移动的记录数量间距。

（2）第六行利用带有步幅的切片表示方法来等距选择记录，从而直接生成所需的抽样结果。也可以通过自定义循环的方式来实现相同效果，如下：

```
1   import pandas as pd
2   data = pd.read_csv('car_train_0110.csv', sep = ' ')
3   length = len(data)
4   count = 2000
5   step = int(length / count)
6   result = pd.DataFrame(columns = data.columns)
7   for i in range(length - 1):
8       if i % step == 0:
9           result = result.append(data.iloc[i])
10  print(result)
```

上述第六行代码新建了一个保存抽样结果的新 DataFrame，结构和原始数据一样。

第七到第九行通过循环按次抽取记录，判断每条原始记录的行号是否是抽样移动的间距，如是则追加到结果变量中。

这段代码采用遍历记录的方式来逐条处理，虽然没有充分利用 Pandas 库常用的整体性处理方式，但是可以通过增加判断条件来提供更多控制数据抽样的可能性。

### 2.2.3 分层抽样

在一些数据分析任务中，不同类别的数据都需要关注。因此，可以从各个类别中采用随机抽样或等距抽样的方法来选择个体组成样本，以确保所关注的各个类别都有涉及。这能有效降低与数据类别相关的抽样误差,并且便于针对不同类别的数据样本进行对比研究。

【例 2-3】 在每个汽车品牌类别中都抽取 20 个随机数据样本。

```
1  import pandas as pd
2  data = pd.read_csv('car_train_0110.csv', sep = ' ')
3  brands = data['brand'].unique()
4  result = pd.DataFrame(columns = data.columns)
5  for brand in brands:
6      dataTemp = data[data['brand'] == brand]
7      result = result.append(dataTemp.sample(20))
8  print(result)
```

输出内容每次都不一样,因为有 40 个品牌类别,每个类别有 20 条记录,因此记录总数始终为 800 条。

代码说明如下:

(1) 第三行获取全部的汽车品牌,形成一个结果列表。unique() 方法将现有数值去重,相同的数值只保留一个唯一的结果。也可以通过诸如分组或者 drop_duplicates() 方法来实现同样的功能。

(2) 第四行建立和当前 DataFrame 结构一样的新 DataFrame,存储最终的随机抽样结果。

(3) 第五行开始的循环遍历该汽车品牌列表,每次选择一个汽车品牌的所有数据记录,并从中随机抽取 20 个记录,追加到结果 DataFrame 中。

(4) 第六行和第七行可以合并为

```
result = result.append(data[data['brand'] == brand].sample(20))
```

在整个 Pandas 数据分析时,既可以直接使用各查询分析计算的结果,直接添加方法来进行更多后续分析,也可以保留中间处理数据,再进行进一步的处理。需要根据代码的可读性和是否需要进一步访问中间数据来做出选择。

## 2.2.4 整群抽样

所谓整群抽样是指将所有数据分为若干小群体,然后随机抽样几个小群体来代表数据总体,此时抽样的单位是每个小群体数据。该方法要求小群体的彼此特征差异比较小,因此对划分小群体有着很高的要求。

【例 2-4】 随机选择两个汽车品牌的全部汽车群体进行整群抽样。

```
1  import pandas as pd
2  import random
3  data = pd.read_csv('car_train_0110.csv', sep = ' ')
4  brands = data['brand'].unique().tolist()
5  sample_brands = random.sample(brands, 2)
6  result = pd.DataFrame(columns = data.columns)
7  for brand in sample_brands:
8      dataTemp = data[data['brand'] == brand]
9      result = result.append(dataTemp)
```

```
10    print(result)
```

输出内容每次都不一样，因为每个品牌下的记录数量并不一样，因此结果记录的总数会有变化。

代码说明如下：

（1）第四行代码仍然使用 unique()方法获取各个汽车品牌。这里使用了 tolist()方法将结果再次转换为列表，之所以如此，是因为 unique()方法返回的是一个 set 类型的集合序列，而后续的抽样需要对列表类型进行操作。在数据分析任务中，tolist()方法很常用，诸如可视化处理等库都要求源数据采用列表数据结构。tolist()方法处理后，对于单个数据列通常可以直接转换为一维列表，多个数据列则转换为二维列表。

（2）第五行为关键代码，从获取的全部汽车品牌中随机抽取了 2 个品牌，这里使用了 random 库的随机抽样方法 sample()，该方法支持对列表元素的随机抽取。

（3）第六到第九行为抽取代码，不断查询抽取的各个汽车品牌全部记录，并追加到最终结果中。其中 result 和原始 DataFrame 结构一样，通过循环多次条件选择获取抽取的品牌下的相关记录。

也可以通过 isin 条件选择来简化上述写法，isin 表示数据列的数值是否出现在参数中的数据集合中，实现同样的效果。如：

```
print(data[data['brand'].isin(sample_brands)])
```

输出结果相同。

## 2.3 数据分组

很多情况下，原始的单变量数值并不适合直接计算，例如年龄划分为年龄段后更容易看出不同年龄段对用户行为的影响情况。因此，数据分组是一种有效的处理方式，它不仅将可能具有相同含义的数据归入同一类，而且还会形成数据量更少的数据组，减少数据处理的压力。一般分为等距分组和不等距分组两种方式。

### 2.3.1 等距分组

等距分组是指按照固定的数值区间来划分各个组，对于数值分布不均匀的数据集合而言，此时每个组的实际数据数量往往不一样。等距分组的关键在于确定组数，按照 Sturges 经验公式，可以计算为

$$组数 = 1 + \frac{\lg n}{\lg 2}$$

其中 $n$ 表示不同数值的种类数量。

【例 2-5】 查询二手车交易价格（price）的数值种类。

```
1    import pandas as pd
2    data = pd.read_csv('car_train_0110.csv', sep = ' ')
3    print(data['price'].drop_duplicates().sort_values())
```

输出如下：

```
13              0
377             1
71115           2
115540          3
14171           5
...             ...
217597          99500
5794            99900
88838           99990
109             99999
17323           100000
Name: price, Length: 4585, dtype: int64
Process finished with exit code 0
```

drop_duplicates()方法可以去除相同的数值,可以发现有4585种不同的价格数值。按照Sturges经验公式,大致划分为13个组。确定不同价格数值的种数也可以使用分组来实现:

```
print(data[['SaleID', 'price']].groupby('price').count())
```

【例2-6】 将二手车交易价格(price)进行等距分组。

```
1  import pandas as pd
2  data = pd.read_csv('car_train_0110.csv', sep = ' ')
3  print(pd.cut(data['price'], bins = 13))
```

输出如下:

```
0               (-100.0, 7692.308]
1               (-100.0, 7692.308]
2               (-100.0, 7692.308]
3               (-100.0, 7692.308]
4               (-100.0, 7692.308]
...             ...
249995          (-100.0, 7692.308]
249996          (-100.0, 7692.308]
249997          (15384.615, 23076.923]
249998          (30769.231, 38461.538]
249999          (-100.0, 7692.308]
Name: price, Length: 250000, dtype: category
Categories (13, interval[float64]): [(-100.0, 7692.308] < (7692.308, 15384.615] <
                                      (15384.615, 23076.923] < (23076.923, 30769.231] < ... <
                                      (69230.769, 76923.077] < (76923.077, 84615.385] <
                                      (84615.385, 92307.692] < (92307.692, 100000.0]]
```

cut()方法会根据参数bins指定的组数自动划分数据列,并给出每个价格所属的区间和各区间的划分说明。可以看出每组的数值范围都为7692.308。

下面进一步按照不同价格区间分组统计每组数据的数量。

【例2-7】 将二手车交易价格(price)进行等距分组并统计每组数据数量。

```
1  import pandas as pd
2  data = pd.read_csv('car_train_0110.csv', sep = ' ')
3  print(pd.cut(data['price'], bins = 13, labels = range(13)).value_counts())
```

输出如下：

```
0     191550
1      37471
2      12754
3       4669
4       1725
5        804
6        357
7        250
8        154
9        109
10        61
11        52
12        44
```

对用 cut() 方法分组后的结果继续使用 value_counts() 方法，可以统计每组的数据数量。由于是等距分组，因此各组的数据数量并不一致。这里的 labels 属性可以改变默认以数值区间为名称的组名，更方便后续表示不同的组。

本例代码第三行也可以写为

print(data['price'].groupby(pd.cut(data['price'], bins = 13, labels = range(13))).count())

这里需要注意一个细节，由于分组数据列可能为浮点数，因此会存在区间划分的左右开闭问题。为了防止遗漏和重复计数，一般都采取右闭区间和左开区间，即组下限不包含在内的方法。如果要改为左闭区间，可以设置为

pd.cut(data['price'], bins = 13, right = False)

### 2.3.2 不等距分组

不等距分组改变了等距分组每组范围间隔保持一致的特点，采取不等距划分组的方式，这样可以避免不同组之间可能存在的数据数量差异较大的问题。

一般可以使得每组数据数量保持一致，形成不等距分组。

**【例 2-8】** 将二手车交易价格（price）进行不等距分组，并使得各组数据数量一致。

```
1  import pandas as pd
2  data = pd.read_csv('car_train_0110.csv', sep = ' ')
3  print(pd.qcut(data['price'], q = 10).value_counts())
```

输出如下：

```
(-0.001, 500.0]         28232
(1400.0, 2000.0]        25780
(4100.0, 5999.0]        25615
(8790.0, 13999.0]       25062
(900.0, 1400.0]         24985
(13999.0, 100000.0]     24916
(2950.0, 4100.0]        24589
(5999.0, 8790.0]        24341
(2000.0, 2950.0]        23913
(500.0, 900.0]          22567
```

qcut()方法可以实现不等距分组,其中的 q 参数用于设定分为多少个组。但是由于可能存在很多重复值,甚至重复值的数量会大于一个分组所能容纳的最大数量,此时qcut()方法就会产生每组数量并不完全一致的划分效果。

这里有必要说明 qcut()和 cut()方法的区别。两者功能相似,都能实现分组。一般而言,qcut()按照个数来进行分组,通常不考虑利用每个数据的数值本身,而 cut()方法则一般按照数据的数值进行分组,因此在分组时会考虑数据本身的数值大小。

因此,更合理的方法是使用基于数据位序的分组。所谓位序是指将所有待分组数据排成一列,每个数据都会被分配一个唯一的位序号,此时按照这个位序号进行等距分组,即可保证每组数据的数量一样。

【例 2-9】 将二手车交易价格(price)按照位序分组。

```
1  import pandas as pd
2  data = pd.read_csv('car_train_0110.csv', sep = ' ')
3  print(pd.qcut(data['price'].rank(method = 'first'), q = 10).value_counts())
```

输出如下:

```
(225000.1, 250000.0]    25000
(200000.2, 225000.1]    25000
(175000.3, 200000.2]    25000
(150000.4, 175000.3]    25000
(125000.5, 150000.4]    25000
(100000.6, 125000.5]    25000
(75000.7, 100000.6]     25000
(50000.8, 75000.7]      25000
(25000.9, 50000.8]      25000
(0.999, 25000.9]        25000
```

有时也会因为重复值的存在或记录个数不能被组数整除等,导致每组数据数量还有小的偏差,但是基本保持一致。

这里的 rank()是一种将原始数值进行排序后进行位序转换的方法。如:

```
1  import pandas as pd
2  data = pd.read_csv('car_train_0110.csv', sep = ' ')
3  data['data1'] = data['price'].rank(method = 'first')
4  print(data[['price', 'data1']].sort_values(by = 'data1'))
```

输出如下:

```
        price    data1
13      0        1.0
21      0        2.0
63      0        3.0
105     0        4.0
142     0        5.0
...     ...      ...
223194  99999    249996.0
17323   100000   249997.0
66813   100000   249998.0
108917  100000   249999.0
147138  100000   250000.0
```

可以看出所有的价格都通过 rank() 方法转换为一个位序号,即使是相同的价格数值,也会被不同的序号所区分。此时 method 参数值为 first 的含义就是对于相同的数值,按照谁先出现谁排位靠前的原则,因此,可以看出前几个记录的索引号都是从小到大排列。

当然,也可以使每组数据数量不必一致,只考虑组的划分来形成不等距分组。

【例 2-10】 将二手车交易价格(price)以 0、1000、10 000 三个价格来划分为四个组。

```
1  import pandas as pd
2  data = pd.read_csv('car_train_0110.csv', sep = ' ')
3  print(pd.cut(data['price'], bins = [float('-inf'), 0, 1000, 10000, float('inf')],
4               labels = ['无意义', '低价', '中价', '高价']).value_counts())
```

输出如下:

```
中价      150127
低价       52080
高价       40481
无意义       7312
```

此时的 bins 参数中,float('-inf')和 float('inf')分别表示无穷小和无穷大,并且默认都是右闭区间。bins 参数取值很灵活,如果为整数,则表示分组的个数,如果是列表,则表示每组的分隔数值。

利用 qcut() 方法可以更灵活地根据分位数来设定分组依据。

【例 2-11】 将二手车交易价格(price)采取四分位数分组。

```
1  import pandas as pd
2  data = pd.read_csv('car_train_0110.csv', sep = ' ')
3  print(pd.qcut(data['price'], q = [0, 0.25, 0.5, 0.75, 1]).value_counts())
```

输出如下:

```
(-0.001, 1150.0]      63446
(2950.0, 7200.0]      62479
(7200.0, 100000.0]    62044
(1150.0, 2950.0]      62031
```

四分位数分组是指按照数据总量进行四等分后形成四个分组。事实上,利用 qcut() 的 q 参数可以任意指定分位数的个数和大小,形成各种不同的不等距分组。

## 2.4 数据分布分析

不同数据集合中的数据取值往往并不均衡,在总体上会形成不同的数据分析特点,而且不同的数据分布还会对相关的数据分析方法产生不同的影响。例如对于一个成绩数据分布极为不均衡的课程,平均值方法显然不能很好地反映整体考试情况。本节主要介绍频次分布、时序分布和集中度分布等常见的数据分布分析方法。

### 2.4.1 频次分布分析

频次分布分析也称为频数分布分析,是指将一组数据出现的频次按照一定的划分标准归入不同的组,统计各组中频次数量个数,从而可以在宏观上把握数据分布的整体状态。一般使用可视化的展示更有利于对结果的理解。

本节例子主要基于一个城镇单位就业人员分行业数据集"就业人口行业划分.csv"(可以在教学资源中下载,详细格式说明请参见附录 A)。

**1. 不定序数据的频次分析**

所谓不定序数据,是指数据彼此之间出现的先后关系并不重要,改变数据的次序也不影响对数据本身的理解。例如一组商品的销售额数据,可以通过任意方法来对其排序整理,都不改变这组数据反映的商品销售额情况。

【例 2-12】 以柱状图展示 2019 年不同行业的就业人员频次。

```
1  import pandas as pd
2  import matplotlib.pyplot as plt
3  data = pd.read_csv('就业人口行业划分.csv', encoding = 'GBK')
4  data.set_index('年度', inplace = True)
5  data = data.T
6  fig = plt.figure(figsize = (40, 20), dpi = 40)
7  fig.subplots_adjust(bottom = 0.2)
8  plt.bar(data.index[1:], data[2019][1:])
9  plt.rcParams['font.sans-serif'] = ['SimHei']
10 plt.xticks(rotation = 90, fontsize = 24)
11 plt.yticks(fontsize = 36)
12 plt.show()
```

输出如图 2-1 所示。

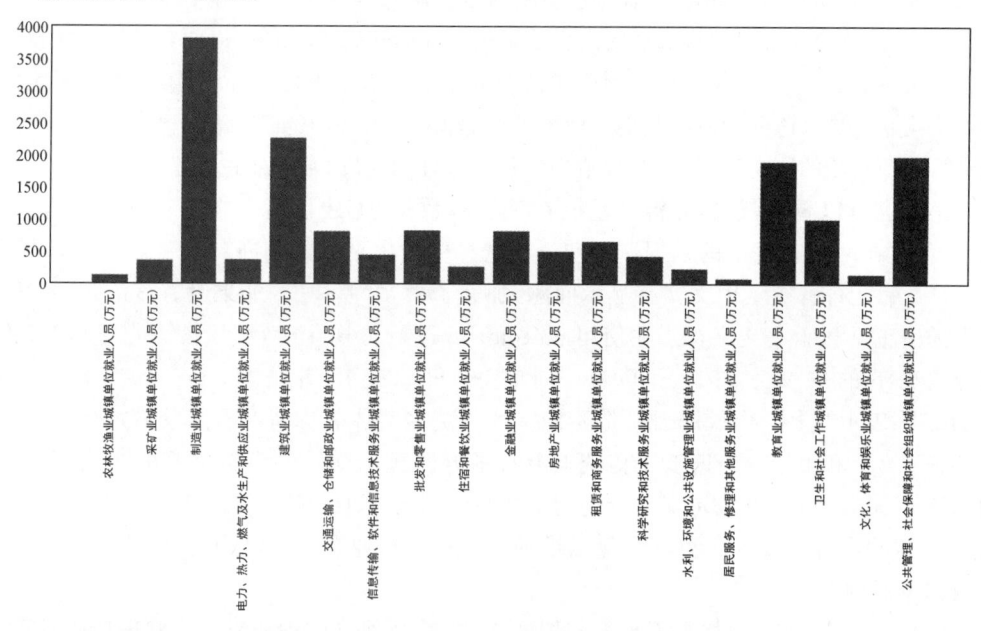

图 2-1 利用柱状图展示频次分布

代码说明如下:

(1) 第四和第五行代码转置现有的 DataFrame,原始数据是以行业为列,通过转置,可以形成以行业为行的数据格式。

在转置前将年份列设置为索引，这样转置后索引列自动变成列名称，如果直接转置，将会导致产生一个以年份为数据的特殊行，而且默认的列名称也变成了从 0 开始的整数序号，代码如下。

```
1   import pandas as pd
2   data = pd.read_csv('就业人口行业划分.csv', encoding = 'GBK')
3   data = data.T
4   print(data.head())
```

输出如下：

```
                           0      1      2      3    ...     13     14     15     16
年度                       2003   2004   2005   2006  ...   2016   2017   2018   2019
城镇单位就业人员(万人)          10970  11099  11404  11713  ...  17888  17644  17258  17162
农林牧渔业城镇单位就业人员(万人)      485    466    446    435  ...    263    255    193    134
采矿业城镇单位就业人员(万人)        488    501    509    530  ...    491    455    414    368
制造业城镇单位就业人员(万人)       2980   3051   3211   3352  ...   4894   4635   4178   3832
```

（2）第六行为常见的画布设置，改变了默认的画布大小（figsize 属性）和分辨率（dpi 属性）。其中 figsize 值越大画布越大，两个值分别表示高和宽；dpi 值越大绘制内容越清晰、细致。

（3）第七行增加横轴绘制内容的显示高度，否则由于行业名称文字较多而只能部分显示。bottom 属性值为底部横轴内容绘制高度占画布高度的百分比，0.2 表示 20%。

（4）第八行绘制柱状图，选择的内容就是根据前面转置 DataFrame 内容抽取的数据，其中 data.index[1:] 表示从第二个索引开始的全部索引作为横坐标值，因为第一个索引为"城镇单位就业人员"，该列为所有其他行业列的汇总值。data[2019][1:] 表示列名称为 2019 的列中第二行开始的所有数值，这些数值作为每个方柱的高度，数值通过纵坐标表示。

由此也可以看出，数据分析的基础在于了解数据，也建议读者在进行分析时必须步步为营，这样才能在以后的数据选择和方法选择中做出更好的判断。

（5）第九行解决了中文文字显示问题，加载了中文"黑体"。如果没有该语句，一般情况下无法正常显示中文字符。在使用 matplotlib 进行可视化时，利用该语句可以解决大部分情况下的中文字符显示问题。同时，也可以使用诸如 "FangSong" "Microsoft YaHei" 等表示"仿宋""微软雅黑"等不同字体。更多字体名称请参见附录 B。

（6）第十和第十一行改变了传统上沿水平方向显示横轴和纵轴标签的方式，其中横轴的属性 rotation＝90 表示文字沿逆时针方向旋转 90°，fontsize＝24 表示设置字体大小为 24。这些设置主要为了更好地显示横轴上较长的行业名称，具体数值设置需要根据实际数据灵活调整。

（7）需要补充说明，如果不采取转置的方式，就必须自己构造绘制柱状图所需的两轴数据，代码如下。

```
1   list1 = data.columns[2:].values.tolist()
2   data = data.loc[data['年度'] == 2019]
3   list2 = data.iloc[0, 2:].values.tolist()
```

```
4    plt.bar(list1, list2)
```

该方式通过序号选择现有列名列表获取各个行业,再通过条件选择(loc()方法)和列号选择(iloc()方法)综合获取相应的人员数值,通过构造两个列表来完成两轴数据的表示,效果一样,代码如下。

```
1    import pandas as pd
2    import matplotlib.pyplot as plt
3    data = pd.read_csv('就业人口行业划分.csv', encoding = 'GBK')
4    fig = plt.figure(figsize = (20, 20), dpi = 40)
5    fig.subplots_adjust(bottom = 0.2)
6    plt.bar(data.columns[2:], data.iloc[-1, 2:])
7    plt.rcParams['font.sans-serif'] = ['SimHei']
8    plt.xticks(rotation = 20, fontsize = 24)
9    plt.yticks(fontsize = 36)
10   plt.show()
```

其中第六行展示了获取数据的方法,columns 属性值从 2 开始表示获取第三列及其以后列,前两列分别为年度和汇总值,iloc()方法通过序号来获取行列值,-1 表示倒数第一行,即 2019 年数据行,2:仍然表示第三列及其之后的列。

但是从绘制效果来看,并非十分理想,主要原因在于横轴标签文字内容存在相互覆盖的问题。因此,合理选择可视化图例非常重要。

**【例 2-13】** 以横向柱状图展示 2019 年不同行业的就业人员频次。

```
1    import pandas as pd
2    import matplotlib.pyplot as plt
3    data = pd.read_csv('就业人口行业划分.csv', encoding = 'GBK')
4    data.set_index('年度', inplace = True)
5    data = data.T
6    fig = plt.figure(figsize = (40, 20), dpi = 40)
7    fig.subplots_adjust(left = 0.4)
8    plt.barh(data.index[1:], data[2019][1:])
9    plt.rcParams['font.sans-serif'] = ['SimHei']
10   plt.yticks(fontsize = 36)
11   plt.xticks(fontsize = 36)
12   plt.show()
```

输出如图 2-2 所示。

从绘制效果来看,较好地解决了传统纵向柱状图的文字重叠问题。其中,第八行 barh()表示横向柱状图,用法和一般的柱状图类似,主要区别在于第一个参数控制的是纵轴的内容,而第二个参数才表示方柱的长度,其数值反映在横轴上。

另外,使用频次显示比例也比较常见,适合更明显地展示相对大小。饼图比较适合显示相对值大小。

**【例 2-14】** 以饼图展示 2019 年不同行业的就业人员频次关系。

```
1    import pandas as pd
2    import matplotlib.pyplot as plt
3    data = pd.read_csv('就业人口行业划分.csv', encoding = 'GBK')
4    data.set_index('年度', inplace = True)
5    data = data.T
6    fig = plt.figure(figsize = (12, 8))
```

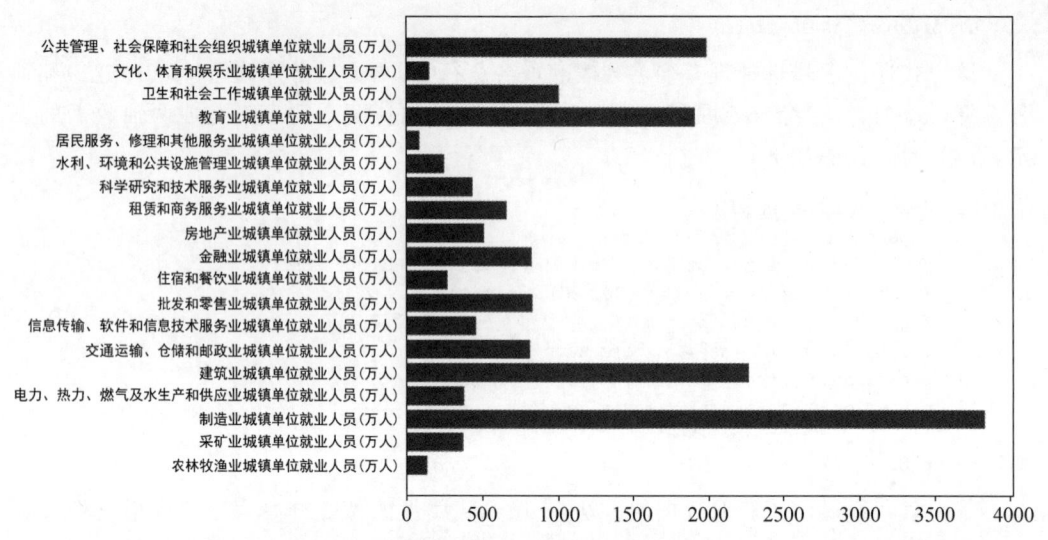

图 2-2 利用横向柱状图展示频次分布

```
 7  plt.pie(data[2019][1:], labels = data.index[1:], autopct = '%3.1f%%',
 8          colors = ['yellowgreen', 'gold', 'lightskyblue', 'lightcoral'],
 9          textprops = {'color': '#444444', 'size': 10, 'weight': 'bold'})
10  plt.rcParams['font.sans-serif'] = ['SimHei']
11  plt.show()
```

输出如图 2-3 所示。

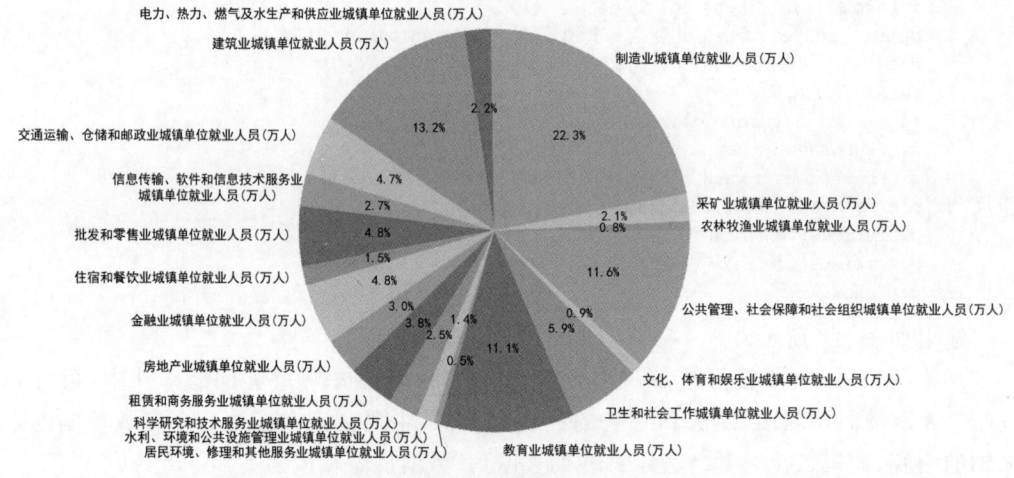

图 2-3 利用饼图展示频次分布关系

饼图虽然显示的是比例值，但是不需要主动计算，即使是将原始绝对值传递过去，饼图也会自动计算出比例值并绘制图例。但是，如果采取诸如柱状图来显示，就需要提前计算百分比，例如以百分比比例值来绘制柱状图：

```
plt.bar(data.index[1:], data[2019][1:] / data[2019][1:].sum())
```

在绘制中，pie()方法的第一个参数表示各个饼图的原始数据，此处即为 2019 年各行业的就业人员数量；labels 属性表示饼图外围文本内容，即各行业名称索引；autopct 属性表示饼块上的百分比值精度格式；colors 属性表示枚举颜色名称，如果数量不够会重复循环使用，更多颜色可以参见 https://matplotlib.org/2.0.2/examples/color/named_colors.html；textprops 表示文本字体的格式，其中 color 属性采取了不一样的颜色表示方式，称为红绿蓝三色系，每种颜色占据两个十六进制数字，形成一种组合颜色，显然这样定义颜色更为灵活、多变。

对于较大规模的数据，还可以使用散点图直接绘制所有原始数据的频次图样，最后可以利用绘制散点的分布情况来直观地了解数值。

本例主要基于一个二手车交易记录数据集 car_train_0110.csv（可以在教学资源中找到，详细格式说明请参见附录 A）。

【例 2-15】 以散点图展示二手车交易记录中价格的数值分布。

```
1  import pandas as pd
2  import matplotlib.pyplot as plt
3  data = pd.read_csv('car_train_0110.csv', sep = ' ')
4  plt.scatter(data.index, data['price'], alpha = 0.2, s = 1)
5  plt.xticks(fontsize = 10)
6  plt.yticks(fontsize = 10)
7  plt.show()
```

输出如图 2-4 所示。

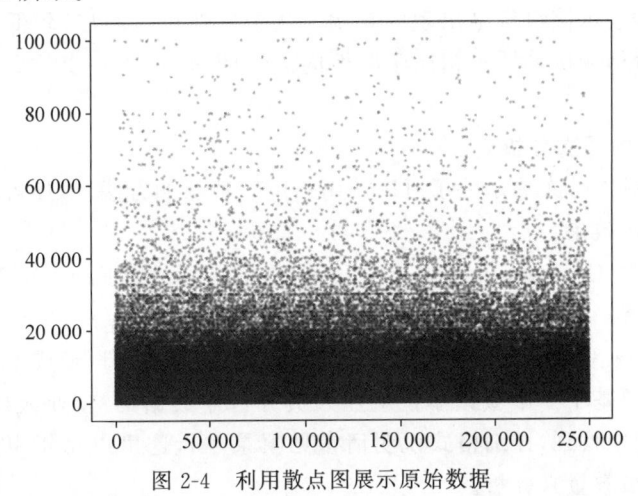

图 2-4　利用散点图展示原始数据

这里的横轴表示每条记录，纵轴表示该记录中的价格。其中，alpha 参数表示透明度，值为 0 表示完全透明，为 1 表示完全不透明；s 表示点的大小。虽然设置了透明度并缩小了点的大小，但是可以看出大部分较低的价格互相重叠，并不能十分有效地看出数值的彼此差异，只能看出较低的价格数量更多，越高的价格数量越少。

因此，可以通过必要的分组合并来显示频次的分布。

【例 2-16】 以散点图展示二手车交易记录中价格的分组数值分布。

```
1  import pandas as pd
2  import matplotlib.pyplot as plt
3  data = pd.read_csv('car_train_0110.csv', sep = ' ')
4  result = data[['price']].groupby(data['price']).count()
```

```
5   plt.scatter(result.index, result['price'])
6   plt.show()
```

输出如图 2-5 所示。

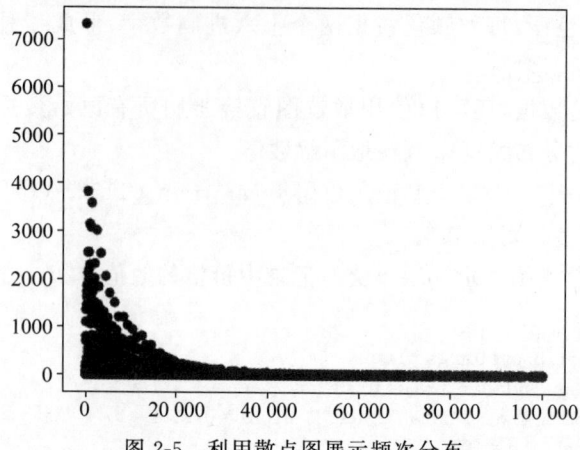

图 2-5　利用散点图展示频次分布

这里对相同价格进行了个数的合并，进一步考虑后还可以用价格区间来合并。scatter()方法的两个参数分别表示绘制每个点的横轴和纵轴坐标，此处横轴为每个组对应的价格，而纵轴表示该组价格出现的频次。从中依然可以看出，较低的价格出现频次较高，而越高的价格频次越低。相比于前面的散点图，也可以看出数据合并后的展示往往更为清晰。

**2. 定序数据的频次分析**

定序数据的频次分布展示除了可以使用不定序数据的方法外，还可以使用一些独有的方法来加强展示效果。

例如累积频次(Cumulative Frequency)，它是指将各个类别的频次逐级累加起来，累加方向可以自由选择，形成向上累积和向下累积。通过累积频次，可以方便看出某一类别(数值)及以下(或者以上)的频次之和。同样，频次百分比也可以形成累积频次百分比。

本节例子主要基于一个城镇单位就业人员分行业数据集"就业人口行业划分.csv"(可以在教学资源中找到，详细格式说明请参见附录 A)，这里以每年租赁和商务服务业城镇单位就业人员数量来分析。

首先介绍直方图的简单用法。

**【例 2-17】** 以直方图展示就业人员的数值频次分布。

```
1   import pandas as pd
2   import matplotlib.pyplot as plt
3   data = pd.read_csv('就业人口行业划分.csv', encoding = 'GBK')
4   plt.hist(data['租赁和商务服务业城镇单位就业人员(万人)'], bins = 20, color = "#13EAC9")
5   plt.show()
```

输出如图 2-6 所示。

不同于前面的例子，直方图可以自动给出不同频次区间的个数统计值。

这里的关键方法就是绘制直方图的 hist()方法，它的第一个参数表示要进行数值分布

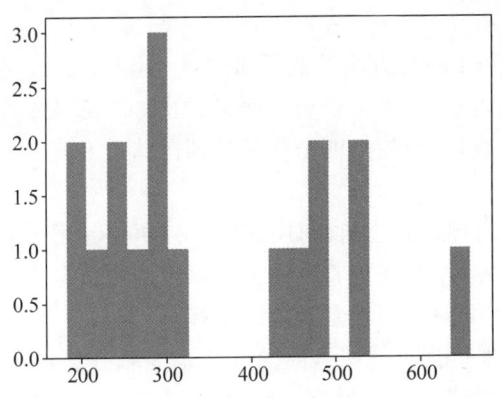

图 2-6　利用直方图展示频次的数值分布

统计的数据列，bins 参数表示划分的横轴区间，此时所有数值会按照最大值和最小值进行等距划分，如果数值落入该区间，就会增加相应的纵轴次数。从中可以看出，部分区间没有数值或者数值很少，如 300 多人的区间只有一个，说明出现该人数频次的年度只有一个。

和柱状图不同，直方图一般显示连续型数值的分布特征，因此往往需要从多个连续方柱来整体观察分布特点。而柱状图通常显示类别特征，不同方柱彼此之间的关系并不重要。在界面上，柱状图的方柱之间一般有空隙，而直方图通常没有。当然，这个区别可以通过样式设置来改变。

更合理的方式可以自定义上下限的范围并指定划分的区间个数，甚至增加总体趋势线，从而更容易判断数值的数量分布。

【例 2-18】　以自定义上下限和带有趋势线的直方图展示就业人员的数值频次分布。

```
1   import pandas as pd
2   import matplotlib.pyplot as plt
3   data = pd.read_csv('就业人口行业划分.csv', encoding = 'GBK')
4   n, bins_limits, patches = plt.hist(data['租赁和商务服务业城镇单位就业人员(万人)'],
      range = [0, 1000], bins = 10, color = "#13EAC9")
5   plt.plot(bins_limits[:len(bins_limits) - 1], n, '--')
6   plt.show()
```

输出如图 2-7 所示。

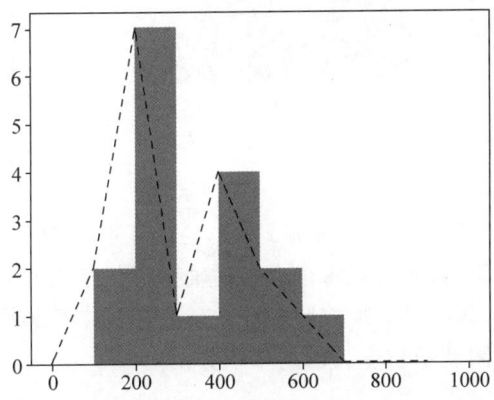

图 2-7　利用自定义上下限和带有趋势线的直方图展示频次的数值分布

代码说明如下：

（1）第四行代码利用 hist() 方法绘制了直方图，其中，range 参数改变了默认以最大最小值为上下限的区间表示，从而可以更为明显看出 300 多人的数值只有一个年度。为了后续进一步绘制趋势线，这里使用四个变量分别存储了 hist() 方法的三个返回值，具体含义下面说明。

（2）第五行增加了趋势线的绘制，利用该线可以更好地看清数值点具体的位置。之所以这些点都在方柱的左边，是因为直方图各数据组的边界范围采取左闭右开区间。

对于折线的绘制，主要是需要确定相应的坐标点，即数值和对应的频次，这些都可以通过 hist() 方法返回值来得到。例如返回的 n 表示纵轴数据的频次列表，bins_limits 返回的是表示横轴数据的数值区间边界值，由于 bins_limits 返回的列表元素数量总比全部数值点数量大 1（因为包括前后两个点），因此需要通过切片去除最后一个边界数值，以保持横轴和纵轴数据数量一致。因此，在绘制折线图时，切片":len(bins_limits) - 1"表示取列表元素第一个到最后一个之前的所有元素。由于 bins_limits 长度比 n 大 1，因此也可以写为：

```
plt.plot(bins_limits[:len(n)], n, '--')
```

最后，可以直接使用这两组数值绘制折线图，形成趋势线上各点的坐标，线型使用"--"表示虚线。

如果希望折线位于方柱中间，调整每个绘制点的横轴坐标即可，代码如下。

```
plt.plot((bins_limits[:len(n)] + bins_limits[1:len(n) + 1]) / 2, n, '--')
```

输出如图 2-8 所示。

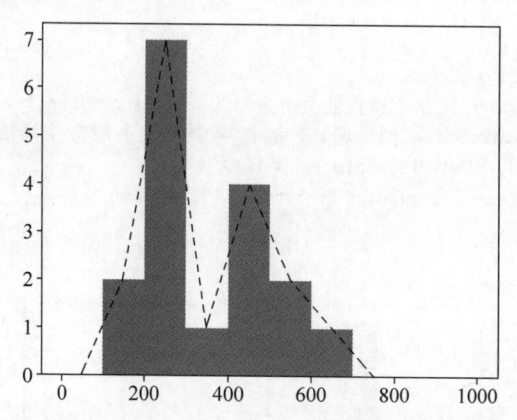

图 2-8　利用自定义上下限的直方图展示频次的数值分布

bins_limits[:len(n)] 表示从第一个列表元素到倒数第二个元素，bins_limits[1:len(n) + 1] 表示从第二个列表元素到最后一个元素，因此上述写法的含义就是将每个 bins_limits 相邻元素的数值取平均值，从而实现每个点的横轴坐标位于相邻元素横轴数值的中间。

有了直方图的基础，就可以实现按照年度的就业人员累积频次。

【例 2-19】 以直方图展示就业人员的累积频次。

```
1  import pandas as pd
2  import matplotlib.pyplot as plt
3  data = pd.read_csv('就业人口行业划分.csv', encoding = 'GBK')
4  plt.hist(data['租赁和商务服务业城镇单位就业人员(万人)'], range = [0, 1000], bins =
   10, cumulative = True, color = "#13EAC9")
5  plt.show()
```

输出如图 2-9 所示。

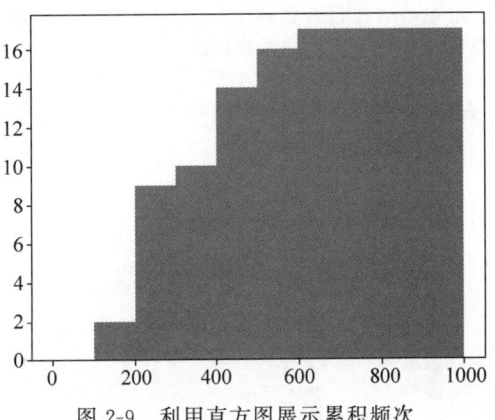

图 2-9　利用直方图展示累积频次

其中 hist()方法增加了 cumulative 参数,值为 True 时表示累积各个频次,可以看出,总频次为 17,正好对应 17 个年度数值。

相对于频次,频率是个比例值,一般可以使用总频次作分母除以每个频次而得到对应的频率。

**【例 2-20】** 以直方图展示就业人员的累积频率。

```
1  import pandas as pd
2  import matplotlib.pyplot as plt
3  data = pd.read_csv('就业人口行业划分.csv', encoding = 'GBK')
4  plt.hist(data['租赁和商务服务业城镇单位就业人员(万人)'], density = True, range = [0,
   1000], bins = 10, cumulative = True, color = "#13EAC9")
5  plt.show()
```

输出如图 2-10 所示。

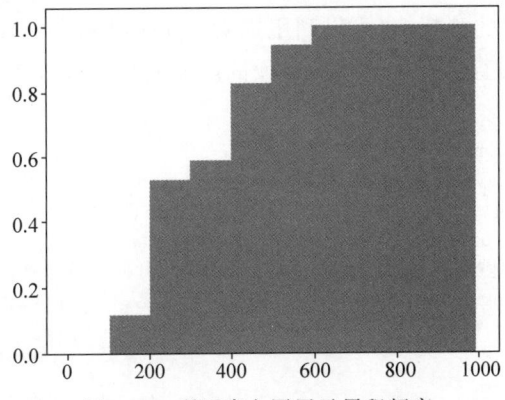

图 2-10　利用直方图展示累积频率

在 hist()方法中,将 density 参数值设置为 True 即可自动计算来显示频率而不是默认的频次。

对于多组数据,利用直方柱还可以进行分布对比分析。

**【例 2-21】** 以对比直方图展示不同行业的就业人员频次分布。

```
1   import pandas as pd
2   import matplotlib.pyplot as plt
3   data = pd.read_csv('就业人口行业划分.csv', encoding = 'GBK')
4   plt.hist(data[['租赁和商务服务业城镇单位就业人员(万人)', '房地产业城镇单位就业人员
    (万人)']], label = ['租赁和商务服务业', '房地产业'], bins = 10, color = ["c", "orange"])
5   plt.rcParams['font.sans-serif'] = ['SimHei']
6   plt.legend()
7   plt.show()
```

输出如图 2-11 所示。

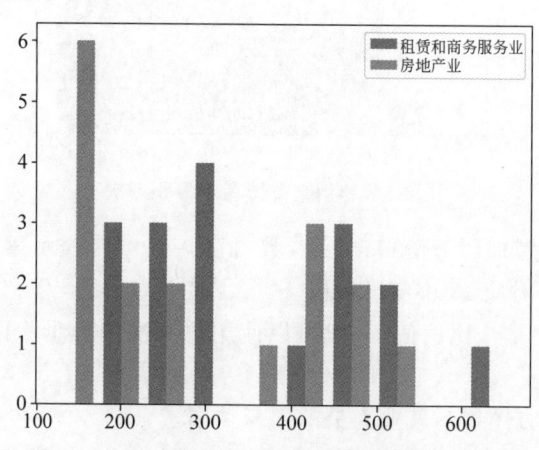

图 2-11　利用数据并列来展示多组数据的直方图

在 hist()方法的数据参数中增加了两组数据,并分别设置了不同的颜色,就可以得到对比频次分布关系。为了区分两组数据及其图例,该图形还使用了标签文本,具体方法是在 hist()中设置 label 属性,有几组数据就给出几组标签,因此 label 属性的值为列表类型。同时利用 legend()方法让系统自主决定标签文本放置的位置,目前是放在右上角的空白处。

从图中可以看出,房地产业的低就业人员数量年份相对较多。

对于多组数据的对比分析,也可以利用透明度同时显示多个直方图来表达。

**【例 2-22】** 以透明直方图展示不同行业的就业人员频次分布。

```
1   import pandas as pd
2   import matplotlib.pyplot as plt
3   data = pd.read_csv('就业人口行业划分.csv', encoding = 'GBK')
4   plt.hist(data['租赁和商务服务业城镇单位就业人员(万人)'], label = '租赁和商务服务业',
    bins = 20, alpha = 0.5)
5   plt.hist(data['房地产业城镇单位就业人员(万人)'], label = '房地产业', bins = 20, alpha = 0.5)
6   plt.rcParams['font.sans-serif'] = ['SimHei']
7   plt.legend()
8   plt.show()
```

输出如图 2-12 所示。

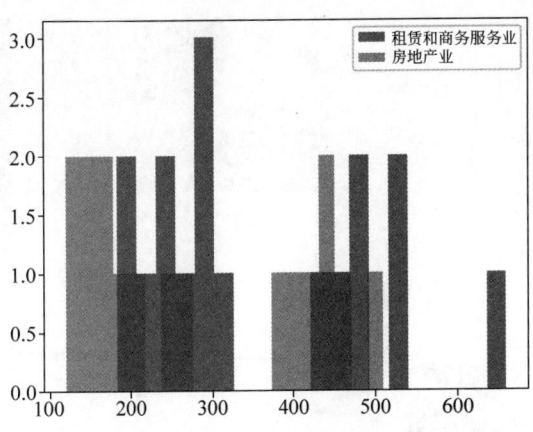

图 2-12　利用透明图形重叠来展示多组数据的直方图

该方法绘制过程并无太多特点,只是绘制了多幅直方图,并且使用透明色防止重叠时无法看清被覆盖的图形。

和以前的直方图相比,读者可能会注意到不同图形的方柱似乎高低不一样。造成这种现象的原因在于数据的选择和划分的区间数量(即 bins)并不一致,系统会根据实际数据的最大值和最小值来切分区间。如果只给一个数据列,则根据该数据列的最大最小值和切分的区间数量来等分区间;如果给出多个数据列,则根据这些数据列的最大最小值和切分区间数量来等分。显然,这些结果往往并不一致。

也可以使用二维直方图来表达多组数据的相互关系。

【例 2-23】 以二维直方图展示不同行业的就业人员频次分布。

```
1  import pandas as pd
2  import matplotlib.pyplot as plt
3  data = pd.read_csv('就业人口行业划分.csv', encoding = 'GBK')
4  plt.hist2d(data['租赁和商务服务业城镇单位就业人员(万人)'], data['房地产业城镇单位就业人员(万人)'], bins = 5, cmap = 'Blues')
5  plt.colorbar()
6  plt.xlabel("租赁和商务服务业")
7  plt.ylabel("房地产")
8  plt.rcParams['font.sans-serif'] = ['SimHei']
9  plt.show()
```

输出如图 2-13 所示。

从图中可以看出,人员频次较低的共同区间中出现的年份最多,而且有颜色的图形大都位于对角线附近,说明两个行业的人员频次总体相关。

代码说明如下:

(1) 第四行代码中的 hist2d() 方法的前两个参数表达两个维度的数据,bins 设置区间个数,cmap 设置色彩系。

(2) 第五行增加了颜色条,用以说明不同颜色对应的数值,可以看出这里颜色越深数值越大。

(3) 第六和第七行分别设置了横轴和纵轴的标签。

茎叶图也是一种展示定序数据的常见简单图例,一般都是由数字字符组成,绘制简

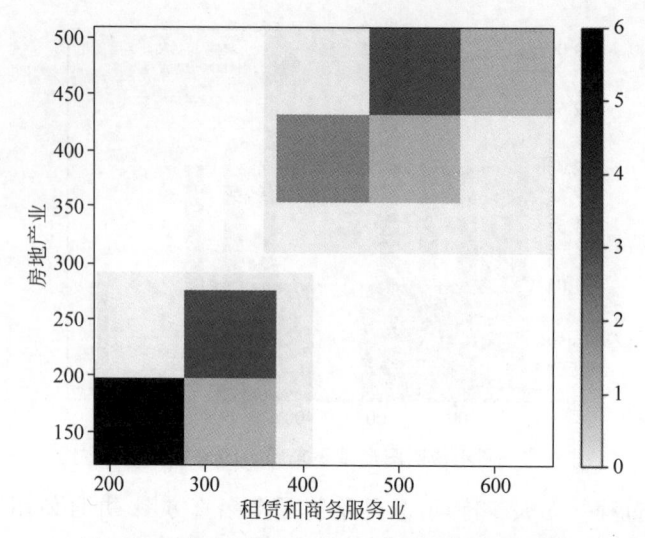

图 2-13 利用二维直方图来展示多组数据的密度

单,可以据此看出数据的分布情况和数据的离散情况,如分布是否对称、是否有极端值等。绘制的关键在于设计好树茎,一般都是以该组数据的高位数作为树茎,具有该高位数的所有数值作为该树茎的叶子。

**【例 2-24】** 以茎叶图展示租赁和商务服务业的就业人员频次分布。

```
1  from itertools import groupby
2  import pandas as pd
3  data = pd.read_csv('就业人口行业划分.csv', encoding = 'GBK')
4  for k, g in groupby(sorted(data['租赁和商务服务业城镇单位就业人员(万人)']), key =
   lambda x: x // 100):
5      print(k, list(g))
```

输出如下:

```
[183, 194]
[219, 237, 247, 275, 287, 290, 292]
[310]
[422, 449, 474, 488]
[523, 530]
[660]
```

这里使用了 groupby()方法,该方法属于 itertools 内置库,因此需要导入该库。该方法有两个参数,一个是需要分组的数据列,为了保证树茎内容唯一,需要对数据列进行排序;另一个是指定分组的依据,这里使用匿名函数,只取百位数。具体的分组结果包括两部分,分别是各个组和每个组的成员。同时,结合循环遍历,可以不断读取每个组的组名和组成员。

为了使得结果更为美观,还可以进一步将每个组成员的列表元素拼接为格式化字符串,如下:

```
1  from itertools import groupby
2  import pandas as pd
3  data = pd.read_csv('就业人口行业划分.csv', encoding = 'GBK')
4  for k, g in groupby(sorted(data['租赁和商务服务业城镇单位就业人员(万人)']), key =
```

```
     lambda x: x // 100):
5        g = [str(i) for i in g]
6        print(k, '|', ' '.j7  oin(g))
```

输出如下：

```
1 | 183 194
2 | 219 237 247 275 287 290 292
3 | 310
4 | 422 449 474 488
5 | 523 530
6 | 660
```

其中，第五行代码通过推导式写法，将原始 g 列表的每个元素转换为字符串，以方便后续字符串的拼接处理。

### 2.4.2 时序分布分析

在现有数据中增加诸如年份等时间信息，可以将现有的数据序列转换为时间序列，而时间序列本身就提供了一种有效的数据分析角度，例如可以对演化情况和未来趋势做出更多的判断。

一般的可视化图形中，通常将时间信息作为横轴内容，以此来表达时序数据演化特征。其中，柱状图就是一种常见的时间序列显示方式。

【例 2-25】 显示每年租赁和商务服务业城镇单位就业人员数量变化趋势。

```
1  import pandas as pd
2  import matplotlib.pyplot as plt
3  data = pd.read_csv('就业人口行业划分.csv', encoding = 'GBK')
4  plt.bar(data['年度'], data['租赁和商务服务业城镇单位就业人员(万人)'])
5  for i, j in zip(data['年度'], data['租赁和商务服务业城镇单位就业人员(万人)']):
6      plt.text(i, j, '%.0f' % j, ha = 'center')
7  plt.xticks(data['年度'][::2], [f'{i}' for i in data['年度'][::2]])
8  plt.show()
```

输出如图 2-14 所示。

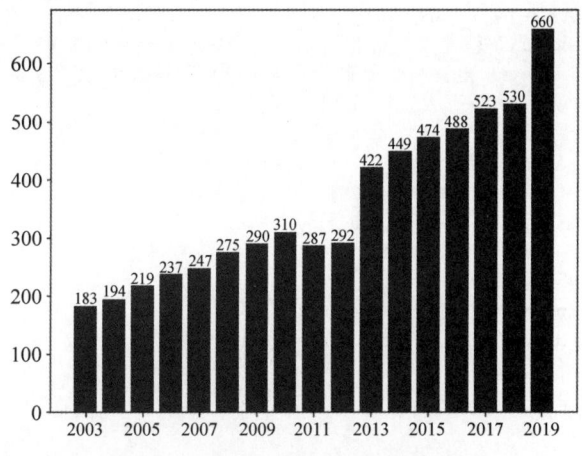

图 2-14 利用柱状图来展示时序数据

代码说明如下：

(1) 第四行绘制了柱状图，以年份为横轴，租赁和商务服务业就业人员数为纵轴。

(2) 第五行和第六行的作用是添加方柱上的文本标签，以更清晰地表明不同年份的就业人员数量。因此首先需要在 text() 方法中给出绘制文本的必要属性，前两个参数是绘制文本起始位所在的横轴和纵轴坐标，由于整个柱状图就是按照年度信息和就业人员数量来绘制，因此借助这两个数值就可以将文本坐标对齐到方柱的顶端。其次是绘制的内容，也就是就业人员数量，这里可以通过格式化方法给出具体的数值精度表达方式，".0f"表示精确到个位。最后还可以添加诸如文本水平对齐方式等信息。

这里的 zip() 方法很方便，借助于该方法，可以同时实现对多个数据列的同步遍历，依次取出每对具有同样序号的数据。如果不使用 zip() 方法，也可以通过循环序号的方式来同时遍历两组数据，如下：

```
1    for i in range(len(data['年度'])):
2        plt.text(data.loc[i, '年度'], data.loc[i, '租赁和商务服务业城镇单位就业人员(万人)'], '%.0f' % data.loc[i, '租赁和商务服务业城镇单位就业人员(万人)'], ha = 'center')
```

输出内容一样。此时由于两列数据个数一样，因此通过年度列个数来循环序号 i，并以 i 依次读取每行中两个数据列的数值。此处使用了 loc() 方法，该方法两个参数分别表示行号和列名称。

(3) 第七行改变了默认的横轴标签详细内容，将全部年份信息都添加上去，使得图例更为清楚。不过，需要将图例适当放大，否则横轴标签内容会彼此重叠。

时序曲线中也常常使用向上累积曲线或者向下累积曲线。所谓向上累积曲线，一般是指从前往后遍历时序数据，逐渐累加每个时间点上的数值。通过这种累积，可以看出在时间演变中数据整体绝对规模总量的变化情况。

【例 2-26】 使用向上累积曲线和向下累积曲线显示每年租赁和商务服务业城镇单位就业人员数量频率变化趋势。

```
1    import pandas as pd
2    import matplotlib.pyplot as plt
3    data = pd.read_csv('就业人口行业划分.csv', encoding = 'GBK')
4    data['col1'] = data['租赁和商务服务业城镇单位就业人员(万人)'] / data['租赁和商务服务业城镇单位就业人员(万人)'].sum()
5    data['col2'] = data['col1'].cumsum()
6    data['col3'] = data['col1'][::-1].cumsum()
7    plt.plot(data['年度'], data['col2'])
8    plt.plot(data['年度'], data['col3'])
9    for i, j in zip(data['年度'], data['col2']):
10       plt.text(i, j, '%.3f' % j, ha = 'center')
11   for i, j in zip(data['年度'], data['col3']):
12       plt.text(i, j, '%.3f' % j, ha = 'center')
13   plt.show()
```

输出如图 2-15 所示。

代码说明如下：

(1) 第四行计算每年就业人员的频次比例，即频率。在现有的 DataFrame 中新建了

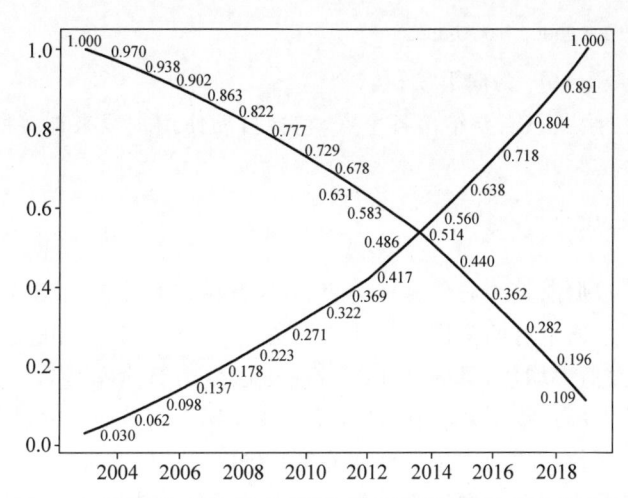

图 2-15 利用向上和向下累积曲线来展示时序数据变化趋势

一个数据列 col1，以全部年份的就业人员数量总和作为分母，将现有的就业人员数量频次转换为频率。

（2）第五和第六行计算累积频率，这是本例计算的关键。第五行的 cumsum() 方法默认可以向上汇总所有的数据列值，形成当前行的值。第六行与第五行类似，但是由于已对原始数据列进行了转置，因此得到了向下累积的频率数值。

下面的代码展示了累积计算的效果。

```
1  import pandas as pd
2  data = pd.read_csv('就业人口行业划分.csv', encoding = 'GBK')
3  data['col1'] = data['租赁和商务服务业城镇单位就业人员(万人)'] / data['租赁和商务服务业城镇单位就业人员(万人)'].sum()
4  data['col2'] = data['col1'].cumsum()
5  data['col3'] = data['col1'][::-1].cumsum()
6  print(data[['col1', 'col2', 'col3']])
```

输出如下：

```
        col1       col2       col3
0   0.030099   0.030099   1.000000
1   0.031908   0.062007   0.969901
2   0.036020   0.098026   0.937993
3   0.038980   0.137007   0.901974
4   0.040625   0.177632   0.862993
5   0.045230   0.222862   0.822368
6   0.047697   0.270559   0.777138
7   0.050987   0.321546   0.729441
8   0.047204   0.368750   0.678454
9   0.048026   0.416776   0.631250
10  0.069408   0.486184   0.583224
11  0.073849   0.560033   0.513816
12  0.077961   0.637993   0.439967
13  0.080263   0.718257   0.362007
14  0.086020   0.804276   0.281743
15  0.087171   0.891447   0.195724
```

```
16    0.108553    1.000000    0.108553
```

其中 col2 为向上累积，col3 为向下累积。

（3）plot()方法绘图只需要给出各个点，它会自动使用直线来连接所有的点，形成曲线的效果。

### 2.4.3 集中度分析

集中度反映了数据向其中心值靠拢的趋势，因此测度集中趋势需要寻找到数据一般水平的代表性数值。通常有两类代表值获取方法：一类是从总体数值中抽取出反映一般水平的数值，称为数值平均数，具体的平均数还可以分为算术平均数、加权平均数、调和平均数和几何平均数等；另一类是根据数据的有序序列，选择某些位置上的典型数值，称为位置平均数，具体包括众数、中位数和四分位数等。

本节例子主要基于一个我国城镇单位就业人员工资与人数的数据集"城镇单位就业人员平均工资与人数.csv"（可以在教学资源中找到，详细格式说明请参见附录 A）。

由于这些原始平均工资数据精度较高，为方便分析，现将其转换为万元单位，并保存为新列。如下：

```
1    import pandas as pd
2    data = pd.read_csv('城镇单位就业人员平均工资与人数.csv', encoding = 'GBK')
3    data['平均工资(万元)'] = data['平均工资(元)'] // 10000
4    print(data[['平均工资(元)', '平均工资(万元)']].head())
```

输出如下：

```
     平均工资(元)    平均工资(万元)
0      39340         3
1      91068         9
2      78147         7
3     107733        10
4      65580         6
```

head()方法默认只返回 5 行数据。这里利用整除 10 000 的方式得到万元单位数值，供后面例子使用。

**1. 数值平均数分析**

算术平均数就是将各个数值累加后除以数值的个数。一般而言，该平均数可以反映整体的发展情况。利用不同数值的权数，还能计算加权平均数。所谓权数，是指在算术平均数计算中，一般可以利用该变量值出现的频次，如果该变量值出现频次较高，那么该数据对最终的计算结果影响就较大。

对于加权平均数，通过权值，在一定程度上改变了原始频次的权值设计。对于具体权值的选择，主要意图在于希望体现出不同数值的重要性，除了本例中要考虑真实的人数因素影响这种比例关系外，有时还存在数值更多变或者不准确的较大可能性，此时可以通过赋予较低的权值来减少对总体平均数的影响。这里要注意一个很常见的问题，对于诸如比例等相对值，一般不建议直接计算比例平均数来测度整体比例平均数，主要原因在于比例值往往已经去除了绝对数量的影响，而这种绝对数量应该在计算最终整体平均数时利用才能更为准确地反映实际结果。

**【例 2-27】** 统计所有行业的城镇单位就业人员平均工资。

```
1  import pandas as pd
2  import numpy as np
3  data = pd.read_csv('城镇单位就业人员平均工资与人数.csv', encoding = 'GBK')
4  data['平均工资(万元)'] = data['平均工资(元)'] // 10000
5  print('算术平均数为: % f' % data['平均工资(万元)'].mean())
6  print('加权平均数为: % f' % np.average(data['平均工资(万元)'], weights = data['人数(万人)']))
```

输出如下：

算术平均数为：8.684211
加权平均数为：7.796610

由于低于平均数的人员数量(151 万)大于高于平均数的人员数量(144 万)，因此加权平均最终拉低了数值。这也在一个方面反映出加权计算的实际价值。

本例代码利用 DataFrame 的 mean() 方法直接获取相关数据列的算术平均数。对于加权平均数，则使用了 Numpy 的 average() 方法，该方法可以通过 weights 参数来设置每个数据的权值，并得到加权平均数。此处以行业人数作为权值，计算得到的最终结果更为合理。

如果数据集存在明显的极值，可以考虑从数据中剔除一定数量的极值后再求平均数，如评选中常见的"去掉一个最高分和一个最低分"。可以认为切尾平均数是一种在中位数和均值之间的折中方案。

**【例 2-28】** 去除极值后统计所有行业的城镇单位就业人员平均工资。

```
1  import pandas as pd
2  from scipy import stats
3  data = pd.read_csv('城镇单位就业人员平均工资与人数.csv', encoding = 'GBK')
4  data['平均工资(万元)'] = data['平均工资(元)'] // 10000
5  print('切尾平均数为: % f' % stats.tmean(data['平均工资(万元)'], (5, 13)))
```

输出如下：

切尾平均数为：8.588235

这里使用了 SciPy 的 tmean() 方法，该方法可以通过第二个参数指定有效数值的范围，并在去除该范围外的所有数据后再计算平均数。

调和平均数也常常被称为倒数平均数，是指总体各统计变量倒数的算术平均数的倒数。对于同样的数据，调和平均数的数值一般都会小于算术平均数。它一般并不应用于算术平均数可以应用的场合，但是对于一些只有诸如比例等相对值并且无法获取具体频次的情况，调和平均数是一种有效的平均数获取方法。

**【例 2-29】** 统计所有行业的城镇单位就业人员调和平均工资。

```
1  import pandas as pd
2  import statistics as s
3  data = pd.read_csv('城镇单位就业人员平均工资与人数.csv', encoding = 'GBK')
4  data['平均工资(万元)'] = data['平均工资(元)'] // 10000
```

```
5  print('调和平均数为: %f' % s.harmonic_mean(data['平均工资(万元)']))
```

输出如下：

调和平均数为：7.563751

本例代码计算使用了 statistics 库，其中的 harmonic_mean()方法可以计算调和平均数。

几何平均数采取了变量值先相乘再开方的方式来求得平均数。

**【例 2-30】** 统计所有行业的城镇单位就业人员几何平均工资。

```
1  import pandas as pd
2  from scipy import stats
3  data = pd.read_csv('城镇单位就业人员平均工资与人数.csv', encoding = 'GBK')
4  data['平均工资(万元)'] = data['平均工资(元)'] // 10000
5  print('几何平均数为: %f' % stats.gmean(data['平均工资(万元)']))
```

输出如下：

几何平均数为：8.151872

这里使用了 SciPy 的 gmean()方法，该方法可以直接计算几何平均数。在输出结果时，使用了格式化字符输出方法，等价的写法为

```
print('几何平均数为:{}'.format(stats.gmean(data['平均工资(万元)'])))
```

对几何平均数进行对数处理，其实也可以转换为相应对数的算术平均数计算。因此，借助于幂运算，可以利用算术平均数来得到几何平均数。

**【例 2-31】** 使用算术平均数来统计所有行业的城镇单位就业人员几何平均工资。

```
1  import pandas as pd
2  import math
3  data = pd.read_csv('城镇单位就业人员平均工资与人数.csv', encoding = 'GBK')
4  data['平均工资(万元)'] = data['平均工资(元)'] // 10000
5  data['平均工资(万元)'] = data['平均工资(万元)'].apply(math.log)
6  print('几何平均数为: %f' % math.exp(data['平均工资(万元)'].mean()))
```

输出内容同例 2-30。

因为对数据的乘积取对数等于每个数据的对数和，所以可以利用 apply()方法将每个原始数据分别应用对数函数进行处理，得到相关的对数值，然后采取简单的算术平均数计算，完成后再利用以 e 为底的幂函数还原成原始数值，其中幂函数使用了 math 库中的 exp()标准函数。

**2. 位置平均数分析**

位置平均数改变了传统以数值为单位的平均数计算方法，尤其在存在极值的情况下，位置平均数往往更能反映整体数据的特征。另外，有时当数值不能分隔时，算术平均数也失去意义，比如统计销售皮鞋的平均鞋码等。

众数就是一种常见的位置平均数，即在数据中出现次数最多的数值。一般而言，对于分布带有明显集中特点的数据列而言，众数往往表现为数据分布的最高峰。但是对于分布没有明显集中趋势的数据，也可能并不存在众数，或者存在多个相同的众数。

**【例 2-32】** 统计各个行业的城镇单位就业人员平均工资众数。

```
1  import pandas as pd
2  data = pd.read_csv('城镇单位就业人员平均工资与人数.csv', encoding = 'GBK')
3  data['平均工资(万元)'] = data['平均工资(元)'] // 10000
4  print('众数为: %f' % data['平均工资(万元)'].mode())
```

输出如下：

众数为：9.000000

可以看出 9 万元是频次较高的数值，事实上也是与算术平均数最接近的数值之一。DataFrame 的 mode()方法可以直接返回当前数据列的众数。

直接利用分组查询也可以实现相同的效果，甚至可以看到更多数据的频次情况。如下：

```
1  import pandas as pd
2  data = pd.read_csv('城镇单位就业人员平均工资与人数.csv', encoding = 'GBK')
3  data['平均工资(万元)'] = data['平均工资(元)'] // 10000
4  print(data['平均工资(万元)'].groupby(data['平均工资(万元)']).count().sort_values
   (ascending = False))
```

输出如下：

平均工资(万元)
9    4
10   3
8    3
6    3
13   2
16   1
7    1
5    1
3    1

从中可以看出，9 万元出现 4 次，为最高的频次。

计算中位数首先需要将数据按照大小顺序排列，然后将居于数列中间位置的那个数据设为中位数。由于中位数以所处位置来确定代表值，因此不容易受到分布数列的极值影响，提高了对整体数据的代表性。但是当整体数据的频次分布呈现偏态时，中位数的代表性依然还会受到影响。

【例 2-33】 统计各个行业的城镇单位就业人员平均工资中位数。

```
1  import pandas as pd
2  data = pd.read_csv('城镇单位就业人员平均工资与人数.csv', encoding = 'GBK')
3  data['平均工资(万元)'] = data['平均工资(元)'] // 10000
4  print('中位数为: %f' % data['平均工资(万元)'].median())
```

输出如下：

中位数为：9.000000

DataFrame 的 median()方法可以直接返回当前数据列的中位数。

与中位数有关的还有一个更灵活的百分位数，中位数相当于 50% 的百分位数。

【例 2-34】 统计各个行业的城镇单位就业人员平均工资中位数。

```
1  import pandas as pd
```

```
2  data = pd.read_csv('城镇单位就业人员平均工资与人数.csv', encoding = 'GBK')
3  data['平均工资(万元)'] = data['平均工资(元)'] // 10000
4  print('四分位数分别为: %f,%f,%f,%f,%f' % (data['平均工资(万元)'].quantile(0),
5                                        data['平均工资(万元)'].quantile(0.25),
6                                        data['平均工资(万元)'].quantile(0.5),
7                                        data['平均工资(万元)'].quantile(0.75),
8                                        data['平均工资(万元)'].quantile(1)))
```

输出如下：

四分位数分别为：3.000000,6.500000,9.000000,10.000000,16.000000

DataFrame 的 quantile()方法可以获取指定百分比的百分位数，其参数可以设置百分比。一般常见的四分位数是四分之一位数，即参数为25%。

另外，偏度和峰度也是常见的离中趋势测度指标。偏度是统计数据分布偏斜方向和程度的度量，是统计数据分布非对称程度的数字特征。偏度定义中包括正态分布（偏度＝0）、右偏分布（也称正偏分布，其偏度＞0）、左偏分布（也称负偏分布，其偏度＜0）。峰度又称峰态系数，可以表征概率密度分布曲线在平均值处峰值高低的特征数，具体数值为数据四阶中心矩与方差平方的比值。直观来看，峰度反映了峰部的尖度。峰度包括正态分布（峰度值＝3）、厚尾（峰度值＞3）、瘦尾（峰度值＜3）。

【例 2-35】 统计各个行业的城镇单位就业人员平均工资偏度和峰度。

```
1  import pandas as pd
2  data = pd.read_csv('城镇单位就业人员平均工资与人数.csv', encoding = 'GBK')
3  data['平均工资(万元)'] = data['平均工资(元)'] // 10000
4  print('偏度为: %f' % data['平均工资(万元)'].skew())
5  print('峰度为: %f' % data['平均工资(万元)'].kurt())
```

输出如下：

偏度为：0.569681
峰度为：0.840199

在 DataFrame 中，偏度值和峰度值分别可以使用 skew()和 kurt()方法来获取。

通过可视化各个工资段的频次分布，可以发现最高频次确实位于中线右边，呈现右偏状态，整体数据分布中间和两边下降较快，呈现高峰瘦尾的特点。

```
1  import pandas as pd
2  import matplotlib.pyplot as plt
3  data = pd.read_csv('城镇单位就业人员平均工资与人数.csv', encoding = 'GBK')
4  data['平均工资(万元)'] = data['平均工资(元)'] // 10000
5  result = data[['平均工资(万元)']].groupby(data['平均工资(万元)']).count()
6  plt.bar(result.index, result['平均工资(万元)'])
7  plt.show()
```

输出如图 2-16 所示。

### 3. 离中趋势分析

离中趋势反映了数据的变异情况，即全部数据与平均数之间的变动程度和分散程度，因此相关指标也被称为变异指标。变异指标和反映数据集中趋势的平均指标，一起形成了描述数据总体情况的两个不同类型的指标体系。

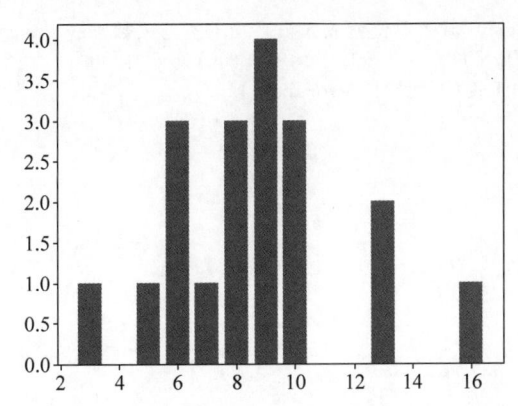

图 2-16　利用柱状图展示各个工资段的频次分布

一般而言，数据分布越分散，变异指标越大，平均指标的代表性就越小；数据分布越集中，变异指标就越小，平均指标代表性就越大。常见的变异指标包括全距、平均差、方差、标准差、变异系数等。

全距最简单，即全部数据最大值和最小值的差值，也称为极差。

【例 2-36】 统计各个行业的城镇单位就业人员平均工资全距。

```
1  import pandas as pd
2  data = pd.read_csv('城镇单位就业人员平均工资与人数.csv', encoding = 'GBK')
3  data['平均工资(万元)'] = data['平均工资(元)'] // 10000
4  print('全距为: % f' % (data['平均工资(万元)'].max() - data['平均工资(万元)'].min()))
```

输出如下：

全距为: 13.000000

方差和标准差是最常见的变异指标。其中，标准差是方差的算术平方根，也称为均方差。和全距不同，方差和标准差需要根据全部数据来计算，反映了每个数据与整体均值的差异程度。

【例 2-37】 统计各个行业的城镇单位就业人员平均工资方差和标准差。

```
1  import pandas as pd
2  data = pd.read_csv('城镇单位就业人员平均工资与人数.csv', encoding = 'GBK')
3  data['平均工资(万元)'] = data['平均工资(元)'] // 10000
4  print('方差为: % f' % (data['平均工资(万元)'].var()))
5  print('标准差为: % f' % (data['平均工资(万元)'].std()))
```

输出如下：

方差为：9.339181
标准差为：3.056007

DataFrame 中的 var() 和 std() 方法分别返回数据列的方差和标准差。

在 Pandas 中，也可以通过 describe() 方法整体性地获取包括数据集中度在内的各种数据分布特征信息。

【例 2-38】 统计各个行业的城镇单位就业人员平均工资各项常见数据分布特征。

```
1  import pandas as pd
```

```
2    data = pd.read_csv('城镇单位就业人员平均工资与人数.csv', encoding = 'GBK')
3    data['平均工资(万元)'] = data['平均工资(元)'] // 10000
4    print(data['平均工资(万元)'].describe())
```

输出如下:

```
count    19.000000
mean      8.684211
std       3.056007
min       3.000000
25 %      6.500000
50 %      9.000000
75 %     10.000000
max      16.000000
```

有效的可视化工具也是观察数据离中趋势的有效手段,常见的方式是使用频数分布图和箱型图等。

【例 2-39】 使用频数分布图统计各个行业的城镇单位就业人员平均工资数据分布。

```
1    import pandas as pd
2    import seaborn as sns
3    import matplotlib.pyplot as plt
4    data = pd.read_csv('城镇单位就业人员平均工资与人数.csv', encoding = 'GBK')
5    data['平均工资(万元)'] = data['平均工资(元)'] // 10000
6    nums = pd.cut(data['平均工资(万元)'], [0, 3, 10, 1000])
7    nums = nums.value_counts()
8    result = pd.DataFrame({'工资(万元)': nums.index, '数量': nums.values})
9    plt.rcParams['font.sans-serif'] = ['SimHei']
10   sns.barplot(x = "工资(万元)", y = "数量", data = result)
11   plt.show()
```

输出如图 2-17 所示。

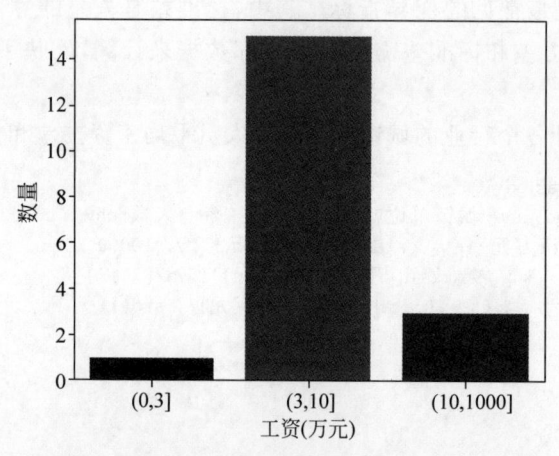

图 2-17 城镇单位就业人员平均工资的频数分布图

代码说明如下:

(1) 得到不同数值区间内平均工资出现的次数,为此本例采用了不等距分组方法,划分后的 nums 具体取值如下。

```
1    import pandas as pd
```

```
2  data = pd.read_csv('城镇单位就业人员平均工资与人数.csv', encoding = 'GBK')
3  data['平均工资(万元)'] = data['平均工资(元)'] // 10000
4  nums = pd.cut(data['平均工资(万元)'], [0, 3, 10, 1000])
5  print(nums)
```

输出如下：

```
0        (0, 3]
1       (3, 10]
2       (3, 10]
3       (3, 10]
4       (3, 10]
5       (3, 10]
6     (10, 1000]
7       (3, 10]
8       (3, 10]
9     (10, 1000]
10      (3, 10]
11      (3, 10]
12    (10, 1000]
13      (3, 10]
14      (3, 10]
15      (3, 10]
16      (3, 10]
17      (3, 10]
18      (3, 10]
```

（2）上述得到的是一个 Series 序列变量，因此通过 value_counts() 方法统计个数，并再次生成 DataFrame，提供后续绘图的数据源。方法是将 Series 的索引即分组区间作为一列，每组的频次作为一列，并且都赋予了新的列名。

（3）本例关键的代码在第十行，使用了 Seaborn 库的直方图绘制方法 barplot()，该方法比较适合非数值型的横轴数据表示，例如这里的横轴是分段的区间。x 和 y 参数分别表示横轴和纵轴的数据列。由于是中文信息，因此还需要加载中文字体。

对于 Series 类型的数据而言，分组也可以使用 groupby() 实现，完整代码如下：

```
1  import pandas as pd
2  import seaborn as sns
3  import matplotlib.pyplot as plt
4  data = pd.read_csv('城镇单位就业人员平均工资与人数.csv', encoding = 'GBK')
5  data['平均工资(万元)'] = data['平均工资(元)'] // 10000
6  nums = pd.cut(data['平均工资(万元)'], [0, 3, 10, 1000])
7  result = nums.groupby(nums).describe()
8  plt.rcParams['font.sans-serif'] = ['SimHei']
9  sns.barplot(x = result.index, y = 'freq', data = result)
10 plt.show()
```

输出内容同上，只是纵轴列使用了默认的原始汇总列名称。其中，Series 变量分组后使用 describe() 方法可以直接得到一个 DataFrame 变量，可以观察如下：

```
1  import pandas as pd
2  data = pd.read_csv('城镇单位就业人员平均工资与人数.csv', encoding = 'GBK')
3  data['平均工资(万元)'] = data['平均工资(元)'] // 10000
```

```
4  nums = pd.cut(data['平均工资(万元)'], [0, 3, 10, 1000])
5  result = nums.groupby(nums).describe()
6  print(result)
```

输出如下:

|  | count | unique | top | freq |
|---|---|---|---|---|
| 平均工资(万元) |  |  |  |  |
| (0, 3] | 1 | 1 | (0, 3] | 1 |
| (3, 10] | 15 | 1 | (3, 10] | 15 |
| (10, 1000] | 3 | 1 | (10, 1000] | 3 |

因此,只需要直接获取相应的数据列 freq 绘图即可。

箱型图也是一种观察数据离中趋势的常见手段,主要结合百分位数来进行。

**【例 2-40】** 使用箱型图统计各个行业的城镇单位就业人员平均工资数据分布。

```
1  import pandas as pd
2  import matplotlib.pyplot as plt
3  data = pd.read_csv('城镇单位就业人员平均工资与人数.csv', encoding = 'GBK')
4  data['平均工资(万元)'] = data['平均工资(元)'] // 10000
5  plt.rcParams['font.sans-serif'] = ['SimHei']
6  data['平均工资(万元)'].plot.box()
7  plt.show()
```

输出如图 2-18 所示。

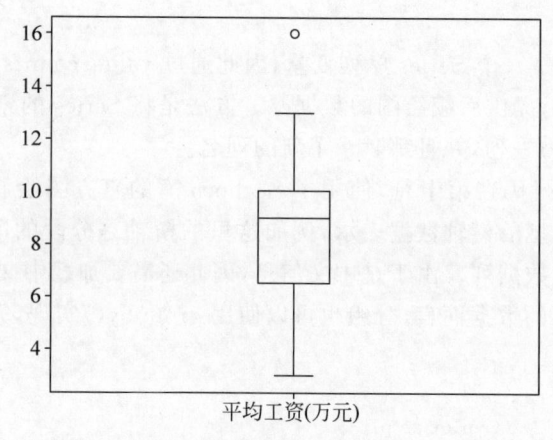

图 2-18  展示城镇单位就业人员平均工资的箱型图

利用 DataFrame 自带的 plot 功能也能完成可视化绘制,其中的 box() 方法就是箱型图。箱子的顶部和底部分别是第 75 百分位数和第 25 百分位数。箱内的水平线表示的是中位数。图中的竖线称为须(whisker),从最大值一直延伸到最小值,展示了数据的极差。对于异常值,常常单独使用点来表示,而不和已有的须进行连接。这里的 16 明显是一个极值。

## 2.5 数据假设检验

假设检验是数据抽样推断的一个重要应用,它是指首先对总体数据参数或者分布做出假设,并利用样本数据的相关特征信息来检查是否存在显著差异,从而决定接受或者拒绝原有假设。

本节例子主要基于一个二手车交易记录数据集 car_train_0110.csv(可以在教学资源中找到,详细格式说明请参见附录 A)。

### 2.5.1 正态分布检验

由一般分布的频次所绘制的直方图往往会呈现高峰位于中部、左右两侧大致对称的形态,这种形态就是正态分布(normal distribution),也称为常态分布。由于现实世界中的数据往往并非随机数据,因此真正的数据频次分布更多呈现出一些非典型性的正态分布特点。

【例 2-41】 以抽样前后的数据来比较二手车交易价格数据正态分布的差别。

```
1  import pandas as pd
2  import scipy.stats as ss
3  data = pd.read_csv('car_train_0110.csv', sep = ' ')
4  sample_data = data['price'].sample(frac = 0.01, replace = True)
5  print(ss.normaltest(data['price']))
6  print(ss.normaltest(sample_data))
```

输出如下:

NormaltestResult(statistic = 193166.14847214796, pvalue = 0.0)
NormaltestResult(statistic = 1736.8181143760778, pvalue = 0.0)

代码说明如下:

(1) 第四行代码进行了随机重复抽样,比例为 1%。

(2) 第五和第六行进行了正态分布对比,利用 SciPy 库的 normaltest()方法可以基于偏度和峰度进行数据分布检验,判断是否符合正态分布。输出的 pvalue(即 P 值)如果大于 0.05 则表示符合正态分布。目前的结果显示效果并不明显。事实上,整体价格大部分偏低。

【例 2-42】 使用直方图展示二手车交易价格数据的正态分布特征。

```
1  import pandas as pd
2  import seaborn as sns
3  import matplotlib.pyplot as plt
4  data = pd.read_csv('car_train_0110.csv', sep = ' ')
5  sns.distplot(data['price'])
6  plt.show()
```

输出如图 2-19 所示。

这里利用了 Seaborn 库的直方图绘制方法 distplot(),其中增加了核密度曲线的显示。从总体来看,正态分布效果并不明显。其中,核密度曲线类似于概率密度曲线,其曲线下的面积是 1,因此其纵轴上的单位通常是小于 1 的核密度分布值。

为了增强效果,可以进一步增加显示的信息。

【例 2-43】 结合密度曲线和直方图展示二手车交易价格数据的正态分布特征。

```
1  import pandas as pd
2  import seaborn as sns
3  from scipy import stats
4  import matplotlib.pyplot as plt
5  data = pd.read_csv('car_train_0110.csv', sep = ' ')
```

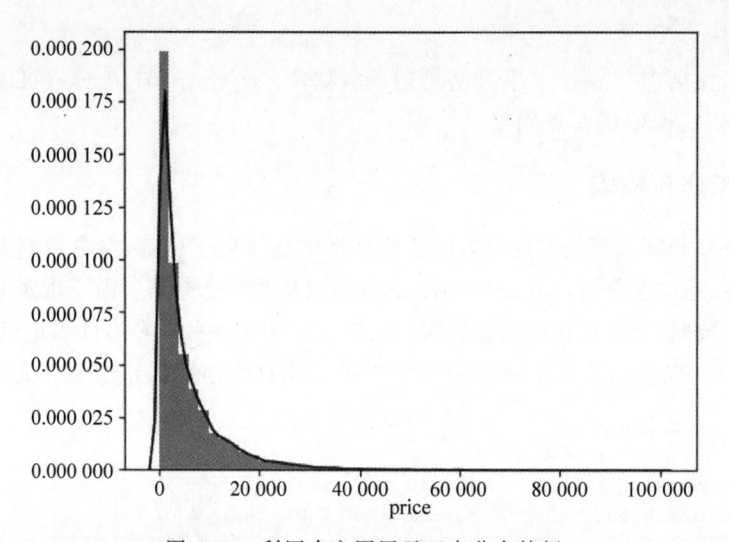

图 2-19 利用直方图展示正态分布特征

```
 6  plt.rcParams['font.sans-serif'] = ['SimHei']
 7  sns.distplot(data['price'], bins = 20, fit = stats.norm, norm_hist = True,
 8               hist_kws = {'color': 'steelblue', 'edgecolor': 'blue'},
 9               kde_kws = {'color': 'orange', 'linestyle': '--', 'label': '核密度曲线'},
10               fit_kws = {'color': 'red', 'linestyle': ':', 'label': '标准正态密度曲线'}
11              )
12  plt.legend()
13  plt.show()
```

输出如图 2-20 所示。

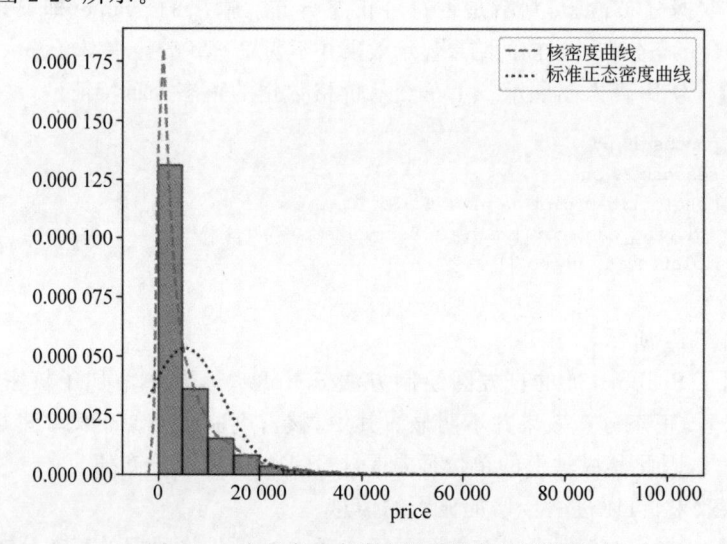

图 2-20 在正态分布直方图中增加显示信息

在 distplot()方法的参数中,bins 设置了方柱数量,这里等分为 20;fit 控制拟合的参数分布图形,这里使用标准正态密度曲线作为参考,因此能够直观地评估它与观察数据的对应关系(红色线条为确定的分布);norm_his 为 True 表示直方图高度显示密度而非计数；hist_kws、kde_kws、fit_kws 参数都接收字典类型参数，分别可以表示方柱、核密度曲线、正态密度曲线的自定义样式。

也可以使用 QQ 图来可视化展示。QQ 图是指分位数-分位数图（quantile-quantile plot），可以检验一组数据是否服从某一分布。它通过将数据的分位数与已知分布相比较，从而来检验数据的分布情况。在图例中，由标准正态分布的分位数作为横坐标，样本值作为纵坐标，构成散点图表示 QQ 图。鉴别数据是否近似于正态分布，只需要看 QQ 图上的点是否近似地在一条直线附近，图形是直线说明是正态分布，而且该直线的斜率为标准差，截距为均值。

【例 2-44】 使用 QQ 图展示二手车交易价格数据的正态分布特征。

```
1  import pandas as pd
2  from statsmodels.graphics.api import qqplot
3  from matplotlib import pyplot as plt
4  data = pd.read_csv('car_train_0110.csv', sep = ' ')
5  sample_data = data['price'].sample(frac = 0.01, replace = True)
6  qqplot(sample_data)
7  plt.show()
```

输出如图 2-21 所示。

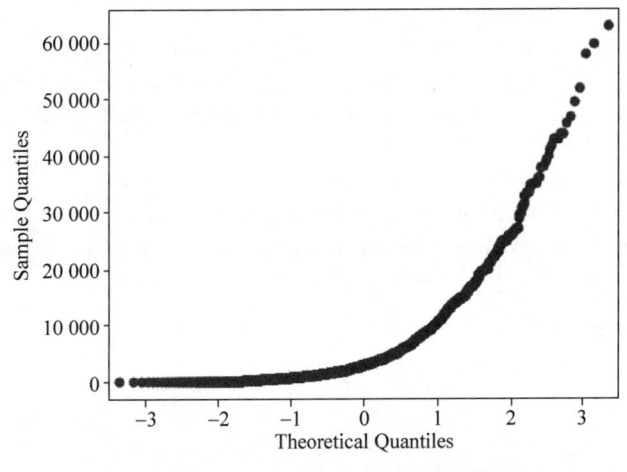

图 2-21　利用 QQ 图展示数据分布特征

这里使用了 Statsmodels 库的 qqplot() 方法，可以直接根据数据来绘制 QQ 图。从图中可以看出，正态分布特征也并不明显。

## 2.5.2　T 值检验

T 值检验对于单样本均值检验而言，适用于检验总体方差未知、正态数据或近似正态的单样本均值是否与已知的总体均值相等。虽然 T 值检验的前提是要求样本服从正态分布或近似正态分布，但是如果样本数量很大，则可以认为数据近似正态分布并适用 T 值检验。

【例 2-45】 利用 T 值检验观察特定类型二手汽车价格与特定值的显著差异。

例如，对于发动机功率大于200、汽车已行驶15万千米的自动挡豪华轿车，观察其价格与8000元的差异情况。如下：

```
1  import pandas as pd
2  from scipy import stats as ss
3  data = pd.read_csv('car_train_0110.csv', sep = ' ')
4  result = data[(data['bodyType'] == 0) & (data['power'] > 200)
5              & (data['gearbox'] == 1) & (data['kilometer'] == 15)]['price']
6  print(ss.ttest_1samp(a = result, popmean = 8000))
```

输出如下：

Ttest_1sampResult(statistic = 0.1971288637986218, pvalue = 0.84571625191356)

结果显示 t 统计量和 p 值，当 p 值小于 0.05 时，认为差异显著。

SciPy 库的 ttest_1samp() 方法不仅可以判断和某个值的差异显著性，还可以判断多个值。再如，观察其价格与2000到16 000元之间每隔2000元的多组价格的差异情况。如下：

```
1  import pandas as pd
2  from scipy import stats as ss
3  data = pd.read_csv('car_train_0110.csv', sep = ' ')
4  result = data[(data['bodyType'] == 0) & (data['power'] > 200)
5              & (data['gearbox'] == 1) & (data['kilometer'] == 15)]['price']
6  print(ss.ttest_1samp(a = result, popmean = range(2000, 16000, 2000)))
```

输出如下：

Ttest_1sampResult(statistic = array([ 2.77799304, 1.91770498, 1.05741692, 0.19712886, −0.6631592 , −1.52344725, −2.38373531]), pvalue = array([0.01160786, 0.06954173, 0.30292688, 0.84571625, 0.51480007, 0.14330327, 0.02716207]))

这里通过 range() 函数生成了 7 个数值，可以看出 8000 的差异度最小，而两头逐渐增大，主要范围位于 4000 到 12 000，差异度较小。

## 习题

1. 离散型和连续型数值分别适用于哪些场景？在这些不同场景下，使用哪种方式更合理？举例说明。

2. 与一般的非时序数据相比，时序数据在分析维度和方法上具有哪些特点？

3. 利用本章提到的四种抽样方法，通过和整体统计数值分布的对比分析，观察各种抽样方法可能存在的问题。

4. 在不等距数据分组中，你认为应该按照什么标准进行分组的划分？

5. 长尾现象广泛存在于各类应用数据中，结合一个规模较大的数据集，绘制其中存在的长尾现象数值分布图。

6. 直方图和柱状图有什么区别？分别适用于什么样的场景？

7. 下图是计算机编程语言使用占比的时序变化图，你认为这张图从展示效果上是否实现了预期的目的？可能造成哪些误解？

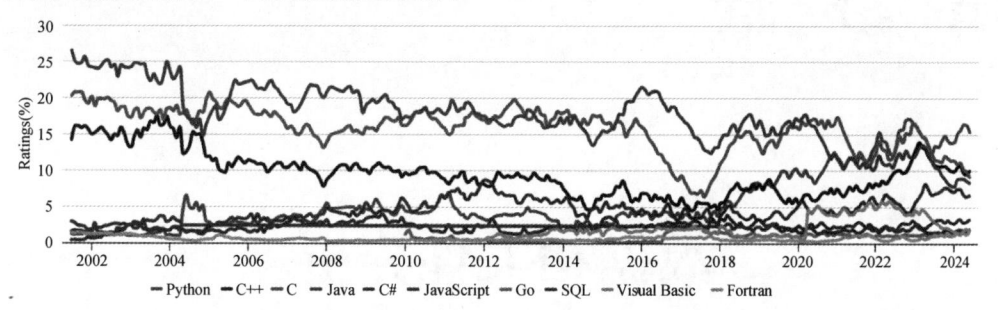

8. 对于存在较大数据极值偏差的情况，哪种集中度分析方法更合理？结合书中案例，给出具体的实验说明。

9. 结合自己选择的数据集，绘制可能存在的数值正态分布情况，并说明其与标准正态分布之间的区别及其可能存在的原因。

# 第 3 章

# 数据相关性分析

现实世界中各种现象之间存在着相互依存关系,往往一个现象发生变化,另一个现象也会随之变化,例如商品价格变化会导致销售量变化,工人薪酬待遇的提高也会导致企业效益发生变化,等等。这些依存关系在数据之间主要表现为两种形式,分别是函数关系和相关关系。

函数关系强调数据之间严格、确定的依存关系,如利息和存款利率的关系,这种改变往往会产生特定且唯一的变动效果;而相关关系则不是很严格的依存关系,例如成本变化确实会导致企业利润产生变化,但是具体多少成本的变化一定会带来多少利润的变化并不确定,主要原因在于影响利润的因素除了成本外,还有价格、供求关系等,偶发因素也会产生作用,甚至这些因素之间也会互相影响,最终对利润的影响会此消彼长。例如成本下降确实会提高本企业利润,但是也会提高其他同行业企业的利润,可能使市场竞争加剧,反而最终会导致本企业利润并没有显著增长。

相关性分析主要研究数据之间是否存在相关性,以及相关性的方向、形态与密切程度。在实际分析中,不仅可以对两两数据之间进行判断,还可以进行更多数据之间的相关性测度。与相关性密切相关的就是回归分析,它是指对具有相关性的数据的数量变化规律进行测定,确定回归公式,并进行未知项目的估计和预测。

相关性与因果性并不相同。我国概率统计学奠基人之一陈希孺院士曾举过一个例子,假如有一种基因,它同时导致两件事情,一是使人喜欢吸烟,二是使人更容易得肺癌。这种假设也能解释上述统计结果,在这种假设中,这个基因和肺癌就是因果关系,而吸烟和肺癌则是相关关系。

## 3.1 相关度

相关性可以通过相关度来测量。所谓相关度,是指需要比较的数据之间存在相互联系的概率。常见的相关度测量方法包括线性相关度和非线性相关度。

本节例子主要基于一个美国高校毕业生薪酬数据集 salary_potential.csv(可以在教

学资源中找到,详细格式说明可参见附录 A)。

## 3.1.1 线性相关度计算

所谓线性相关,是指一组数据可以由其他一组或者多组数据的线性组合所表示。线性相关性是一种较为简单、直观的相关性,如制造业中的产品产量和产品成本,产量越高,成本投入也相对越大。

相关图是一种定性的测度方法,一般使用散点图来表示,通过点的分布特征可以直观地了解数据相关性。

【例 3-1】 使用相关图来测度早期职业薪酬和中期职业薪酬的相关性。

```
1   import pandas as pd
2   import matplotlib.pyplot as plt
3   data = pd.read_csv('salary_potential.csv')
4   plt.scatter(data['early_career_pay'], data['mid_career_pay'], alpha = 0.4)
5   plt.show()
```

输出如图 3-1 所示。

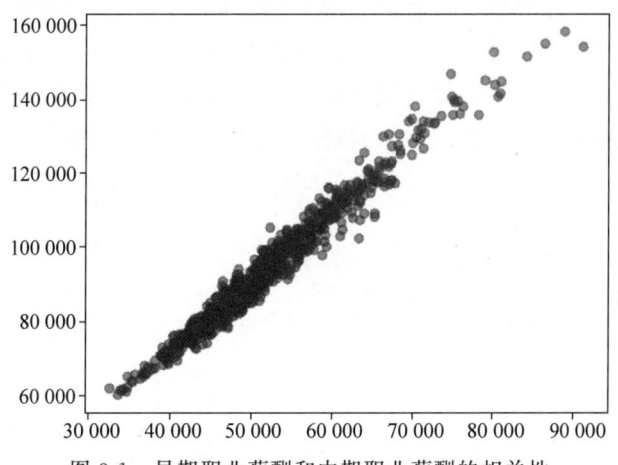

图 3-1 早期职业薪酬和中期职业薪酬的相关性

可以看出,大部分散点都分布在对角线周围,因此两者呈现非常明显的相关性,即一个数值变大时另一个数值也会变大。

更为合理的计算应该使用定量方法,如计算相关性的具体数值,称为相关度。常见的有皮尔逊系数等,皮尔逊系数值为 -1 到 1 闭区间之内的数值,反映了线性相关性。系数值越接近 1 表示越正相关,越接近 -1 表示越负相关,0 表示不相关。一般系数绝对值大于 0.7 表示显著相关,大于 0.4 表示低度相关。

【例 3-2】 使用皮尔逊系数来测度早期职业薪酬和中期职业薪酬的相关性。

```
1   import pandas as pd
2   data = pd.read_csv('salary_potential.csv')
3   print(data['early_career_pay'].corr(data['mid_career_pay']))
```

输出如下:

0.9833150609751201

结果显示高度相关。值得注意的是,该系数计算需要较多的样本才有意义,事实上,样本数为 2 时,该相关系数绝对值总为 1。样本数量较低时,相关度系数绝对值易于接近 1,而样本数较大时,数值又会常常偏小。

因此,更常见的方法需要利用相关系数检验表。相关度系数绝对值大于 $\alpha$ 为 5% 对应的值并且小于 $\alpha$ 为 1% 对应的值时,可以认为存在显著相关,相关度系数绝对值大于 $\alpha$ 为 1% 对应的值时,可以认为存在高度相关。

例如在数据量为 1000 时,$\alpha$ 为 5% 和 1% 的界值分别是 0.062 和 0.081。显然,该计算结果依然表明具有高度线性相关性。

### 3.1.2 非线性相关度计算

不是所有的相关性都是线性相关性,但是这些非线性相关性的相关特征会随着函数的不同而表现得各不相同。因此,很难直接使用数值来测度相关性,具体包括 Spearman(斯皮尔曼)系数和 Kendall(肯德尔)系数。

Spearman 系数通过衡量秩序关系来测度相关性。该系数计算只与序列中元素的排序有关,因此即使原始数据被任何单调非线性变换所作用(如对数变换、指数变换),都不会对系数数值造成任何影响,因为不会影响元素的排序。Kendall 系数也是一种秩相关系数,不过它所计算的对象是分类变量。相对来说,Spearman 系数比 Kendall 系数更为根本,原因在于 Spearman 系数指标不会被附加的非线性变换影响。

【例 3-3】 使用非线性相关度方法来测度早期职业薪酬和中期职业薪酬的相关性。

```
1   import pandas as pd
2   data = pd.read_csv('salary_potential.csv')
3   print(data['early_career_pay'].corr(data['mid_career_pay'], method = 'spearman'))
4   print(data['early_career_pay'].corr(data['mid_career_pay'], method = 'kendall'))
```

输出如下:

0.9797376530042942
0.883391752830788

## 3.2 回归分析

回归的本意是指不断变化的数值会呈现向中心值回归的现象,但是现代数据分析中的回归更多地是指通过自变量来预测因变量的值。相应的回归模型既有一元回归也有多元回归,既有线性模型也有非线性模型。而且,即使能得到回归模型,还需要对其进行统计检验来验证其有效性。

相关性分析是回归分析的基础,回归分析是相关性分析的延续。相关性分析需要依靠回归分析来表现变量之间数量相关的具体形式,而回归分析则依赖于数据之间存在的相关性,只有数据之间存在高度的相关性,回归分析的结果才有意义。

## 3.2.1 线性回归分析

**1. 计算方法**

一元线性回归是最简单的一种回归分析,即只考查一个自变量数据对一个因变量数据的影响,而且这种影响关系还是线性关系。

【例 3-4】 利用早期职业薪酬来对中期职业薪酬进行回归拟合。

```
1   import matplotlib.pyplot as plt
2   import pandas as pd
3   from sklearn.linear_model import LinearRegression
4   data = pd.read_csv('salary_potential.csv')
5   model = LinearRegression()
6   X = data['early_career_pay'].values.reshape(-1, 1)
7   y = data['mid_career_pay']
8   model.fit(X, y)
9   y2 = model.predict(X)
10  plt.plot(X, y, 'k.')
11  plt.plot(X, y2, 'r-')
12  plt.show()
```

输出如图 3-2 所示。

图 3-2 早期职业薪酬和中期职业薪酬的回归分析

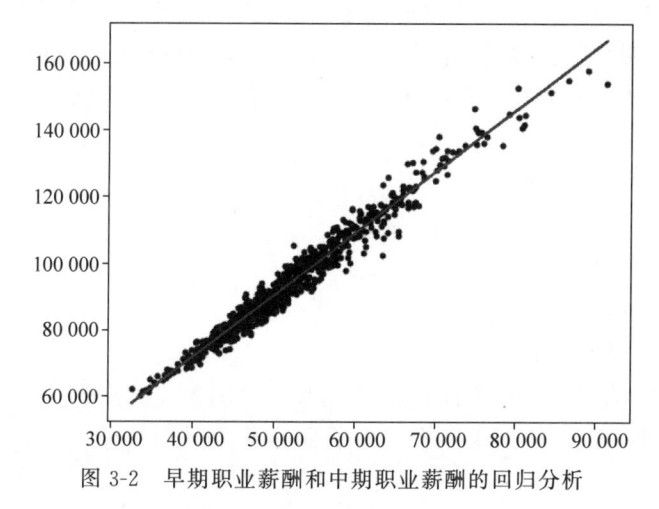

图 3-2 中的红色直线为一元线性回归拟合的直线。

代码说明如下:

(1) 第五行使用了 sklearn 机器学习库中的线性回归器 LinearRegression,首先需要导入 sklearn 库,在此建立 LinearRegression 变量。该线性回归器可以自动从多组数据中寻找最优的线性回归关系。

(2) 第六行和第七行分别定义了自变量和因变量。由于 LinearRegression 线性模型要求每个自变量必须具有多行一列的特点,有几个自变量,就应该有几列,因此需要通过 reshape() 方法转换为多行一列的二维数据列表结构。

例如原始的 early_career_pay 自变量数据如下:

```
0      54400
1      57500
2      52300
...    ...
933    47100
934    52400
```

转换后的数据如下:

```
[[54400]
 [57500]
 [52300]
 ...
 [47100]
 [52400]]
```

(3) 第八行调用该回归器的 fit() 方法完成模型的训练,可以理解为该回归器自动根据现有数据来计算回归模型的相应参数,得到相应的函数特征。

(4) 第九行利用该线性回归器,利用原始的自变量对所有因变量进行预测。可以想象,这些预测结果和真实的因变量值并不完全一样,但是从理论上讲,线性关系越显著,那么拟合的效果会越好。

(5) 第十行和第十一行分别绘制了实际的数值对和预测后形成的数值对,后者使用红色表示,呈现出明显的直线线性特征,其中"k."和"r-"分别表示黑点和红色实线。

事实上,该直线的系数和截距也可以从模型中直接获取,如增加以下代码:

```
1  print(model.coef_)
2  print(model.intercept_)
```

输出如下:

```
[1.86383432]
-2920.157469012571
```

这两个数值分别是系数和截距。

为了更好地看清拟合直线的特点,可以增加对绘图坐标的修改。

【例 3-5】 利用早期职业薪酬来对中期职业薪酬进行回归拟合,并展示完整坐标内容。

```
1   import matplotlib.pyplot as plt
2   import pandas as pd
3   from sklearn.linear_model import LinearRegression
4   from matplotlib.pyplot import MultipleLocator
5   data = pd.read_csv('salary_potential.csv')
6   model = LinearRegression()
7   X = data['early_career_pay'].values.reshape(-1, 1)
8   y = data['mid_career_pay']
9   model.fit(X, y)
10  y2 = model.predict(X)
11  plt.figure(figsize=(8, 8))
12  plt.axis('equal')
13  plt.xlim(0, 200000)
```

```
14    plt.ylim(0, 200000)
15    plt.grid(True)
16    plt.gca().xaxis.set_major_locator(MultipleLocator(20000))
17    plt.gca().yaxis.set_major_locator(MultipleLocator(20000))
18    plt.plot(X, y, 'b.')
19    plt.plot(X, y2, 'r-')
20    plt.show()
```

输出如图 3-3 所示。

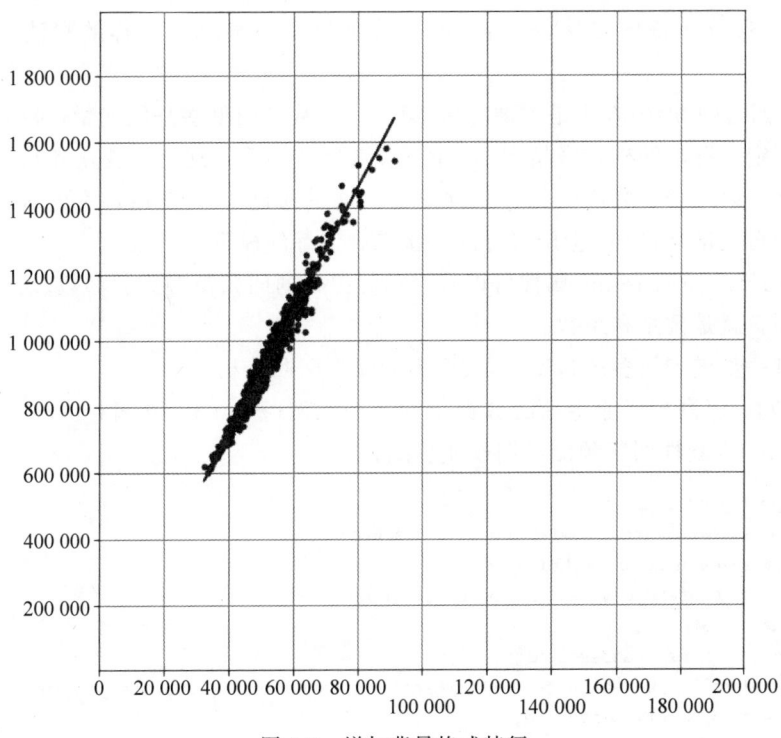

图 3-3　增加背景格式特征

这里主要的改变从第十一行开始,增加了若干格式化调整代码。代码说明如下:
(1) 第十一行修改了默认的画布大小,以方便坐标数字显示完整。
(2) 第十二行设定了横轴和纵轴显示比例一致。一个类似的设置操作为

plt.gca().set_aspect(1)

(3) 第十三行和第十四行设定了横轴和纵轴的数值范围,默认只显示有真实数据的范围。
(4) 第十五行添加了背景网格。
(5) 第十六行和第十七行设置横轴和纵轴的标签间距。

除了使用 sklearn 库以外,statsmodels 库也非常好用,而且使用更简单。下面将例 3-5 的功能重新实现。

【例 3-6】 以 statsmodels 库利用早期职业薪酬来对中期职业薪酬进行回归拟合。

```
1    import pandas as pd
2    import statsmodels.api as sm
3    data = pd.read_csv('salary_potential.csv')
```

```
4  model = sm.formula.ols('mid_career_pay ~ early_career_pay', data[['early_career_pay',
   'mid_career_pay']]).fit()
5  print(model.params)
```

输出如下：

```
Intercept            -2920.157469
early_career_pay         1.863834
```

该输出就是拟合的直线截距和系数。

不同于 Sklearn 库的方法，Statsmodels 库使用了一整套不一样的写法。代码说明如下：

（1）第四行中 ols()方法是关键方法，第一个参数说明哪些是因变量，哪些是自变量，这里都以固定字符串的格式来指定相关内容，如"~"前后分别是因变量和自变量对应的数据列名称。第二个参数说明相关数据集合。这里通过 DataFrame 的数据列选择获取了因变量和自变量，然后通过 fit()方法直接得到训练的模型。

（2）第五行中的 params 属性可以直接返回拟合的回归模型重要参数，对于一元线性回归模型而言就是截距和系数。

可以进一步增加更多的自变量，实现多元线性回归分析。

【例 3-7】 以高校毕业生薪酬数据集的两个比例值（make_world_better_percent 和 stem_percent）来线性回归预测早期职业薪酬。

```
1   import pandas as pd
2   from sklearn.linear_model import LinearRegression
3   from sklearn import metrics
4   data = pd.read_csv('salary_potential.csv')
5   data = data.fillna(0)
6   model = LinearRegression()
7   X = data[['make_world_better_percent', 'stem_percent']].values.reshape(-1, 2)
8   y = data['early_career_pay']
9   model.fit(X, y)
10  y2 = model.predict(X)
11  print('R2 = %f' % metrics.r2_score(y, y2))
```

输出如下：

R2 = 0.366099

代码说明如下：

（1）本例的关键在于第七行中自变量 X 数据集合的构建，形成了多行两列的二维列表结构。其他代码几乎没有变化。注意，由于原始数据存在空值，因此在训练模型前，需要对空值进行处理，例如这里采取填充 0 的方式。

（2）最后对于拟合的因变量，采用 R 方指标以测度最终拟合效果，该指标也由 sklearn 库所提供。最终结果为约 0.37，一般该值越大，即越接近于 1，拟合效果越好，目前的数值说明拟合效果一般。

同样，为了更好地看清拟合的特点，可以通过三维可视化来展示拟合效果。

【例 3-8】 使用三维散点图对早期职业薪酬的多元线性回归拟合进行可视化。

```
1   import pandas as pd
2   from sklearn.linear_model import LinearRegression
3   import matplotlib.pyplot as plt
4   data = pd.read_csv('salary_potential.csv')
5   data = data.fillna(0)
6   model = LinearRegression()
7   X = data[['make_world_better_percent', 'stem_percent']].values.reshape(-1, 2)
8   y = data['early_career_pay']
9   model.fit(X, y)
10  y2 = model.predict(X)
11  plt.subplot(projection = '3d')
12  plt.plot(data['make_world_better_percent'], data['stem_percent'], y, 'k.')
13  plt.plot(data['make_world_better_percent'], data['stem_percent'], y2, 'r+')
14  plt.show()
```

输出如图 3-4 所示。

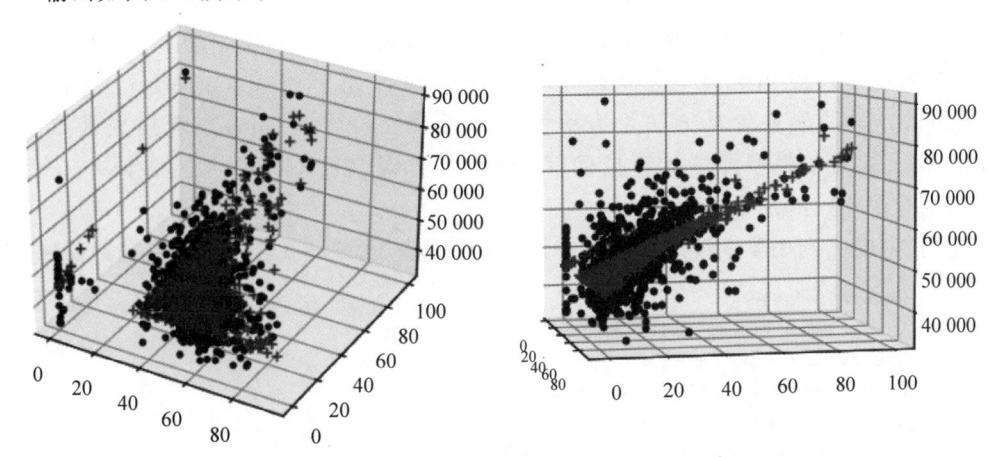

图 3-4　使用三维可视化来展示拟合效果（左、右图分别为旋转后的不同界面）

本例的关键在于最后四行的可视化处理。

倒数第四行加载了三维立体显示界面，然后通过绘制三维散点图分别绘制了黑色的原始数据点和拟合的红色数据点，其中，三维中的两维表示两个自变量，即两个比例值，最后一维表示因变量。这个图形可以通过鼠标拖拽来进行任意方向的旋转，以方便用户多角度观察数据分布。

需要补充说明的是，为了获取两个自变量，除了本例中直接使用数据列名称外，也可以直接对 X 进行操作。如：

```
1   plt.plot(X[:, 0], X[:, 1], y, 'k.')
2   plt.plot(X[:, 0], X[:, 1], y2, 'r+')
```

输出内容同上。这里的 X[:, 0] 表示选择第二维度的第一个值，即第一列；第一维度的冒号表示所有值，即所有行。

对于二元的线性回归，Statsmodels 写法差别不大，主要仍然还在于 ols() 方法中字符串的表示，此时由于具有多个自变量，因此通过加号连接后表示在～后面。

【例 3-9】　以 Statsmodels 库利用早期职业薪酬来对中期职业薪酬进行多元线性回

归拟合。

```
1  import pandas as pd
2  import statsmodels.api as sm
3  data = pd.read_csv('salary_potential.csv')
4  model = sm.formula.ols('early_career_pay ~ make_world_better_percent + stem_percent',
     data[['early_career_pay', 'make_world_better_percent', 'stem_percent']]).fit()
5  print(model.params)
```

输出如下：

```
Intercept                       48555.483035
make_world_better_percent        - 49.672096
stem_percent                     327.613961
```

输出结果仍然是截距和系数。

**2. 验证方法**

由于预测的数值与真实的数值之间存在误差，因此对于回归模型的好坏就要根据这种误差的大小来做出判断，这种误差也被称为训练误差（training error）或者残差（residuals），该种误差计算方法可以称为成本函数（cost function）或者损失函数（lost function）。常见的模型评估计算指标有 MSE（均方误差）、RMSE（均方根误差）、MAE（平均绝对误差）、R 方等。

【例 3-10】 利用早期职业薪酬对中期职业薪酬进行回归拟合并对效果进行评估。

```
1   import pandas as pd
2   from sklearn.linear_model import LinearRegression
3   from sklearn import metrics
4   data = pd.read_csv('salary_potential.csv')
5   model = LinearRegression()
6   X = data['early_career_pay'].values.reshape(-1, 1)
7   y = data['mid_career_pay']
8   model.fit(X, y)
9   y2 = model.predict(X)
10  print('RMSE = %f' % metrics.mean_squared_error(y, y2) ** 0.5)
11  print('MAE = %f' % metrics.mean_absolute_error(y, y2))
12  print('R2 = %f' % metrics.r2_score(y, y2))
```

输出如下：

```
RMSE = 2882.920049
MAE = 2182.852906
R2 = 0.966909
```

这里使用了 Sklearn 库的多个评价指标，mean_squared_error()返回的是 MSE，再次开方即可得到均方根误差；mean_absolute_error()返回的是 MAE。这些方法都只须将原始值和预测值作为参数传入，即可自动计算出相关误差指标数值。

根据最小二乘法，要得到更高的性能，就要让 RMSE 和 MAE 最小化。但是该指标会随着拟合数据本身大小而变化，因此不同数据之间往往缺乏可比性。模型判决系数 R 方指标不一样，该指标为 0 到 1 之间的浮点数，数值越大，表示模型拟合效果越好。因此，由于 R 方指标取值范围限定，方便不同方法和数据之间的比较，因此是最常见的回归效果评测指标。

Statsmodels库不仅提供了方便的统计功能,而且还能给出详细的回归模型假设检验结果。

**【例 3-11】** 以 Statsmodels 库利用早期职业薪酬对中期职业薪酬进行回归拟合并对效果进行评估。

```
1  import pandas as pd
2  import statsmodels.api as sm
3  data = pd.read_csv('salary_potential.csv')
4  model = sm.formula.ols('early_career_pay ~ make_world_better_percent + stem_percent',
       data[['early_career_pay', 'make_world_better_percent', 'stem_percent']]).fit()
5  print(model.summary())
```

输出如下:

```
                 OLS Regression Results
==========================================================
Dep. Variable:     early_career_pay    R-squared:              0.379
Model:             OLS                 Adj. R-squared:         0.378
Method:            Least Squares       F-statistic:            274.6
Date:              Tue, 24 Aug 2021    Prob (F-statistic):     8.33e-94
Time:              08:13:30            Log-Likelihood:         -9194.1
No. Observations:  902                 AIC:                    1.839e+04
Df Residuals:      899                 BIC:                    1.841e+04
Df Model:          2
Covariance Type:   nonrobust
==========================================================
                              coef      std err      t    P>|t|    [0.025   0.975]
----------------------------------------------------------
Intercept                   4.856e+04  1383.099  35.106  0.000   4.58e+04  5.13e+04
make_world_better_percent   -49.6721    23.982   -2.071  0.039    -96.739   -2.605
stem_percent                327.6140    14.607   22.429  0.000    298.946   356.282
==========================================================
Omnibus:          234.877    Durbin-Watson:         1.073
Prob(Omnibus):    0.000      Jarque-Bera (JB):      1065.699
Skew:             1.133      Prob(JB):              3.86e-232
Kurtosis:         7.819      Cond. No.              368.
==========================================================
```

模型的概览信息包含三部分,第一部分主要是有关模型的信息,例如 R 方衡量自变量对因变量的解释程度,F 统计值用来检验模型的显著性等;第二部分主要包含偏回归系数的信息,例如回归系数的 coef、t 统计量值,回归系数的置信区间等;第三部分主要涉及模型的误差项 e 的有关信息。

在第二部分的内容中,含有每个偏回归系数的 t 统计量值,它是由估计值 coef 和标准差 std err 的商所得,同时也有 t 统计量值对应的概率值 P,用来判别统计量是否显著的直接办法,通常 P 小于 0.05 时可以认为显著,也称为拒绝原假设。从返回的结果可知,截距项 Intercept 和两个自变量数据列对应的 P 值都小于 0.05,说明这些变量都是影响早期职业薪酬的重要因素。

其中显著性检验也使用了 F 检验,数值为 274.6。此时的理论 F 值运算代码如下。

```
1  import pandas as pd
2  import statsmodels.api as sm
3  from scipy.stats import f
4  data = pd.read_csv('salary_potential.csv')
5  model = sm.formula.ols('early_career_pay ~ make_world_better_percent + stem_percent',
    data[['early_career_pay', 'make_world_better_percent', 'stem_percent']]).fit()
6  p = model.df_model       # 特征数
7  n = data.shape[0]        # 记录数
8  print('F 理论值为: %f' % f.ppf(q = 0.95, dfn = p, dfd = n - p - 1))
```

输出如下:

F 理论值为: 3.005382

计算出的 F 统计值远远大于 F 理论值,这里可以认为多元线性回归显著,也就是回归模型的偏回归系数不全为 0。

不论哪种回归方法,都需要处理数值型的数据。如果遇到非数值型的数据,就需要进行数值化处理。Statsmodels 库的方法会自动进行哑变量处理,哑变量处理的效果是将每个非数值型数据的取值单独作为一个虚拟数据列。

这里补充下哑变量的转换方法,可以使用 Pandas 库的方法来观察哑变量处理的效果。

**【例 3-12】** 将高校毕业生所在高校名称转换为哑变量。

```
1  import pandas as pd
2  data = pd.read_csv('salary_potential.csv')
3  print(pd.get_dummies(data['name']))
```

输出如下:

|     | Adams State University | ... | Yeshiva University |
|-----|-----------------------|-----|--------------------|
| 0   | 0                     | ... | 0                  |
| 1   | 0                     | ... | 0                  |
| 2   | 0                     | ... | 0                  |
| 3   | 0                     | ... | 0                  |
| 4   | 0                     | ... | 0                  |
| ... | ...                   | ... | ...                |
| 930 | 0                     | ... | 0                  |
| 931 | 0                     | ... | 0                  |
| 932 | 0                     | ... | 0                  |
| 933 | 0                     | ... | 0                  |
| 934 | 0                     | ... | 0                  |

可以看出有几所高校的名称,就会产生几个新的数据列,数据列的名称就是高校的名称。具体一条记录如果哪所高校,则在对应列的那个单元格值就为 1,当前行的其他单元格都为 0。这种形式也被称为独热编码。严格意义上的哑变量和独热编码并不完全一样,即哑变量会使用全为 0 的特征表示,从而减少了一个虚拟数据列。但是在很多 Python 库中都采用了相同的处理方式。

据此可以得到各高校名称对应的回归分析结果。

**【例 3-13】** 以高校毕业生薪酬数据集的比例值(make_world_better_percent)和高

校名称来线性回归预测早期职业薪酬。

```
1  import pandas as pd
2  import statsmodels.api as sm
3  data = pd.read_csv('salary_potential.csv')
4  model = sm.formula.ols('early_career_pay ~ make_world_better_percent + name', data
   [['early_career_pay', 'make_world_better_percent', 'name']]).fit()
5  print(model.params)
```

输出如下:

```
Intercept                                          60029.336640
name[T.Adventist University of Health Sciences]    16131.049508
name[T.Agnes Scott College]                         1879.095297
name[T.Alabama A&M University]                      4858.190594
name[T.Alabama State University]                   -3204.523514
                                                        ...
name[T.Xavier University]                           4609.047029
name[T.Xavier University of Louisiana]              4253.667080
name[T.Yale University]                            25062.714109
name[T.Yeshiva University]                         14634.475246
make_world_better_percent                           -279.095297
```

从结果可以看出,这些高校名称由于被转换为一个个数据类,因此都单独成了一个个自变量,都能获得一个单独的系数。

回归模型建好之后,并不意味着建模过程的结束,还需要进一步对模型进行诊断。线性回归模型还需要满足一些假设前提,才能合理表达模型,例如误差项 e 服从正态分布,误差项 e 具有独立性和方差齐性、无多重共线性和线性相关性。再如,残差项要符合正态分布,其实就是要求因变量服从正态分布。

**【例 3-14】** 对高校毕业生早期职业薪酬进行正态分布检测。

```
1  import pandas as pd
2  import seaborn as sns
3  from scipy import stats
4  import matplotlib.pyplot as plt
5  data = pd.read_csv('salary_potential.csv')
6  sns.distplot(data['early_career_pay'], bins = 10, fit = stats.norm, norm_hist = True)
7  plt.show()
```

输出如图 3-5 所示。

从图中可以看出,呈现出一定的正态分布特征。

多重共线性是指模型中的自变量之间也存在较高的线性相关关系,这会降低整体回归结果的有效性。常见的测度方法是使用方差膨胀因子 VIF。如果 VIF 大于 10,则说明变量间存在多重共线性;如果 VIF 大于 100,则说明变量之间存在严重的多重共线性。

**【例 3-15】** 对高校毕业生薪酬数据集的两个比例值(make_world_better_percent 和 stem_percent)进行多重共线性检测。

```
1  import pandas as pd
2  import statsmodels.api as sm
3  from statsmodels.stats.outliers_influence import variance_inflation_factor
```

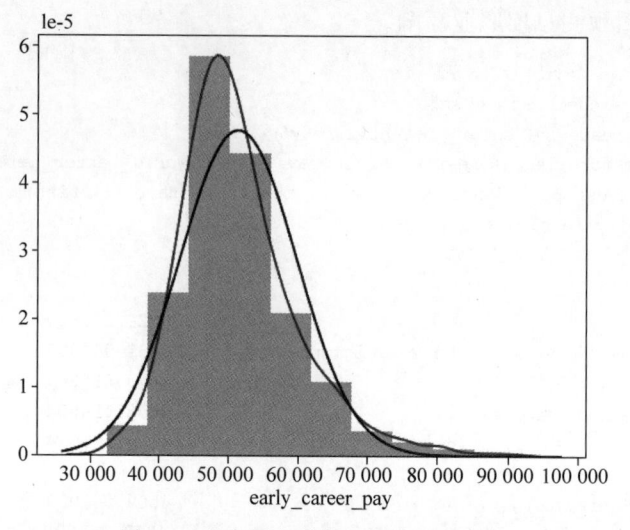

图 3-5　观察因变量是否服从正态分布

```
4   data = pd.read_csv('salary_potential.csv')
5   data = data.fillna(0)
6   X = sm.add_constant(data.loc[:, ['make_world_better_percent', 'stem_percent']])
7   result = pd.DataFrame()
8   result['features'] = X.columns
9   result['VIF'] = [variance_inflation_factor(X.values, i) for i in range(X.shape[1])]
10  print(result)
```

输出如下：

```
                    features        VIF
0                      const  17.690558
1   make_world_better_percent   1.002663
2               stem_percent   1.002663
```

其中，两个自变量对应的方差膨胀因子均小于 10，说明构建模型的数据并不存在多重共线性。代码说明如下：

（1）第六行中，add_constant()方法可以执行最小二乘法的线性回归，并自动得到一个截距列增加到 X。因此，X 包括截距列和两个比例值列共三个数据列。

（2）第七行新建了一个 DataFrame，并在第八行中新增一列，命名为 features，其每行的值就是 X 的三个特征列名称，这些都可以直接从最终输出结果中看出，索引列后的第一列即是该列。

（3）第九行继续增加数据列，其中 X.shape[1]返回的是第二维（即列）的个数，实际数值为 3。通过推导式循环语句，依次调用 variance_inflation_factor()方法，对 X 的每一列进行多重共线性检测，并将生成的三组数据保存到新建 DataFrame 中的 VIF 列。

线性相关性的计算比较简单，直接利用皮尔逊系数即可得到。

【例 3-16】 对高校毕业生薪酬数据集的早期职业薪酬与其他数据列进行线性相关性检测。

```
1  import pandas as pd
2  data = pd.read_csv('salary_potential.csv')
3  data = data.fillna(0)
4  print(data.corrwith(data['early_career_pay']))
```

输出如下：

```
rank                          - 0.485140
early_career_pay                1.000000
mid_career_pay                  0.983315
make_world_better_percent     - 0.031872
stem_percent                    0.605061
```

corrwith()方法可以直接测度参数指定的数据列与其他所有数据列的线性相关性。从结果数值来看，mid_career_pay 的线性相关性很强，数值接近于1，而 stem_percent 次之；make_world_better_percent 相关性很弱，甚至有些负相关，这也说明两者不具有明显的线性相关性，但是如果存在非线性相关关系，皮尔逊系数也会很小，因此并不能说明两者之间没有相关性。为了计算 early_career_pay 数据列的线性回归模型，合理的回归特征选择应该是 mid_career_pay 和 stem_percent 两个数据列。

由于多元线性回归模型容易受到极端值的影响，因此需要对观测样本进行异常点检测，并删除异常值或进一步消除异常值哑变量的不利影响。对于线性回归模型，通常利用帽子矩阵、dffits、学生化残差或 cook 距离进行异常点检测，这些都可以根据 get_influence()方法来获取。

【例 3-17】 对高校毕业生薪酬数据集的两个比例值(make_world_better_percent 和 stem_percent)和早期职业薪酬的线性相关性进行异常点检测。

```
1  import pandas as pd
2  import statsmodels.api as sm
3  data = pd.read_csv('salary_potential.csv')
4  data = data.fillna(0)
5  model = sm.formula.ols('early_career_pay ~ make_world_better_percent + stem_percent',
     data[['early_career_pay', 'make_world_better_percent', 'stem_percent']]).fit()
6  outliers = model.get_influence()
7  print(outliers.summary_table())
```

输出内容较多，下面只显示部分结果：

```
============================================
obs   endog     fitted    Cook's  student.  hat diag  dffits   ext.stud.  dffits
                Value     d       residual            internal residual
--------------------------------------------
0   54400.000  55974.845  0.000  - 0.236    0.002    - 0.010   - 0.236    - 0.010
1   57500.000  60573.139  0.000  - 0.462    0.005    - 0.033   - 0.462    - 0.033
2   52300.000  50716.146  0.000    0.238    0.001      0.008     0.238      0.008
3   54500.000  55641.843  0.000  - 0.171    0.002    - 0.008   - 0.171    - 0.008
4   48400.000  46770.938  0.000    0.245    0.002      0.011     0.244      0.011
5   46600.000  49728.767  0.000  - 0.470    0.001    - 0.016   - 0.469    - 0.016
6   49100.000  54661.355  0.000  - 0.835    0.002    - 0.033   - 0.835    - 0.033
...
```

本例结果会汇总显示每条记录的统计分析情况。下面结合一些具体指标来分别说明。

【例 3-18】 对高校毕业生薪酬数据集的两个比例值(make_world_better_percent 和 stem_percent)和早期职业薪酬的线性相关性进行 dffits 数值检测。

```
1  import math
2  import pandas as pd
3  import statsmodels.api as sm
4  data = pd.read_csv('salary_potential.csv')
5  data = data.fillna(0)
6  model = sm.formula.ols('early_career_pay ~ make_world_better_percent + stem_percent',data[['early_career_pay', 'make_world_better_percent', 'stem_percent']]).fit()
7  outliers = model.get_influence()
8  dffits = outliers.dffits
9  print([i > (2 * math.sqrt((2 + 1) / data.shape[0])) for i in dffits])
```

输出内容较多，部分内容如下：

```
[array([False, False, False, False, False, False, False, False,
        False, False, False, False, False, False, False, False,
        False, False, False, False, False, False, False, False,
        False, False, False, False, False, False, False, False,
        False, False, False, False, False, False, False, False,
        False, False, False, False, False, False, False, False,
        True,  True,  True,  True,  True,  False, False, False, False,
...
```

可以看出部分记录存在异常值。对于 dffits，一般认为其值大于 $2\times\sqrt{((p+1)/n)}$ 时是异常点，其中 p 为自变量特征维度数，即列数；n 为样本数量，即行数。此时自变量数为 2，记录行数为 935，因此 dffits 的阈值为 0.1133。

【例 3-19】 对高校毕业生薪酬数据集的两个比例值(make_world_better_percent 和 stem_percent)和早期职业薪酬的线性相关性进行学生化残差检测。

```
1  import pandas as pd
2  import statsmodels.api as sm
3  data = pd.read_csv('salary_potential.csv')
4  data = data.fillna(0)
5  model = sm.formula.ols('early_career_pay ~ make_world_better_percent + stem_percent',data[['early_career_pay', 'make_world_better_percent', 'stem_percent']]).fit()
6  outliers = model.get_influence()
7  resid_stu = outliers.resid_studentized_external
8  data = pd.concat([data['name'], pd.Series(resid_stu, name = 'resid')], axis = 1)
9  print(data[abs(data['resid']) > 2])
```

输出内容较多，大约有 50 多条记录，部分内容如下：

```
                                              name     resid
24                                     Miles College -2.593853
43             Southern Arkansas University Main Campus -3.085141
49                                      Lyon College -2.322451
53                            Philander Smith College -3.001315
54                               Harvey Mudd College  2.292018
...
```

这里通过 resid_studentized_external 属性获得每条记录的学生化残差,并和现有原始数据进行横向拼接。因为通常学生化残差大于 2 时,可认为对应的数据点为异常值,因此通过条件查询获取所有学生化残差中大于 2 的相关记录。在实际分析时,可以对此类数据记录先进行删除处理再进行回归分析。

这里的横向拼接展示了一种新的用法,和前面的例子不一样在于,这种方式能够将残差值和对应的学生信息关联起来,对于理解结果更有帮助。同时 DataFrame 的条件查询也较为丰富,可以更好地快速表达所需检索要求。由于 resid_studentized_external 返回的结果只是一般的列表,因此通过将其转换为 Series 类型并增加列名,才能实现和其他的 DataFrame 合并。

【例 3-20】 对高校毕业生薪酬数据集的两个比例值(make_world_better_percent 和 stem_percent)和早期职业薪酬的线性相关性进行残差 e 的独立性检验。

```
1  import pandas as pd
2  import statsmodels.api as sm
3  data = pd.read_csv('salary_potential.csv')
4  data = data.fillna(0)
5  model = sm.formula.ols('early_career_pay ~ make_world_better_percent + stem_percent',
        data[['early_career_pay', 'make_world_better_percent', 'stem_percent']]).fit()
6  resid = model.resid
7  print(sm.stats.stattools.durbin_watson(resid))
```

输出如下:

1.0485010082420485

残差 e 的独立性检验也就是因变量 y 的独立性检验,通常使用 Durbin-Watson 统计值来测试。如果 Durbin-Watson 值是 2 左右,则表明残差之间不相关;如果与 2 偏离较远,则说明不满足残差的独立性假设。

本例的方法是将回归残差作为 durbin_watson() 方法的参数,直接算出相应的 Durbin-Watson 统计值。也可以通过 summary() 方法来获取 Durbin-Watson 统计值,代码如下:

```
1  import pandas as pd
2  import statsmodels.api as sm
3  data = pd.read_csv('salary_potential.csv')
4  data = data.fillna(0)
5  model = sm.formula.ols('early_career_pay ~ make_world_better_percent + stem_percent',
        data[['early_career_pay', 'make_world_better_percent', 'stem_percent']]).fit()
6  print(model.summary())
```

输出内容较多,其中就有 Durbin-Watson 统计值,这里为 1.049。

【例 3-21】 对高校毕业生薪酬数据集的两个比例值(make_world_better_percent 和 stem_percent)和早期职业薪酬的线性相关性进行方差齐性检测。

```
1  import pandas as pd
2  import statsmodels.api as sm
3  import matplotlib.pyplot as plt
4  data = pd.read_csv('salary_potential.csv')
```

```
5  data = data.fillna(0)
6  model = sm.formula.ols('early_career_pay ~ make_world_better_percent + stem_percent',
   data[['early_career_pay', 'make_world_better_percent', 'stem_percent']]).fit()
6  plt.scatter(data['make_world_better_percent'], model.resid, alpha = 0.4)
7  plt.scatter(data['stem_percent'], model.resid, alpha = 0.4)
8  plt.show()
```

输出如图3-6所示。

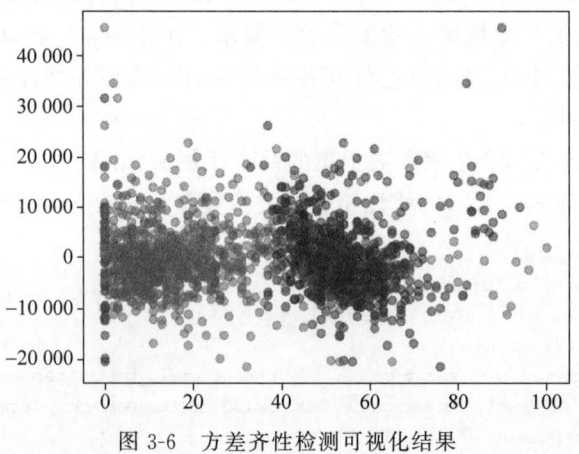

图3-6　方差齐性检测可视化结果

方差齐性是指要求模型残差项的方差不随自变量的变化而呈现某种趋势,否则,残差的趋势就可以被自变量刻画。关于方差齐性的检验,一般可以使用散点图来观察。

可以看出标准化残差没有随两组自变量的变化而呈现喇叭性,所有的散点几乎均匀地分布在参考线 $y=0$ 的附近。所以,可以说明模型的残差项满足方差齐性的前提假设。

### 3.2.2　非线性回归分析

**1. 计算方法**

这里仍然以高校毕业生薪酬数据集中两个比例值来回归预测早期职业薪酬。通过前面的线性回归分析可以发现,不论是一元还是多元,拟合效果都并不十分理想。这里的相关性明显表现为一种非线性关系,因此这是个二元非线性回归拟合问题。对于此类复杂问题,可以考虑的回归方法有决策树、SVM、KNN等基本回归方法,还有诸如随机森林、Adaboost、GradientBoosting、Bagging、ExtraTrees 等集成方法。

虽然多元非线性回归方法很复杂,但是 Sklearn 库提供了一组封装库,就像一元线性回归分析一样,使用方法比较简单。

【例3-22】 对高校毕业生薪酬数据集的两个比例值(make_world_better_percent 和 stem_percent)和早期职业薪酬进行非线性回归分析。

```
1  import pandas as pd
2  from sklearn import *
3  from sklearn.ensemble import BaggingRegressor
4  from sklearn.tree import ExtraTreeRegressor

5  # 数据准备
```

```
 6  data = pd.read_csv('salary_potential.csv')
 7  data = data.fillna(0)
 8  X = data[['make_world_better_percent', 'stem_percent']].values.reshape(-1, 2)
 9  y = data['early_career_pay']

10  # 模型创建
11  models = [None] * 8
12  # 决策树回归
13  models[0] = tree.DecisionTreeRegressor()
14  # SVM 回归
15  models[1] = svm.SVR()
16  # KNN 回归
17  models[2] = neighbors.KNeighborsRegressor()
18  # 随机森林回归
19  models[3] = ensemble.RandomForestRegressor(n_estimators = 10)
20  # Adaboost 回归
21  models[4] = ensemble.AdaBoostRegressor(n_estimators = 10)
22  # GBRT 回归
23  models[5] = ensemble.GradientBoostingRegressor(n_estimators = 10)
24  # Bagging 回归
25  models[6] = BaggingRegressor()
26  # ExtraTree 极端随机树回归
27  models[7] = ExtraTreeRegressor()

28  # 模型训练、预测与效果评估
29  for model in models:
30      model.fit(X, y)
31      y2 = model.predict(X)
32      print('R2 = %f' % metrics.r2_score(y, y2))
```

输出如下：

R2 = 0.859859
R2 = -0.017823
R2 = 0.562689
R2 = 0.774807
R2 = 0.451911
R2 = 0.413825
R2 = 0.762086
R2 = 0.859859

从本例的非线性回归拟合结果来看，部分拟合结果非常理想，这与回归器的特点和算法有着密切关系。这部分代码使用了机器学习的方法，说明如下。

（1）在数据准备部分，这里将 make_world_better_percent 和 stem_percent 两个数据列作为自变量，还是按照数据处理要求，转换为多行两列的二维列表。early_career_pay 作为因变量。在机器学习方法中，常把自变量数据称为特征列，并使用 X 变量来表示，对于因变量通常称为预测列，使用 y 来表示。

（2）在模型创建部分，为了方便处理，通过 models 列表建立了多个模型，其中部分模型需要设定一些参数，如通过 n_estimators 参数设置决策树的个数等。这些不同的回归模型效果往往并不一样，可以根据数据情况灵活选择。

（3）在模型训练、预测和评估部分，可以看出不同的回归方法，对于非线性回归的拟合效果各不相同。其中，本例拟合结果较好的是决策树回归和 ExtraTree 极端随机树回归。对于机器学习的各种模型，fit()方法主要是指利用现有的特征列和预测列进行模型训练，自动调整参数设置，以得到可以根据各种特征列给出预测列数值的最优拟合效果。然后就可以通过 predict()方法进行预测，模型对于数据映射规律的表达存在着不充分的问题，所以大部分情况下，预测的结果和真实预测列还是存在着一定的误差。本例仍然使用了 R 方作为回归效果的评价方法。

一旦得到了相对最优的模型（如本例中决策树回归模型较好），就可以将其运用到更多新的特征数据上，并对未知的预测列进行预测，从而实现预测的效果。这在各种机器学习应用中价值很大。

**2. 验证方法**

例 3-22 只是展示了一种简单的机器学习使用方法，虽然可以比较不同算法的差异，但是实际效果并不理想，主要原因在于这些计算方法利用全部特征列来训练模型，验证时也使用了全部预测列。这样做等于自己验证了自己，不利于评估模型真实的效果。

一般而言，标准的做法是利用数据中的一部分行数据作为训练集来训练模型，然后使用剩下的数据行作为测试集来测试刚才训练的模型。由于测试集的数据都是训练期间没有使用过的，因此能更好地反映模型的实际效果，也能实现评价模型对新数据的回归预测效果。由于选择训练集和测试集时本身存在着随意性，因此更合理的方法是多次任意划分两个集合，这也称为交叉验证，并最终统计这些划分后的模型运行的平均效果来作为模型的最终效果。

【例 3-23】 对高校毕业生薪酬数据集的两个比例值（make_world_better_percent 和 stem_percent）和早期职业薪酬进行非线性回归预测。

```
1   import pandas as pd
2   from sklearn import *
3   from sklearn.ensemble import BaggingRegressor
4   from sklearn.tree import ExtraTreeRegressor
5   from sklearn.model_selection import cross_val_score

6   # 数据准备
7   data = pd.read_csv('salary_potential.csv')
8   data = data.fillna(0)
9   X = data[['make_world_better_percent', 'stem_percent']].values.reshape(-1, 2)
10  y = data['early_career_pay']

11  # 模型创建
12  models = [None] * 8
13  # 决策树回归
14  models[0] = tree.DecisionTreeRegressor()
15  # SVM 回归
16  models[1] = svm.SVR()
17  # KNN 回归
18  models[2] = neighbors.KNeighborsRegressor()
19  # 随机森林回归
```

```
20    models[3] = ensemble.RandomForestRegressor(n_estimators = 10)
21    # Adaboost 回归
22    models[4] = ensemble.AdaBoostRegressor(n_estimators = 10)
23    # GBRT 回归
24    models[5] = ensemble.GradientBoostingRegressor(n_estimators = 10)
25    # Bagging 回归
26    models[6] = BaggingRegressor()
27    # ExtraTree 极端随机树回归
28    models[7] = ExtraTreeRegressor()

29    # 模型训练、预测与效果评估
30    for model in models:
31        scores = cross_val_score(model, X, y, cv = 10, scoring = 'r2').mean()
32        print(scores)
```

输出如下：

-0.26260808914716177
-0.06309579723555825
0.28977030896640314
0.13753881222905337
0.3004181727887739
0.334993081082353443
0.12434590741724261
-0.2166138434390783

本例主要修改了模型训练、预测与效果评估部分。其中，sklearn 库中的 cross_val_score()方法就可以实现对数据集合多次进行训练集和测试集的划分，每次都进行模型训练和预测，并按照指定的评价指标计算最终的多轮平均值。其中，前三个参数分别设置了模型、特征列和预测列，cv 设定了交叉验证的次数，scoring 设定统计的评价指标。

从结果可以看出，模型的实际效果没有那么好，R 方的值最高还不到 0.4，值为负更说明效果还不如随机盲猜。当然，这也说明在高校毕业生薪酬数据集的两个比例值（make_world_better_percent 和 stem_percent）和早期职业薪酬之间可能存在的相关性较弱，即使存在非线性相关性也很弱。

## 习题

1. 既然相关性并不能代表因果性，那么因果性是否一定表现出相关性？
2. 有计算相关性的代码如下：

```
1    import pandas as pd
2    frame = pd.read_csv('BlackFriday.csv')
3    print(frame.corr())
```

运行结果显示以下错误，产生错误的原因可能是什么？

```
1    ValueError: could not convert string to float:
2    P00069042'
```

3. 回归模拟既受到数据本身的相关性影响，也受到回归算法的影响，那么如何判断

结果的相关性能否准确反映数据本身的相关性呢？

4. 查阅资料，了解决策树、SVM、KNN、随机森林、Adaboost、GradientBoosting、Bagging、ExtraTrees 等常见回归方法的使用。

5. 要想展示回归效果，可以使用哪些有效的可视化图例？结合书中案例，给出具体的代码。

6. 查阅资料，了解 sklearn 提供的常见机器学习编程框架，包括数据集划分、模型创建和评估，据此改写 3.2.2 节的相关代码，实现多轮交叉验证评价。

# 第 4 章 时间序列分析

不同于一般的静态数据分析只使用一些属性特征来进行,时间序列分析(简称时序分析)往往采取以时间为维度的分析方法,从而可以更容易得到诸如发展规律和趋势等重要信息,甚至可以对未来情况做出预测,这些都是时序分析的特殊优势。多年来,人们也研究和发展了多种时序分析的专有方法。

可以把同一现象在不同时间上的观察数值相继排列,形成时间序列,因此时间序列通常由两部分组成:一个是所属的时间,二是现象在不同时间上的观察值。其中的时间可以是年份、季度、月份或者其他任何时间形式,观察值可以是绝对值、相对值或者平均值等。

一般时间序列分析分为两种方法:一种是指标分析法,主要通过计算一系列的序列分析指标,如平均发展水平、增减速度等,来揭示现象的发展状态和变化程度;另一种是构成因素分析方法,将时间序列看成由长期趋势、季节变动、循环变动和不规则变动等几种因素叠加影响而成,因此通过对这些因素的分解分析,揭示整体变化和演变规律。

## 4.1 时序水平指标分析

本节例子主要结合一个我国各年度国民生产总值数据集"GDP 年度数据.csv"(可以在教学资源中找到,详细格式说明可参见附录 A)。

### 4.1.1 发展水平

发展水平指标是各个时间点的观察值,一般比较常见的是平均发展水平,也称为时序平均数或者动态平均数,就是将各个时间点上的观察值进行平均,以反映总体发展情况。

【例 4-1】 统计各产业的年度平均发展水平。

```
1  import pandas as pd
2  data = pd.read_csv('GDP 年度数据.csv', encoding = 'GBK')
3  data.set_index('指标', inplace = True)
```

```
4   data = pd.DataFrame(data.values.T, index = data.columns, columns = data.index)
5   print(data['国内生产总值(亿元)'].mean())
```

输出如下：

487034.61

统计方法采取了标准的平均值方式。原始的数据采取了以列来表示不同年份，这种方式并不方便对全部时间进行处理，因此，第三、四行代码完成了数据的转置，同时还把以前数据的行名（索引）和列名也替换为现有数据的列名和行名。

按照一般的理解，这种时序统计通常都以天为标准单位，如果采取年份等间断时点，可以称该时序数列为间断时点数列。对于间隔相等的数列，通常使用"首末折半"的计算方法来计算时序平均值，计算公式为

$$\bar{a} = \frac{\frac{a_1}{2} + a_2 + \cdots + a_{n-1} + \frac{a_n}{2}}{n-1}$$

**【例 4-2】** 使用首末折半法统计各产业的年度平均发展水平。

```
1   import pandas as pd
2   data = pd.read_csv('GDP 年度数据.csv', encoding = 'GBK')
3   data.set_index('指标', inplace = True)
4   data = pd.DataFrame(data.values.T, index = data.columns, columns = data.index)
5   data.iloc[0]['国内生产总值(亿元)'] = data.iloc[0]['国内生产总值(亿元)'] / 2
6   data.iloc[-1]['国内生产总值(亿元)'] = data.iloc[-1]['国内生产总值(亿元)'] / 2
7   print(data['国内生产总值(亿元)'].sum() / (data.shape[0] - 1))
```

输出如下：

483014.0815789474

代码说明如下：

（1）第五行和第六行将第一条和最后一条数据值对半处理，其中数据是通过行切片的方式来获取的。

（2）第七行累加国内生产总值列的值，然后再除以总年份数减1，转置后年份数即为行数，shape[0]可以直接返回当前 DataFrame 的行数。

对于间隔不等的间断时点数列，则采取"间隔加权"的计算方法，间隔越长的时间点所对应的权值越大，计算公式为

$$\bar{a} = \frac{\frac{(a_1 + a_2)}{2} f_1 + \frac{(a_2 + a_3)}{2} f_2 + \cdots + \frac{(a_{n-1} + a_n)}{2} f_{n-1}}{f_1 + f_2 + \cdots + f_{n-1}}$$

**【例 4-3】** 使用间隔加权法统计各产业的年度平均发展水平。

```
1   import pandas as pd
2   data = pd.read_csv('GDP 年度数据.csv', encoding = 'GBK')
3   data.set_index('指标', inplace = True)
4   data = pd.DataFrame(data.values.T, index = data.columns, columns = data.index)
5   data = data[data.index.isin(['2020年', '2017年', '2015年', '2010年', '2001年'])]
6   data['weight'] = data.index.str[0:4].astype(int)
7   data['weight'] = data['weight'] - data['weight'].shift(-1)
```

```
8    data['value'] = (data['国内生产总值(亿元)'] + data['国内生产总值(亿元)'].shift
     (-1)) / 2
9    data.drop(index = (data[data['weight'].isnull()].index), inplace = True)
10   print((data['value'] * data['weight']).sum() / data['weight'].sum())
```

输出如下：

494673.252631579

代码说明如下：

(1) 第五行模拟了对部分年份数据的抽取效果，这里只选择了5个年份数据，间隔也不相同。isin()方法可以判断当前取值是否位于列表的多个数值中。

(2) 第六行从索引中抽取了年份，并转换为整数以方便后续的前后年份差值计算。由于此时索引指标为字符串，因此采取了切片的方法获取年份。

(3) 第七行计算了前后相邻记录年份的差值，用于测度权值。显然，这个差值越大，说明间隔年份越多。shift()方法表示将当前列数据整体下移或者上移几行，各数值为 -1 表示整体上移一行，因此每行记录都可以使用当前行的 weight 数据列值减去下一行的 weight 数据列值，从而得到年份差值，查看具体信息如下：

```
1  import pandas as pd
2  data = pd.read_csv('GDP 年度数据.csv', encoding = 'GBK')
3  data.set_index('指标', inplace = True)
4  data = pd.DataFrame(data.values.T, index = data.columns, columns = data.index)
5  data = data[data.index.isin(['2020年', '2015年', '2010年', '2001年'])]
6  data['weight'] = data.index.str[0:4].astype(int)
7  data['weight'] = data['weight'] - data['weight'].shift(-1)
8  print(data['weight'])
```

输出如下：

2020 年    5.0
2015 年    5.0
2010 年    9.0
2001 年    NaN

值得注意的是，由于是整体上移，因此最后一行的 weight 数据列产生空值(NaN)。事实上，按照间隔加权法，所有的权值个数确实为总数据个数减一，因此后续可以删除该空值行以忽略其影响。

(4) 第八行采取同样的上移方法计算前后相邻的两年的国内生产总值平均值。

(5) 第九行删除空值行，drop()方法通过获取需要被删除数据行的索引实现删除，因此，data['weight'].isnull()表示获取所有 weight 数据行中的空值，进一步通过 index 属性获取这些行的索引，inplace 属性值为 True 表示将删除操作的结果更新到原始数据中。

也可以使用如下条件选择实现同样的效果：

```
data = data[data['weight'].isnull() == False]
```

或

```
data = data[~data['weight'].isnull()]
```

其中的波浪号~表示 not，因此最终表示查询哪些 weight 数据列不为空值的记录行。

（6）第十行就是间隔加权计算方法的直接代码表示。

对于相对值,在计算时序平均值时,要注意不能简单地对各个时点的相对值进行平均化处理,正确的处理方式应该是采取原始数据来计算。

【例 4-4】 计算第三产业增加值在国内生产总值中比例的平均比重。

```
1  import pandas as pd
2  data = pd.read_csv('GDP 年度数据.csv', encoding = 'GBK')
3  data.set_index('指标', inplace = True)
4  data = pd.DataFrame(data.values.T, index = data.columns, columns = data.index)
5  data.iloc[0]['国内生产总值(亿元)'] = data.iloc[0]['国内生产总值(亿元)'] / 2
6  data.iloc[-1]['国内生产总值(亿元)'] = data.iloc[-1]['国内生产总值(亿元)'] / 2
7  data.iloc[0]['第三产业增加值(亿元)'] = data.iloc[0]['第三产业增加值(亿元)'] / 2
8  data.iloc[-1]['第三产业增加值(亿元)'] = data.iloc[-1]['第三产业增加值(亿元)'] / 2
9  print(data['第三产业增加值(亿元)'].sum() / data['国内生产总值(亿元)'].sum())
```

输出如下：

0.4890258647847745

本例仍然采取了首末折半的计算方式,平均值的分子是各年度第三产业增加值之和,分母是各年度国内生产总值之和。

如果直接利用各年度的占比平均值来计算,则很难体现每年度发展的绝对值差异,反而得到的结果更低。代码如下：

```
1  import pandas as pd
2  data = pd.read_csv('GDP 年度数据.csv', encoding = 'GBK')
3  data.set_index('指标', inplace = True)
4  data = pd.DataFrame(data.values.T, index = data.columns, columns = data.index)
5  print((data['第三产业增加值(亿元)'] / data['国内生产总值(亿元)']).mean())
```

输出如下：

0.463469655528615

### 4.1.2 增减量

增减量反映了一定时期前后的数据差值,即报告期水平与基期水平之差,一般可以分为逐期增减量和累积增减量。逐期增减量是报告期水平与前一期水平的绝对值之差,而累积增减量则是报告期水平与某一固定基期水平之差。各逐期增减量之和等于相应时期的累积增减量,两个相邻时期的累积增减量之差等于相应时期的逐期增减量。

【例 4-5】 计算国内生产总值的逐期增减量和累积增减量。

```
1  import pandas as pd
2  data = pd.read_csv('GDP 年度数据.csv', encoding = 'GBK')
3  data.set_index('指标', inplace = True)
4  data = pd.DataFrame(data.values.T, index = data.columns, columns = data.index)
5  data['逐期增减量'] = data['国内生产总值(亿元)'] - data['国内生产总值(亿元)'].shift(-1)
6  data['累积增减量'] = data['国内生产总值(亿元)'] - data['国内生产总值(亿元)'].tail(1).values
7  print(data[['国内生产总值(亿元)', '逐期增减量', '累积增减量']].tail())
```

输出如下：

| 指标 | 国内生产总值(亿元) | 逐期增减量 | 累积增减量 |
|---|---|---|---|
| 2005 年 | 187318.9 | 25478.7 | 76455.8 |
| 2004 年 | 161840.2 | 24418.2 | 50977.1 |
| 2003 年 | 137422.0 | 15704.6 | 26558.9 |
| 2002 年 | 121717.4 | 10854.3 | 10854.3 |
| 2001 年 | 110863.1 | NaN | 0.0 |

这里使用 tail() 方法只展示了最后五条记录的相关数据列，可以看出计算结果的特点。其中，逐期增减量采取前后记录的国内生产总值差值来计算，这里仍然使用 shift() 方法上移一行的方式来实现，累积增减量采取和最早一年（即最后一条记录的年份）的国内生产总值差值来计算。tail() 方法返回的数据无法直接参与计算，因为有可能是多个值，所以采取了序列类型存储，此时可以通过 values 属性转换为一般数值。

对于平均增减量，计算公式为

$$\bar{a} = \frac{a_n - a_0}{n}$$

【例 4-6】 计算国内生产总值平均增减量。

```
1  import pandas as pd
2  data = pd.read_csv('GDP 年度数据.csv', encoding = 'GBK')
3  data.set_index('指标', inplace = True)
4  data = pd.DataFrame(data.values.T, index = data.columns, columns = data.index)
5  print((data['国内生产总值(亿元)'].head(1).values - data['国内生产总值(亿元)'].tail(1).values) / data.shape[0])
```

输出如下：

[45256.155]

方法 head() 和 tail() 分别获取首尾两条记录，并通过 values 属性转换为一般数值。shape[0] 表示数据行数。具体计算结果虽然只有一个，但是却显示为列表，这是因为具体计算都是以 DataFrame 数据列整体参与的，而且最后也没有使用诸如 sum() 等汇总方法。

## 4.2 时序速度指标分析

### 4.2.1 发展速度

发展速度是报告期发展水平与基期发展水平之比，用于描述现象在观察期内的相对发展变化程度。根据基期的选择不同，发展速度可以分为环比发展速度和定基发展速度。观察期内的各环比发展速度之积等于该时期的定基发展速度，两个相邻定基发展速度的商（时间靠后的除以时间靠前的）等于相应时期的环比发展速度。

【例 4-7】 计算国内生产总值的年度环比发展速度和同比发展速度。

```
1  import pandas as pd
2  data = pd.read_csv('GDP 年度数据.csv', encoding = 'GBK')
```

```
3   data.set_index('指标', inplace = True)
4   data = pd.DataFrame(data.values.T, index = data.columns, columns = data.index)
5   data['环比发展速度'] = data['国内生产总值(亿元)'] / data['国内生产总值(亿元)'].shift
    (-1)
6   data['同比发展速度'] = data['国内生产总值(亿元)'] / data['国内生产总值(亿元)'].tail
    (1).values
7   data['环比发展速度'] = data['环比发展速度'].apply(format, args = ['.4%'])
8   data['同比发展速度'] = data['同比发展速度'].apply(lambda x: format(x, '.4%'))
9   print(data[['国内生产总值(亿元)', '环比发展速度', '同比发展速度']].tail())
```

输出如下：

```
2005 年      187318.9    115.7431%    168.9642%
2004 年      161840.2    117.7688%    145.9820%
2003 年      137422.0    112.9025%    123.9565%
2002 年      121717.4    109.7907%    109.7907%
2001 年      110863.1        nan%    100.0000%
```

基本计算方法类似于前面所述，主要的变化在于对最后的发展速度进行了格式化显示。这里展示了两种形式不同但是效果一样的写法。两种写法都使用了 apply() 方法，将每行发展速度值分别应用到 apply() 后面的函数中。

第一种写法直接标注需要应用过去的函数，即格式化字符串函数 format()，由于需要给 format() 函数传递表达格式的其他参数，因此可以在 apply() 方法的 args 参数中指定相关参数值，可以理解为最终执行 format() 函数时有两个参数，分别是当前行的数据列值和这个格式参数。

第二种写法使用了匿名函数 lambda()，匿名函数里面可以任意调用其他函数和组织更多逻辑语句，因此可以直接表达 format() 函数的两个参数，其中 x 表示形参，即从 apply() 方法那里传递来的当前行的数据列数值。

在此类计算中，还有同比相对发展速度，即本期发展水平与去年同期发展水平对比而达到的相对发展速度，一般按月、季度来计算。通过一年中各个时间段的同比计算，可以很好地消除季节变动的影响。

各时期的环比发展速度的平均数可以看成平均发展速度，常见的是水平法，即几何平均法，该方法将所有环比发展速度相乘后再求 n 次方根。但是根据计算规则可以看出，这种几何平均法得到的平均发展速度其实最终值只和最初观察值、最末观察值有关，因此该方法更适合用于最后一期的发展水平。

## 4.2.2 增减速度

增减速度也称为增减率，是增减量与基期水平的比值，因此增减速度为发展速度的数值减 1。一般通过增减速度的正负就可以很明显地看出数据的增减情况，比判断发展速度是大于 1 还是小于 1 更为直观。平均增减率和增减率一样，可以根据平均发展速度减 1 这个基数来得到。

【例 4-8】 计算国内生产总值的年度增减率。

```
1   import pandas as pd
2   data = pd.read_csv('GDP 年度数据.csv', encoding = 'GBK')
```

```
3   data.set_index('指标', inplace = True)
4   data = pd.DataFrame(data.values.T, index = data.columns, columns = data.index)
5   data['环比增减率'] = (data['国内生产总值(亿元)'] - data['国内生产总值(亿元)'].shift
    (-1)) / data['国内生产总值(亿元)'].shift(-1)
6   data['同比增减率'] = (data['国内生产总值(亿元)'] - data['国内生产总值(亿元)'].tail
    (1).values) / data['国内生产总值(亿元)'].tail(1).values
7   print(data[['国内生产总值(亿元)', '环比增减率', '同比增减率']].tail())
```

输出如下：

| 指标 | 国内生产总值(亿元) | 环比增减率 | 同比增减率 |
| --- | --- | --- | --- |
| 2005 年 | 187318.9 | 0.157431 | 0.689642 |
| 2004 年 | 161840.2 | 0.177688 | 0.459820 |
| 2003 年 | 137422.0 | 0.129025 | 0.239565 |
| 2002 年 | 121717.4 | 0.097907 | 0.097907 |
| 2001 年 | 110863.1 | NaN | 0.000000 |

按照等价计算方法也可以将增减率的计算代码改写如下：

```
1   data['环比增减率'] = data['国内生产总值(亿元)'] / data['国内生产总值(亿元)'].shift
    (-1) - 1
2   data['同比增减率'] = data['国内生产总值(亿元)'] / data['国内生产总值(亿元)'].tail
    (1).values - 1
```

输出结果相同。

下面通过对三个产业增加值的年度数据分析来看看这些指标的综合使用方法，分别以不同案例来逐个说明。

**【例 4-9】** 使用线形图来展示三个产业增加值的年度变化。

```
1   import pandas as pd
2   import matplotlib.pyplot as plt
3   data = pd.read_csv('GDP 年度数据.csv', encoding = 'GBK')
4   data.set_index('指标', inplace = True)
5   data = pd.DataFrame(data.values.T, index = data.columns, columns = data.index)
6   data.sort_index(inplace = True, ascending = True)
7   data.index = data.index.str[:-1].astype(int)
8   plt.rcParams['font.sans-serif'] = ['SimHei']
9   plt.plot(data['第一产业增加值(亿元)'], label = '第一产业增加值(亿元)')
10  plt.plot(data['第二产业增加值(亿元)'], label = '第二产业增加值(亿元)')
11  plt.plot(data['第三产业增加值(亿元)'], label = '第三产业增加值(亿元)')
12  plt.legend()
13  plt.locator_params(axis = 'x', nbins = 11)
14  plt.show()
```

输出如图 4-1 所示。

从这些数据来看，第三产业增加值的增长非常明显，而第二产业增加值的先期增长较为明显，后期增长弱于第三产业增加值，而第一产业增加值则一直较为平稳。

代码说明如下：

（1）为了显示从前往后的时间关系，这里在第六行按照索引进行了行排序。一般而言，例如 Matplotlib 等可视化绘图库会自动按从小到大排序索引来绘制内容，但是如果索引内容不是数值类型，例如这里为字符串类型，则自动排序就会失效。

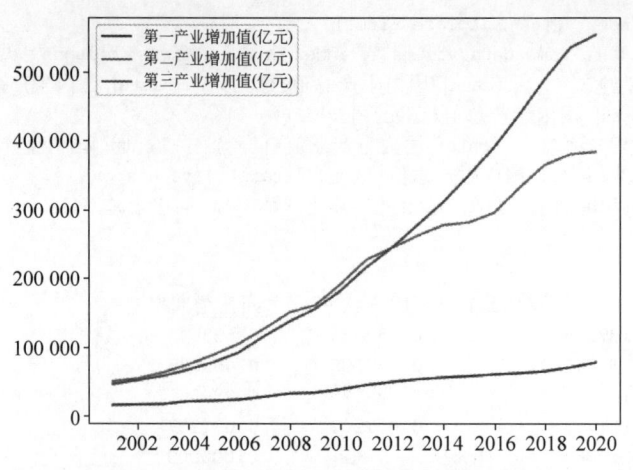

图 4-1 通过线形图展示数据的年度数量变化

（2）第七行的代码并非必需，这里主要考虑到年份较多，在通过横轴显示年份数据时，如果这些年份为字符串类型（原始值为"2002年"等形式），那么绘制时无法实现自动缩减横轴标签内容，从而会导致横轴标签文本重叠问题。因此，通过将原始索引年份去除字符串末位的"年"字符并转换为整数，方便绘图库自动决定横轴显示内容。同样，对于纵轴如有此类问题，也会进行类似的处理。

（3）倒数第二行也并非必需，如果横轴数据为数值型数据，界面会自动根据数据大小来决定横轴标签的绘制间隔和大小。如果默认的绘制方式不能满足要求，也可以自己来决定。例如这里 locator_params() 方法的 nbins 参数就可以决定横轴间隔的区间数量，从而减少了一半年份标签的显示。注意，如果横轴数据为字符串数据，则这些自动绘制和设置功能都不可用。

除了使用该方法外，对于原始字符串类型的索引，也可以直接指定要显示的内容，代码如下：

```
1   import pandas as pd
2   import matplotlib.pyplot as plt
3   data = pd.read_csv('GDP年度数据.csv', encoding = 'GBK')
4   data.set_index('指标', inplace = True)
5   data = pd.DataFrame(data.values.T, index = data.columns, columns = data.index)
6   data.sort_index(inplace = True, ascending = True)
7   plt.rcParams['font.sans-serif'] = ['SimHei']
8   plt.plot(data['第一产业增加值(亿元)'], label = '第一产业增加值(亿元)')
9   plt.plot(data['第二产业增加值(亿元)'], label = '第二产业增加值(亿元)')
10  plt.plot(data['第三产业增加值(亿元)'], label = '第三产业增加值(亿元)')
11  plt.legend()
12  plt.xticks([i * 2 for i in range(data.shape[0] // 2)])
13  plt.show()
```

输出如图 4-2 所示。

倒数第二行的 xticks() 方法可以选择要显示的横轴数据序号，因此参数中需要给出一个序号列表，这里通过推导式写法给出了诸如 0、2、4 等序号，最后使用行数整除 2 来确保最大序号不越界。从输出图形来看，实现了每两年显示一个标签的效果。

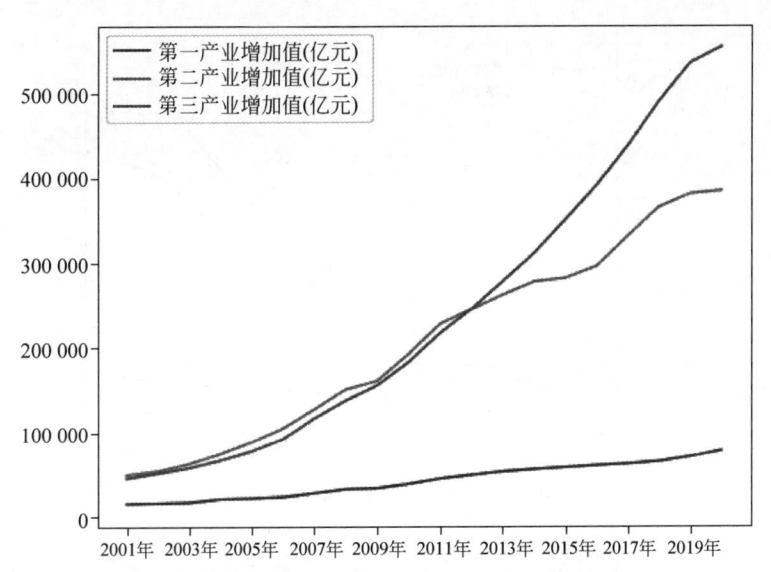

图 4-2　通过选择横轴数据的序号来减少横轴标签数量

利用 MultipleLocator()方法可以通过设置间隔数量来实现类似的效果,其中的参数 2 就表示每两个横轴标签显示一个:

```
1  import pandas as pd
2  import matplotlib.pyplot as plt
3  import matplotlib.ticker as ticker
4  data = pd.read_csv('GDP 年度数据.csv', encoding = 'GBK')
5  data.set_index('指标', inplace = True)
6  data = pd.DataFrame(data.values.T, index = data.columns, columns = data.index)
7  data.sort_index(inplace = True, ascending = True)
8  plt.rcParams['font.sans-serif'] = ['SimHei']
9  plt.plot(data['第一产业增加值(亿元)'], label = '第一产业增加值(亿元)')
10 plt.plot(data['第二产业增加值(亿元)'], label = '第二产业增加值(亿元)')
11 plt.plot(data['第三产业增加值(亿元)'], label = '第三产业增加值(亿元)')
12 plt.legend()
13 plt.gca().xaxis.set_major_locator(ticker.MultipleLocator(2))
14 plt.show()
```

输出同上。

也可以将标签完全替换为其他内容,如替换为序号,只需要将倒数第二行代码改为

```
plt.xticks(data.index, [i for i in range(data.shape[0])])
```

输出如图 4-3 所示。

甚至可以更为灵活地改变显示标签的个数和间隔,只需要将倒数第二行改为

```
plt.xticks([5, 10, 15], ['五年', '十年', '十五年'])
```

输出如图 4-4 所示。

**【例 4-10】** 使用线形图来展示三个产业增加值的年度增减率。

```
1  import pandas as pd
2  import matplotlib.pyplot as plt
```

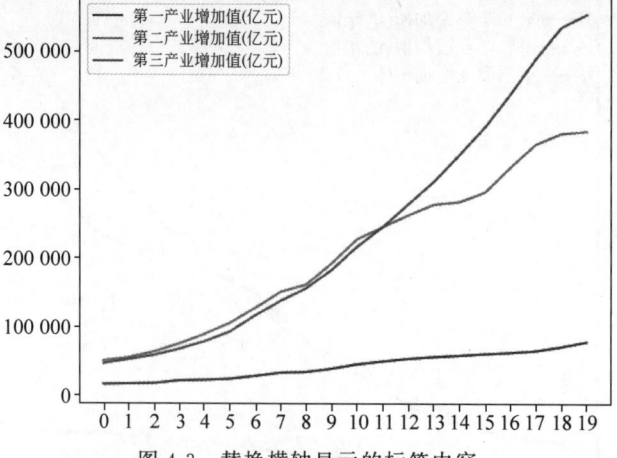

图 4-3 替换横轴显示的标签内容

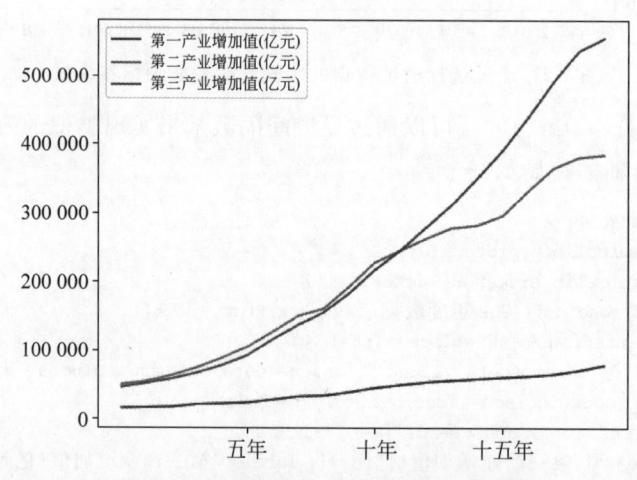

图 4-4 改变横轴显示标签的个数和间隔

```
3   data = pd.read_csv('GDP 年度数据.csv', encoding = 'GBK')
4   data.set_index('指标', inplace = True)
5   data = pd.DataFrame(data.values.T, index = data.columns, columns = data.index)
6   data['第一产业增加值(亿元)环比增减率'] = data['第一产业增加值(亿元)'] / data['第一
    产业增加值(亿元)'].shift(-1) - 1
7   data['第二产业增加值(亿元)环比增减率'] = data['第二产业增加值(亿元)'] / data['第二
    产业增加值(亿元)'].shift(-1) - 1
8   data['第三产业增加值(亿元)环比增减率'] = data['第三产业增加值(亿元)'] / data['第三
    产业增加值(亿元)'].shift(-1) - 1
9   data.sort_index(inplace = True, ascending = True)
10  data.index = data.index.str[:-1].astype(int)
11  plt.rcParams['font.sans-serif'] = ['SimHei']
12  plt.rcParams['axes.unicode_minus'] = False
13  plt.plot(data['第一产业增加值(亿元)环比增减率'], label = '第一产业增加值(亿元)环比
    增减率')
14  plt.plot(data['第二产业增加值(亿元)环比增减率'], label = '第二产业增加值(亿元)环比
    增减率')
15  plt.plot(data['第三产业增加值(亿元)环比增减率'], label = '第三产业增加值(亿元)环比
```

```
        增减率')
16  plt.legend()
17  plt.locator_params(axis = 'x', nbins = 11)
18  plt.show()
```

输出如图 4-5 所示。

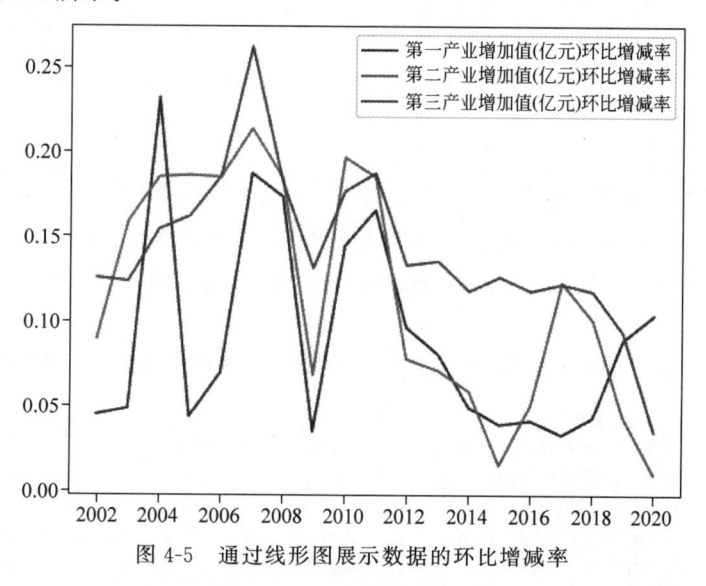

图 4-5　通过线形图展示数据的环比增减率

本例代码综合使用了前面章节介绍的各种方法。其中,需要在计算完环比增减率后才能调整索引次序,否则就需要使用数据后移一行的方法来替换现有的前移一行的做法。如:

```
data['第一产业增加值(亿元)环比增减率'] = data['第一产业增加值(亿元)'] / data['第一产业增加值(亿元)'].shift(1) - 1
```

从展示结果来看,第三产业增加值年度环比中期以后逐步下降较为明显,而第二产业增加值在 2017 年环比上升明显,第一产业增加值后期环比上升态势也很明显。这些在一定程度上解释了第二产业在 2017 年和第一产业在后期的增加值略有抬升的原因。

因此,借助不同的指标往往可以得到不同的理解,往往也需要通过多种不同角度的分析才能得到合理、全面的结论。

## 4.3　长期趋势分析

### 4.3.1　移动平均法

移动平均法是指通过扩大原时间序列的时间间隔并按照一定的间隔长度逐期移动,分别计算出一系列的移动平均数,可以较好地对数值的短期波动特征进行修匀,实现数据平滑的效果,从而有助于长期趋势的发现。该方法具体可以分为简单移动平均法和加权移动平均法。

【例 4-11】　对国内生产总值按照 3 年进行移动平均值计算。

```
1   import pandas as pd
2   data = pd.read_csv('GDP 年度数据.csv', encoding = 'GBK')
3   data.set_index('指标', inplace = True)
4   data = pd.DataFrame(data.values.T, index = data.columns, columns = data.index)
5   print(data['国内生产总值(亿元)'].rolling(3).mean().head())
```

输出如下：

```
2020 年            NaN
2019 年            NaN
2018 年    973927.500000
2017 年    912610.733333
2016 年    832570.700000
```

这里只输出前五行记录。可以将移动平均理解为分组，即每3个一组进行统计，默认最终统计值只标注在最后一个元素上。由于前两行元素之前没有足够的元素，所以使用空值进行填充。

通过设置 center 属性可以改变为更常见的中间元素标注方法。代码如下：

```
1   import pandas as pd
2   data = pd.read_csv('GDP 年度数据.csv', encoding = 'GBK')
3   data.set_index('指标', inplace = True)
4   data = pd.DataFrame(data.values.T, index = data.columns, columns = data.index)
5   print(data['国内生产总值(亿元)'].rolling(3, center = True).mean().head())
6   print(data['国内生产总值(亿元)'].rolling(3, center = True).mean().tail())
```

输出如下：

```
2020 年            NaN
2019 年    973927.500000
2018 年    912610.733333
2017 年    832570.700000
2016 年    755763.066667
Name: 国内生产总值(亿元), dtype: float64
2005 年    189532.533333
2004 年    162193.700000
2003 年    140326.533333
2002 年    123334.166667
2001 年            NaN
Name: 国内生产总值(亿元), dtype: float64
```

该例输出了首尾各五行记录，此时最后一行也为空值，因此该行前后无法满足有三条记录的要求，而在前面的写法中，最后一行也有统计值。

注意，rolling()方法未必一定使用平均方法 mean()，也可以使用其他统计方法来计算。例如，如下使用 max() 可以获取三个数据中的最大值：

```
print(data['国内生产总值(亿元)'].rolling(3).max().head())
```

为了减少空值，也可以灵活地减少两头必需的计算元素数量。代码如下：

```
1   import pandas as pd
2   data = pd.read_csv('GDP 年度数据.csv', encoding = 'GBK')
3   data.set_index('指标', inplace = True)
4   data = pd.DataFrame(data.values.T, index = data.columns, columns = data.index)
```

```
5  print(data['国内生产总值(亿元)'].rolling(3, center = True, min_periods = 2).mean().
   head())
6  print(data['国内生产总值(亿元)'].rolling(3, center = True, min_periods = 2).mean().
   tail())
```

输出如下：

```
2020 年      1.001251e + 06
2019 年      9.739275e + 05
2018 年      9.126107e + 05
2017 年      8.325707e + 05
2016 年      7.557631e + 05
Name：国内生产总值(亿元), dtype: float64
2005 年      189532.533333
2004 年      162193.700000
2003 年      140326.533333
2002 年      123334.166667
2001 年      116290.250000
Name：国内生产总值(亿元), dtype: float64
```

这里的 min_periods 参数值为 2 表示两头的两个也可以平均计算。

加权移动平均法则进一步给近期数据以较大的权值，给远期数据以较小的权值，形成一种强调时间衰减对趋势的影响，因此能反映更快的数据变化特征。其中，指数平滑是一种常用的加权移动平均法，它根据本期观察值和本期预测值，分别给予不同的权值来作为下一期预测值。

$$\hat{y}_{t+1} = \alpha y_t + (1-\alpha)\hat{y}_t$$

在指数平滑法中，只需要一个 $t$ 期实际值和预测值以及一个 $\alpha$ 值，就可以完成后续数据的计算。

**【例 4-12】** 对国内生产总值通过指数平滑法计算移动平均值。

```
1   import pandas as pd
2   import matplotlib.pyplot as plt
3   data = pd.read_csv('GDP 年度数据.csv', encoding = 'GBK')
4   data.set_index('指标', inplace = True)
5   data = pd.DataFrame(data.values.T, index = data.columns, columns = data.index)
6   data.sort_index(inplace = True, ascending = True)
7   data.index = data.index.str[: - 1].astype(int)
8   plt.rcParams['font.sans - serif'] = ['SimHei']
9   plt.plot(data['国内生产总值(亿元)'].ewm(1).mean(), label = '1')
10  plt.plot(data['国内生产总值(亿元)'].ewm(5).mean(), label = '5')
11  plt.plot(data['国内生产总值(亿元)'].ewm(10).mean(), label = '10')
12  plt.legend()
13  plt.locator_params(axis = 'x', nbins = 11)
14  plt.show()
```

输出如图 4-6 所示。

ewm() 方法表示指数加权移动平均（Exponentially-Weighted Moving Average），span 用于计算权值，和计算 $\alpha$ 的关系为

$$\alpha = \frac{2}{\text{span} + 1}$$

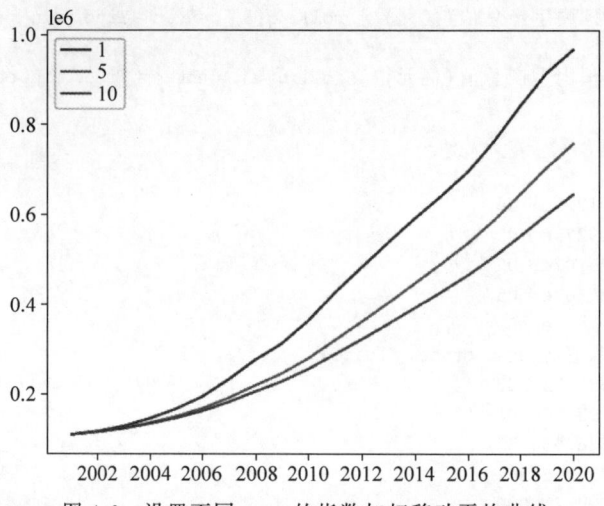

图 4-6 设置不同 span 的指数加权移动平均曲线

span 值越小越强调近期数据的影响,越大则以往数据的影响就越明显。这里由于 span 为 10,则较近年份更易受到较远年份相对较低数值的平均影响,因此整体平均值偏低。

一般来说,移动平均长度应该长短适中,可以对原始数据消除不规则的波动,起到平滑序列的效果。移动平均长度越大,单个观察值的影响作用就越弱,表现的长期趋势就越明显,甚至会脱离真实数据的现象发展模式。对于周期性明显的数据而言,建议移动长度为周期间隔的长度,如季度数据可以考虑 4 项移动平均等。

同时,这种移动平均法也可以被看成一种数据预测方法,例如默认的 rolling()方法总是将移动平均的结果放在最后一个元素上表示,因此可以看成对最后一个元素数值的预测。

## 4.3.2 长期趋势信息的分解

本节例子主要基于一个机票价格数据集 NZ airfares.csv(可以在教学资源中找到,详细格式说明可参见附录 A)。这里主要以每天的平均机票价格作为数据分析对象。

【例 4-13】 使用线形图来展示每天平均机票价格的时序变化。

```
1   import pandas as pd
2   import matplotlib.pyplot as plt
3   import matplotlib.ticker as ticker
4   from datetime import datetime
5   data = pd.read_csv('NZ airfares.csv')
6   data['Travel Date'] = data['Travel Date'].apply(datetime.strptime, args = ['%d/%m/%Y'])
7   data.set_index('Travel Date', inplace = True)
8   data = data[['Airfare(NZ$)']].groupby(data.index).mean()
9   plt.plot(data['Airfare(NZ$)'])
10  plt.gca().xaxis.set_major_locator(ticker.MultipleLocator(20))
11  plt.show()
```

输出如图 4-7 所示。

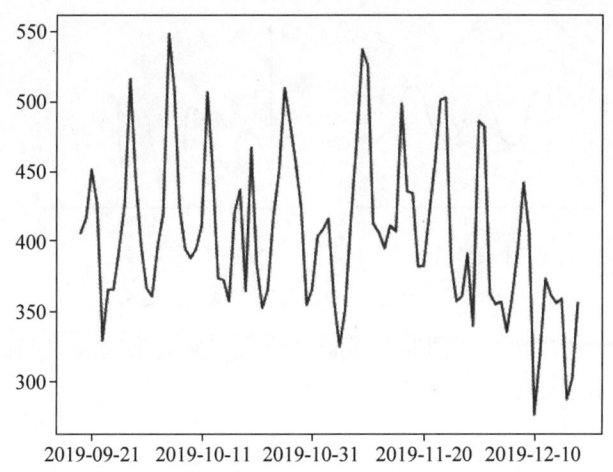

图 4-7　每天平均机票价格的可视化展示

代码说明如下：

(1) 第六行进行时间格式转换，原始的数据格式是"日/月/年"，但是诸如"01/10/2019"就可能被理解为 1 月 10 日。因此，这里通过强制设置时间格式来确保转换后的时间信息正确。

(2) 第七行设置索引，对于时序数据，可以将时间信息直接设置为索引。

(3) 第八行按照索引分组，即按照每天分组，对机票价格进行平均值计算。

(4) 第九行绘制线形图，默认索引为横轴。

(5) 第十行主要简化横轴显示内容。默认显示全部日期数据，通过设置 MultipleLocator() 方法的参数为 10，表示每 10 个元素才显示一次。目前分组后的结果共计 90 条，加上头尾，因此横轴显示了 10 个标签。

从图中可以看到长期趋势呈现一种大致以一月为周期的波动效果，伴随着剧烈的大致以一周为周期的短期波动。

对时序数据的长期趋势可以从以下几方面来描述。

(1) 均值：通过均值分析可以看出是呈现水平状态还是上升下降状态，如图 4-8 所示。

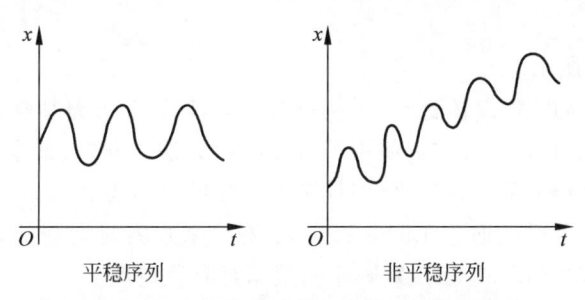

图 4-8　从均值来看时序数据的整体趋势

(2) 方差：通过方差分析可以反映时序数据的值围绕着均值上下波动的增幅是否固定，如图 4-9 所示。

平稳序列　　　　　　　　非平稳序列

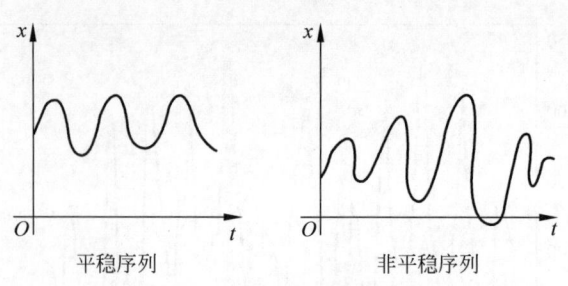

图 4-9　从方差来看时序数据整体趋势

（3）自协方差：通过比较不同时刻数值的协方差来观察随着时间的变化数据的变化是否稳定，如图 4-10 所示。

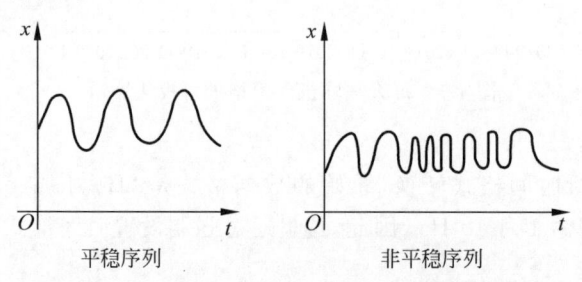

平稳序列　　　　　　　　非平稳序列

图 4-10　从自协方差来看时序数据整体趋势

【例 4-14】　增加移动均值和移动方差来观察平均机票价格的长期趋势。

```
1   import pandas as pd
2   import matplotlib.pyplot as plt
3   import matplotlib.ticker as ticker
4   from datetime import datetime
5   data = pd.read_csv('NZ airfares.csv')
6   data['Travel Date'] = data['Travel Date'].apply(datetime.strptime, args = ['%d/%m/%Y'])
7   data.set_index('Travel Date', inplace = True)
8   data = data[['Airfare(NZ$)']].groupby(data.index).mean()
9   plt.plot(data['Airfare(NZ$)'])
10  plt.plot(data['Airfare(NZ$)'].rolling(7).mean())
11  plt.plot(data['Airfare(NZ$)'].rolling(7).std())
12  plt.gca().xaxis.set_major_locator(ticker.MultipleLocator(20))
13  plt.show()
```

输出如图 4-11 所示。

从结果来看，移动均值总体稳定，后期略有下降，而移动方差基本稳定。

这里的移动均值和移动方差都使用了 rolling()方法，该方法的参数可以设定天数窗口，本例以七天（一周）为单位，然后分别计算各天数窗口的均值（mean）和方差（std）。

除了上述方法，也可以通过 Dickey-Fuller 测试来观察长期趋势。如果检验值（test statistic）小于临界值（critical value），则说明数据具有稳定性。

【例 4-15】　对平均机票价格的长期趋势进行 Dickey-Fuller 稳定性测试。

```
1   import pandas as pd
2   from datetime import datetime
3   from statsmodels.tsa.stattools import adfuller
```

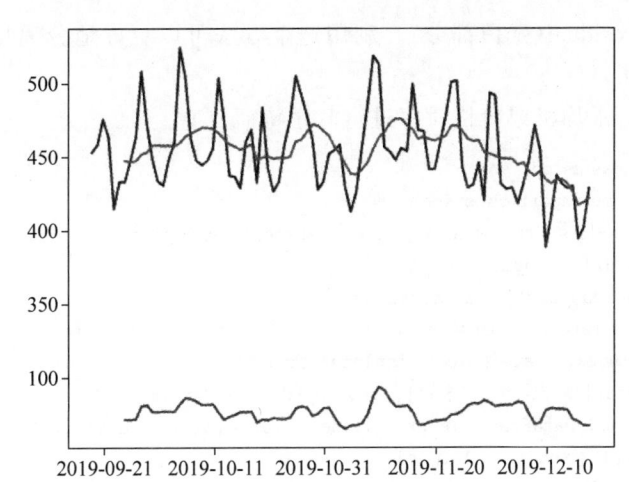

图 4-11 对每日机票平均价格进行移动均值和移动方差分析

```
 4    data = pd.read_csv('NZ airfares.csv')
 5    data['Travel Date'] = data['Travel Date'].apply(datetime.strptime, args = ['%d/%m/%Y'])
 6    data.set_index('Travel Date', inplace = True)
 7    data = data[['Airfare(NZ$)']].groupby(data.index).mean()
 8    dftest = adfuller(data['Airfare(NZ$)'])
 9    dfoutput = pd.Series(dftest[0:4], index = ['Test Statistic', 'p-value', '#Lags Used', 'Number of Observations Used'])
10    for key, value in dftest[4].items():
11        dfoutput['Critical value (%s)' % key] = value
12    print(dfoutput)
```

输出如下：

```
Test Statistic                  -1.151354
p-value                          0.694165
#Lags Used                      10.000000
Number of Observations Used     79.000000
Critical value (1%)             -3.515977
Critical value (5%)             -2.898886
Critical value (10%)            -2.586694
```

代码说明如下：

(1) 第八行使用了 Statsmodels 库的 adfuller() 方法, 该方法可以实现数据稳定性检测。

(2) 该方法输出很多, 前四个输出项分别是检测值、p 值、滞后数、观测数, 第五个输出项是各置信度下的临界值。为此, 第九行将前四个数值单独取出, 并增加了对应名称的索引, 生成一个 Series。后续所有数据都存储在该 Series 变量, 以方便显示。

(3) 第十行循环遍历了第五个临界值输出项, 并分别添加到 Series 变量的新行中。

(4) 第十一行以输出 Series 变量的方式来展示所有相关计算结果。可以看出, 在各置信度下, 检测值都普遍小于临界值, 说明数据稳定性较强。

进一步地, 还可以利用 statsmodels 的 seasonal_decompose() 方法把时序数据中的趋势和周期性数据都分离出来, 返回的结果包含三部分, 分别是 trend(趋势部分)、seasonal

（季节性部分）和 residual（残留部分）。利用这个方法可以更好地分离出长期特征、周期性特征和短期特征。

**【例 4-16】** 对平均机票价格时序进行时序特征分离。

```
1   import pandas as pd
2   from datetime import datetime
3   from statsmodels.tsa.seasonal import seasonal_decompose
4   import matplotlib.pyplot as plt
5   data = pd.read_csv('NZ airfares.csv')
6   data['Travel Date'] = data['Travel Date'].apply(datetime.strptime, args = ['%d/%m/%Y'])
7   data.set_index('Travel Date', inplace = True)
8   data = data[['Airfare(NZ$)']].groupby(data.index).mean()
9   newData = pd.DataFrame(index = pd.date_range(start = data.index.min(), end = data.index.max(), freq = '1D').date)
10  newData = pd.concat([newData, data], axis = 1)
11  newData = newData.fillna(method = 'bfill')
12  newData.index = pd.to_datetime(newData.index)
13  decomposition = seasonal_decompose(newData)
14  trend = decomposition.trend
15  seasonal = decomposition.seasonal
16  residual = decomposition.resid
17  plt.figure(figsize = (16, 12))
18  plt.subplot(411)
19  plt.plot(data, label = 'Original')
20  plt.legend()
21  plt.subplot(412)
22  plt.plot(trend, label = 'Trend')
23  plt.legend()
24  plt.subplot(413)
25  plt.plot(seasonal, label = 'Seasonarity')
26  plt.legend()
27  plt.subplot(414)
28  plt.plot(residual, label = 'Residual')
29  plt.legend()
30  plt.show()
```

输出如图 4-12 所示。

代码说明如下：

（1）第九行建立了一个新的 DataFrame，主要原因在于原始时序数据的时间并不连续，如 11 月 21 日存在空缺，这会导致后续数据分解的失败。因此，需要重新建立 DataFrame，并建立一个完整的时序索引，从当前时序数据的第一天直到最后一天，并以天为单位。

（2）第十行对两个 DataFrame 建立了横向关联，newData 只有完整时序索引，没有任何数据列，data 有不完整的时序索引和机票价格列，关联后，newData 有完整时序索引和机票价格列，内容如下：

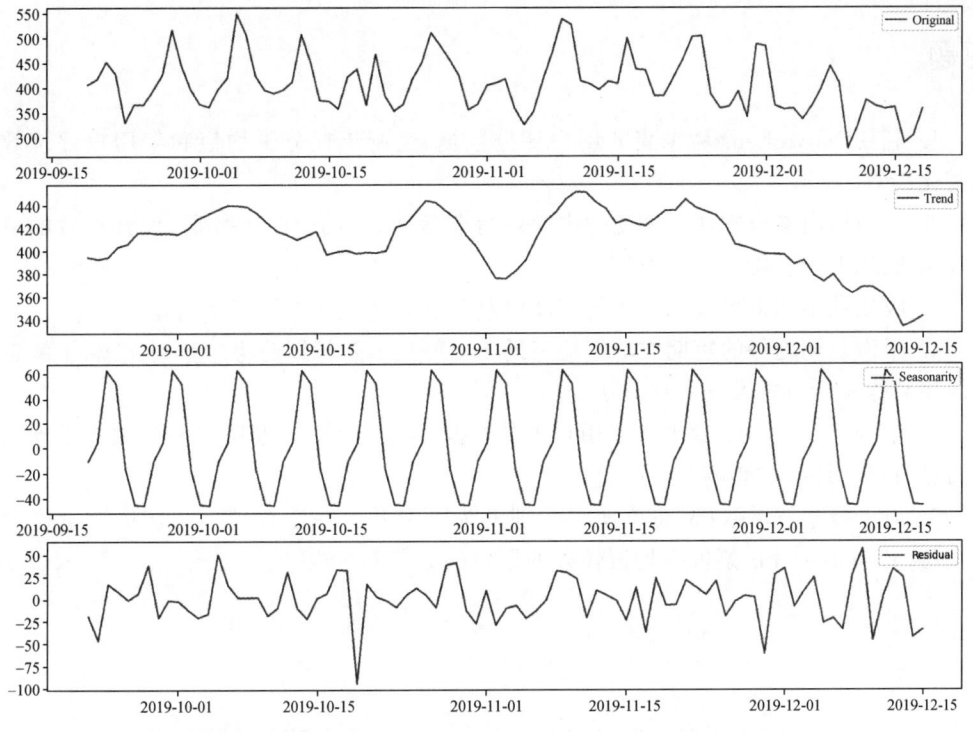

图 4-12 对每日机票平均价格再次进行移动均值和移动方差分析

```
                Airfare(NZ$)
2019-09-19      406.163834
2019-09-20      416.619023
2019-09-21      451.283480
2019-09-22      426.838726
```

由于此时的 newData 索引列是完整连续索引列，因此中间 data 空缺行对应的机票价格形成空值。

（3）第十一行采取了将后项往前填充的方法补齐了空值元素。

（4）第十二行更新现有索引类型，转换为日期类型，以便于后续的时序数列分解操作。

（5）第十三到十六行为时序数列分解操作，得到三组不同的信息，分别是长期趋势信息、季节周期性信息和短期残留信息。

（6）第十七行及其后为绘图操作，采取了多幅子图的绘制方式，展示了分解出来的不同信息的特征，从中可以更为明显地看到这些不同的信息对最终数据的影响。

如果一个界面需要绘制多幅图，可以使用 subplot() 方法增加子图。这里该方法的参数值，如 411 表示四行一列构成四幅子图，当前开始绘制的是最上面第一幅，412 表示下方的第二幅，以此类推。

从结果图来看，长期趋势基本持平，后续有所下降，季节周期性趋势主要是以星期为单位进行波动，短期残留也基本一致，只有十月份后期的一天突然下降得比较明显。

## 习题

1. 利用 MovieLens 数据集的用户评分数据，绘制年评分平均值和年用户评价数量的变化趋势。
2. 季节性因素通常在时序变化中表现得非常明显，结合时序数据，设计有效的可视化展示方式以呈现季节性变化特征。
3. 收集我国和世界近二十年的 GDP 年度数据，比较年度增长率的差异。
4. 平滑长期趋势的短期波动特征有助于更好地了解长期趋势。查阅文献，了解常见的时序数据平滑方式及其实现方法。
5. 结合 MovieLens 数据集的用户评分数据，设计实验，观察用户评分是否受到当前项目已有平均评分的影响。
6. 对于异常波动数据，简单地将其理解为噪音并不一定合理。结合机票价格数据集，观察背离不同月份票价平均值较大的票价的数值分布规律。

# 第三篇 应用分析篇

# 第 5 章

# 会计决策分析方法

会计决策可以帮助会计人员解决企业资金运动过程中所出现的问题,以及把握机会而制定和选择活动方案。通过了解企业资金运动的方向、状态和效益,可以帮助企业做出更有利的选择。而且由于资金运动具有可控性,人们就可以通过决策和控制,促使企业的资金运动朝着有利的方向发展。本章主要围绕着成本分析、本量利分析、边际值分析、预测分析和财会机器人几方面来说明。

## 5.1 成本分析

成本分析方法利用成本计划、成本核算和其他有关信息实现对实际成本支出的有效控制,从而了解成本计划完成情况,查明成本变化的原因,为寻求降低成本提供途径和方法。

### 5.1.1 不同性质的成本对比分析

单位固定成本具有反比例变动性,固定成本具有总额不变性的特征,导致单位产品负担的固定成本随着业务量的变动呈反比例变动;而变动成本则具有总额的正比例变动性,会随着业务量的变动呈正比例变动。

常见的可视化展示可以有助于更好地观察相关变动趋势,如表 5-1 所示的数据。

表 5-1 一家企业的固定成本和产品材料成本情况

| 产量(件) | 固定成本（元） | 单位产品所负担的固定成本(元) | 单位产品材料成本(元) | 产品材料成本总成本(元) |
|---|---|---|---|---|
| 1000 | 30 000 000 | 30 000 | 5 | 5000 |
| 2000 | 30 000 000 | 15 000 | 5 | 10 000 |
| 3000 | 30 000 000 | 10 000 | 5 | 15 000 |
| 4000 | 30 000 000 | 7500 | 5 | 20 000 |
| 5000 | 30 000 000 | 6000 | 5 | 25 000 |
| 6000 | 30 000 000 | 5000 | 5 | 30 000 |

此类问题其实反映了一种基本的数据对比分析功能,基本的方法就是直接将相关数据绘制在同一张坐标图上。

【例 5-1】 可视化对比"单位产品所负担的固定成本"和"产品材料成本总成本"。

```
1  import matplotlib.pyplot as plt
2  import pandas as pd
3  data = pd.read_csv('企业成本变动数据.csv', encoding = 'GBK')
4  plt.plot(data['产量(件)'], data['单位产品所负担的固定成本(元)'])
5  plt.plot(data['产量(件)'], data['产品材料成本总成本(元)'])
6  plt.show()
```

输出如图 5-1 所示。

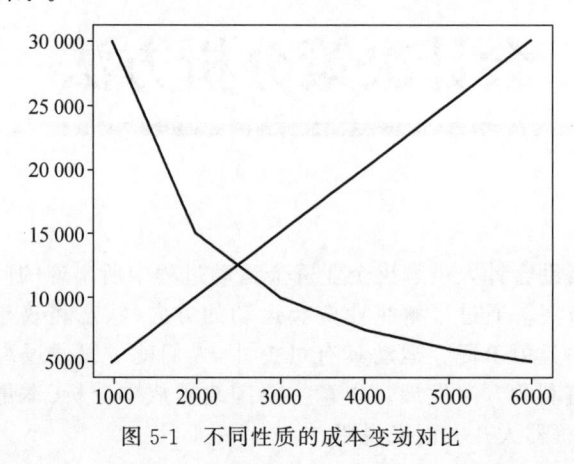

图 5-1　不同性质的成本变动对比

如果数据取值范围不一致，就不能使用同一坐标系来绘制，否则会导致对变动差异无法有效区分，更合适的做法是分别绘制。代码如下：

```
1  import matplotlib.pyplot as plt
2  import pandas as pd
3  data = pd.read_csv('企业成本变动数据.csv', encoding = 'GBK')
4  plt.subplot(211)
5  plt.plot(data['产量(件)'], data['单位产品所负担的固定成本(元)'])
6  plt.subplot(212)
7  plt.plot(data['产量(件)'], data['产品材料成本总成本(元)'])
8  plt.show()
```

输出如图 5-2 所示。

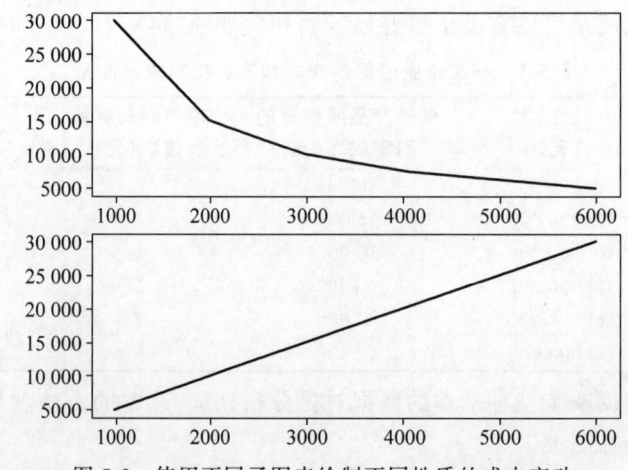

图 5-2　使用不同子图来绘制不同性质的成本变动

## 5.1.2 历史成本法的拟合

历史成本法可以根据以往若干时期的数据分析实际成本与业务量之间的依存关系，进而描述成本的性态并以此来确定决策所需要的未来成本数据。该方法假设在既定的生产流程和工艺设计条件下，历史数据可以比较准确地表达成本与业务量之间的依存关系，并可以应用到现在或将来的决策中。传统的方法包括高低点法、散布图法和回归法等。利用 Python 的 Numpy 等库可以实现基于回归方法的历史成本法。

例如，某企业的产量和混合成本的历史资料如表 5-2 所示。

表 5-2　某企业的产量和混合成本的历史资料

| 月　份 | 产量(件) | 成本(元) |
| --- | --- | --- |
| 1 | 50 | 350 |
| 2 | 55 | 410 |
| 3 | 60 | 410 |
| 4 | 75 | 500 |
| 5 | 75 | 510 |
| 6 | 85 | 530 |

【例 5-2】 使用历史成本法拟合成本变化趋势。

```
1  import pandas as pd
2  from numpy import polyfit
3  import matplotlib.pyplot as plt
4  data = pd.read_csv('混合成本和产量的历史资料.csv', encoding = 'GBK')
5  x = data['产量(件)']
6  y = data['成本(元)']
7  coeff = polyfit(x, y, 1)
8  plt.plot(x, y, 'rx')
9  plt.plot(x, coeff[0] * x + coeff[1], 'k-')
10 plt.show()
```

输出如图 5-3 所示。

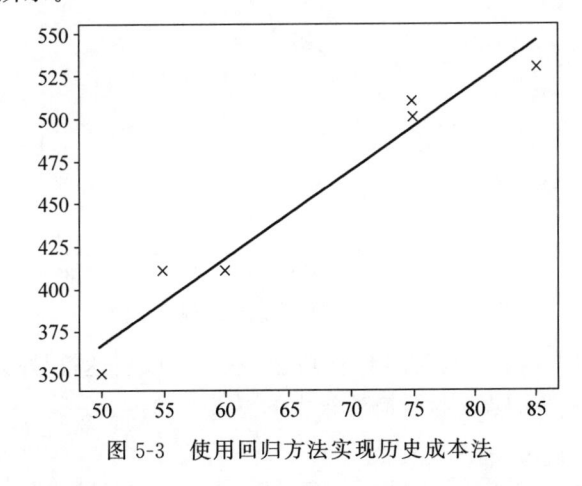

图 5-3　使用回归方法实现历史成本法

代码说明如下：

（1）第七行使用了 Numpy 库的 polyfit()方法来拟合回归，该方法可以直接对前两个参数进行拟合，第三个参数值为 1 表示一阶多项式，即线性拟合。同时，该方法通过列表返回拟合后的直线斜率和截距。

（2）第八、九行使用原始数据和 polyfit()返回的直线斜率和截距计算数据，绘制相应的拟合直线，其中样式"rx"和"k-"分别表示红色的叉和黑色的实线。

为了简单使用拟合后的参数，还可以直接利用 poly1d 自动生成一个以传入数值为参数的多项式函数。代码如下：

```
1   import pandas as pd
2   from numpy import polyfit, poly1d
3   import matplotlib.pyplot as plt
4   data = pd.read_csv('混合成本和产量的历史资料.csv', encoding = 'GBK')
5   x = data['产量(件)']
6   y = data['成本(元)']
7   coeff = polyfit(x, y, 1)
8   plt.plot(x, y, 'rx')
9   func = poly1d(coeff)
10  plt.plot(x, func(x), 'k-')
11  plt.show()
```

输出内容同上。

其中 poly1d()方法可以根据参数来生成一个函数，然后即可使用该函数进一步得到拟合函数的输出结果。借助此方法，还可以实现二阶多项式拟合，只需要将 polyfit()的第三个参数改为 2 即可，如下：

```
coeff = polyfit(x, y, 2)
```

输出如图 5-4 所示。

图 5-4 使用二阶多项式拟合实现成本拟合

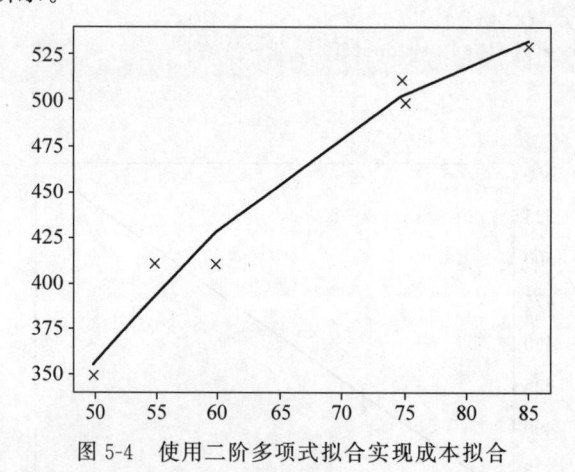

这个拟合的多项式函数具有符号计算功能，不仅可以表达符号形式，而且可以进行符号运算，这对于进一步的算法设计有着很大的意义。如：

```
1   import pandas as pd
2   from numpy import polyfit, poly1d
```

```
3   data = pd.read_csv('混合成本和产量的历史资料.csv', encoding = 'GBK')
4   x = data['产量(件)']
5   y = data['成本(元)']
6   coeff = polyfit(x, y, 1)
7   func = poly1d(coeff)
8   print(func)
9   print(func + 2 * func ** 2)
```

输出如下：

```
5.125 x + 110
       2
52.53    + 2260 x + 2.431e+04
```

### 5.1.3 账户成本法

账户成本法需要从会计系统中寻找成本性态信息，根据成本账户的内容结合与产量的关系，判断其属于哪一类成本。一般而言，管理费用与产量关系不明显，可以看成固定成本，而间接材料费虽然与产量并不构成正比关系，但是也应该看成变动成本。

例如，某企业只生产一种产品，生产月成本如表 5-3 所示。

表 5-3　某企业的月成本

| 账　　户 | 月成本（元） |
| --- | --- |
| 原材料费 | 20 000 |
| 工人工资 | 24 000 |
| 燃料动力费 | 8000 |
| 修理费 | 4000 |
| 管理人员工资 | 4000 |
| 折旧费 | 16 000 |
| 办公费 | 4000 |

成本性态判断只能在一定的假设条件下进行。一般而言，原材料费和工人工资通常为变动成本，燃料动力费、修理费、管理人员工资虽然与产量的变动不构成正比关系，但由于人们不了解其他产量水平下的实际成本，无法对其进行成本性态分析，因而只能先将其视为变动成本。折旧费和办公费与产量变动没有明显关系，因而确定为固定成本。

【例 5-3】　使用账户成本法分析企业成本。

```
1   import pandas as pd

    def getCostClass(account):
        costclass = {'原材料费': '变动成本',
                     '工人工资': '变动成本',
                     '燃料动力费': '变动成本',
                     '修理费': '变动成本',
                     '管理人员工资': '变动成本',
                     '折旧费': '固定成本',
                     '办公费': '固定成本'}
```

```
            return costclass[account]
2   data = pd.read_csv('企业成本数据.csv', encoding = 'GBK')
3   data['类别'] = data['账户'].apply(getCostClass)
4   result = data.groupby('类别').sum()
5   a = result[result.index == '固定成本']['总成本(元)'][0]
6   b = result[result.index == '变动成本']['总成本(元)'][0]
7   print('固定成本为:{},5000件产品的单位变动成本为:{}'.format(a, b / 5000))
```

输出如下：

固定成本为：20000,5000 件产品的单位变动成本为：12.0

代码说明如下：

（1）代码开头定义的 getCostClass() 函数采取了一种字典的表达方式，用来映射现有各种具体成本名称和标准成本类型之间的关系，可以将参数指定的成本名称作为键直接获取所对应的成本类型值。

（2）主代码第三行通过获取每种成本的类型后，在现有每行成本后追加了一个新列，表达成本类型，并以此进行分组汇总计算。

（3）第五、六行通过条件选择和列选择分别获取了两种成本的数值。此时每个结果只有一列一行，但是仍然为 Series 类型，因此需要通过切片获取第一个元素值。

（4）输出采取了格式化字符输出方法，同样的功能也可以写为

```
print('固定成本为：' + str(a) + ',5000 件产品的单位变动成本为：' + str(b / 5000))
```

### 5.1.4 作业成本法

作业成本法更适合现代制造业中常见的产品成本计算，因为现代产品的制造费用构成更加复杂，直接人工成本所占比例相对不断下降。作业成本法以作业为中心，根据作业对资源耗费的情况将资源成本分配到作业中，然后根据产品和服务所耗用的作业量，最终将成本分配到产品或服务中。该方法的基本成本对象是作业，产品间接成本的分配趋于合理，不再区分直接费用和间接费用，所有成本均是变动成本。因此，该方法更有利于企业分析成本产生的动因分析，以便更好地降低成本。

某企业生产甲、乙两种产品，本月有关两种产品的成本资料如表 5-4 所示。

表 5-4　某企业两种产品的基本成本资料

| 成本项目 | 甲产品 | 乙产品 |
| --- | --- | --- |
| 本月产量(件) | 100 | 400 |
| 单位产品工时(小时) | 4 | 4 |
| 直接材料单位成本(元) | 20 | 50 |
| 直接人工单位成本(元) | 40 | 20 |

总相关制造费用为 2 万元，两种产品的复杂程度不同，耗用作业量也不同。已知归纳出 5 项关键性作业，并将每项关键性作业作为一个作业中心来建立成本库，具体数据如表 5-5 所示。

表 5-5　作业成本及产品作业情况

| 作业名称 | 作业成本（元） | 甲产品作业量（件） | 乙产品作业量（件） |
|---|---|---|---|
| 设备维护 | 4000 | 16 | 4 |
| 订单处理 | 2000 | 140 | 60 |
| 机器维修 | 1600 | 60 | 20 |
| 机器运行 | 10 000 | 400 | 1600 |
| 质量检验 | 2400 | 120 | 80 |

【例 5-4】　使用作业成本法分析企业成本。

```
1   import pandas as pd
2   item = pd.read_excel('作业成本数据.xlsx', engine = 'openpyxl', sheet_name = '产品成本')
3   activity = pd.read_excel('作业成本数据.xlsx', engine = 'openpyxl', sheet_name = '作业成本')
4   activity['作业成本动因分配率'] = activity['作业成本'] / (activity['甲产品作业量'] + activity['乙产品作业量'])
5   activity['甲产品制造费用作业成本'] = activity['甲产品作业量'] * activity['作业成本动因分配率']
6   activity['乙产品制造费用作业成本'] = activity['乙产品作业量'] * activity['作业成本动因分配率']
7   cost1OfItem1 = item[2:]['甲产品'].sum()
8   cost1OfItem2 = item[2:]['乙产品'].sum()
9   cost2OfItem1 = activity['甲产品制造费用作业成本'].sum()
10  cost2OfItem2 = activity['乙产品制造费用作业成本'].sum()
11  quanlityOfItem1 = item['甲产品'][0:1][0]
12  quanlityOfItem2 = item['乙产品'][0:1][0]
13  costOfItem1 = cost1OfItem1 + cost2OfItem1 / quanlityOfItem1
14  costOfItem2 = cost1OfItem2 + cost2OfItem2 / quanlityOfItem2
15  print('甲产品的最终单位成本：{},乙产品的最终单位成本：{}'.format(costOfItem1, costOfItem2))
```

输出如下：

甲产品的最终单位成本：152.4,乙产品的最终单位成本：96.9

代码说明如下：

（1）第二行和第三行代码分别读取了位于扩展名为 xlsx 的 Excel 文档中两张工作表的数据内容，此时需要加载 openpyxl 库。

（2）第四行代码计算所有产品的作业成本动因分配率，用总作业成本除以所有产品的作业量。这里只涉及制造费用相关成本。

（3）第五、六行在已知作业成本动因分配率的情况下，根据两种产品各自的作业量，分别计算各自的制造费用作业成本。同第四行代码一样，这里所计算的数据都以新数据列的方式存储到现有的 DataFrame 中。

（4）第七、八行计算了两种产品（甲产品对应 item1，乙产品对应 item2）各自的直接成本（cost1），这些信息位于"产品成本"工作表中，表中从第三行开始为产品的成本信息，因此行选择从第三行（行号为 2）开始。

（5）第九、十行汇总了两种产品的制造费用作业成本（cost2），该信息位于"作业成本"工作表中。

(6) 第十一、十二行分别得到了两种产品的生产数量,这里的查询对于列直接使用名称,对于行使用序号,0:1 表示第一行,即从 0 开始不到 1,所以为第一行。但是,这里的 item 查询结果是 Series 类型,因此相关结果即使只有一个值,也会返回一个序列,所以需要通过再次切片取得第一个元素来获得最终的结果。

(7) 第十三、十四行分别计算了两种产品的最终单位成本,最终单位成本为单位直接成本和单位作业成本之和。可以看出每种产品的成本都是由直接材料单位成本和直接人工单位成本构成的基本成本与按照作业量分摊的制造成本之和。

## 5.2 本量利分析

本量利分析是指在成本性态分析基础上,通过数学方法来建立成本、业务量和利润三者之间的关系模型,揭示成本、销售量和利润等诸多变量之间的内在联系,最终为企业经营决策提供定量分析基础。

### 5.2.1 本量利基本指标分析

假设一家企业只生产一种产品,其单价为 10 元,单位变动成本为 6 元,全年固定成本为 3 万元,当年产量为 1.2 万件。相关的本量利基本指标(如单位贡献毛益、贡献毛益、贡献毛益率、变动成本率、营业利润等)的计算方法如下:

$$单位贡献毛益 = 单价 - 单位变动成本$$

$$贡献毛益 = 单位贡献毛益 \times 产量$$

$$贡献毛益率 = \frac{单位贡献毛益}{单价}$$

$$变动成本率 = \frac{单位变动成本}{单价}$$

$$营业利润 = 单位贡献毛益 \times 产量 - 固定成本$$

【例 5-5】 对企业生产状况进行本量利指标分析。

```
1   price = 10                              # 单价
2   vCostsPerUnit = 6                       # 单位变动成本
3   fixedCost = 30000                       # 固定成本
4   quantity = 12000                        # 产量
5   cm = price - vCostsPerUnit              # 单位贡献毛益
6   Tcm = cm * quantity                     # 贡献毛益
7   cmR = cm / price                        # 贡献毛益率
8   bR = vCostsPerUnit / price              # 变动成本率
9   profit = cm * quantity - fixedCost      # 营业利润
10  print('单位贡献毛益:{}'.format(cm))
11  print('贡献毛益:{}'.format(Tcm))
12  print('贡献毛益率:{}'.format(cmR))
13  print('变动成本率:{}'.format(bR))
```

```
14   print('营业利润:{}'.format(profit))
```

输出如下:

单位贡献毛益:4
贡献毛益:48000
贡献毛益率:0.4
变动成本率:0.6
营业利润:18000

相关计算都比较直观。在这些指标中,贡献毛益是衡量企业经济效益的重要指标,反映了贡献边际或边际贡献。贡献毛益的大小将直接影响企业产品销售盈亏水平的高低,只有当贡献毛益大于固定成本时才能为企业提供利润。

贡献毛益率是反映产品盈利能力的相对数指标,它表明每增加一元销售额能够为企业做出的贡献。它与变动成本率具有互补关系,因此变动成本率也可以直接使用贡献毛益率求得如下:

```
bR = 1 - cmR    # 变动成本率
```

### 5.2.2 盈亏平衡分析

**1. 盈亏平衡临界点计算及企业经营安全评价**

盈亏平衡临界点也称为保本点、损益平衡点、够本点等。此时,产品总收入等于总成本,贡献毛益正好抵偿全部固定成本,利润为零,企业处于不盈利也不亏损的状态。显然,盈亏平衡临界点对于企业的经营决策具有重要意义,只要销售业务量超过保本点,企业就会有盈利,反之就会亏损。因此,在本量利分析基础上,可以通过确定产品的盈亏平衡点,确定企业的产品生产销售的安全程度,结合保利分析和多因素变动分析,提供生产经营决策依据。

具体计算公式为

$$保本量 = \frac{固定成本}{单位贡献毛益}$$

$$保本额 = 保本量 \times 单价$$

本节沿用5.2.1节的例子。

【例5-6】 计算盈亏平衡点的保本量和保本额。

```
1   price = 10                          # 单价
2   vCostsPerUnit = 6                   # 单位变动成本
3   fixedCost = 30000                   # 固定成本
4   quantity = 12000                    # 产量
5   cm = price - vCostsPerUnit          # 单位贡献毛益
6   Tcm = cm * quantity                 # 贡献毛益
7   cmR = cm / price                    # 贡献毛益率
8   bR = vCostsPerUnit / price          # 变动成本率
9   profit = cm * quantity - fixedCost  # 营业利润
10  basicQuantity = fixedCost / cm      # 保本量
```

```
11  basicValue = basicQuantity * price      # 保本额
12  print('保本量为{},保本额为{}'.format(basicQuantity, basicValue))
```

输出如下：

保本量为 7500.0,保本额为 75000.0

有了保本量等指标后，就可以进一步对企业经营安全程度做出评价。常见的方法是安全边际指标分析，即根据销售业务量与保本业务量的差量计算，具体包括以绝对量表示的安全边际量、安全边际额（两者分别以数量和金额测度）和以相对量表示的安全边际率。与安全边际指标相反的指标有保本作业率，也称为危险率，指保本点业务量占实际或预计销售业务量的百分比，因此，保本作业率和安全边际率之和为 1，保本作业率数值越小，说明企业经营的安全程度越高。

具体计算公式如下：

$$安全边际量 = 产量 - 保本量$$

$$安全边际额 = 单价 \times 产量 - 保本额$$

$$安全边际率 = \frac{安全边际量}{产量}$$

$$保本作业率 = \frac{保本量}{产量}$$

**【例 5-7】** 对企业生产状况进行安全边际指标分析。

```
1   price = 10                              # 单价
2   vCostsPerUnit = 6                       # 单位变动成本
3   fixedCost = 30000                       # 固定成本
4   quantity = 12000                        # 产量
5   cm = price - vCostsPerUnit              # 单位贡献毛益
6   Tcm = cm * quantity                     # 贡献毛益
7   cmR = cm / price                        # 贡献毛益率
8   bR = vCostsPerUnit / price              # 变动成本率
9   profit = cm * quantity - fixedCost      # 营业利润
10  basicQuantity = fixedCost / cm          # 保本量
11  basicValue = basicQuantity * price      # 保本额
12  MSq = quantity - basicQuantity          # 安全边际量
13  MSv = price * quantity - basicValue     # 安全边际额
14  MSR = MSq / quantity                    # 安全边际率
15  dR = basicQuantity / quantity           # 保本作业率
16  print('安全边际量为{:,},安全边际额为{:,}'.format(MSq, MSv))
17  print('安全边际率为{:.1%},保本作业率为{:.1%}'.format(MSR, dR))
```

输出如下：

安全边际量为 4,500.0,安全边际额为 45,000.0
安全边际率为 37.5%,保本作业率为 62.5%

相关指标计算都比较直观，其中由于保本作业率和安全边际率存在反相关关系，因此可以计算：

```
dR = 1 - MSR    # 保本作业率
```

此时的安全边际率为 37.5%，一般该指标位于 30% 和 40% 之间时表示安全，高于 40% 表示非常安全，而低于 10% 则表示危险。

最后的输出采取了特定格式。其中，安全边际量和安全边际额增加了千分位，保本作业率和安全边际率都采取了保留两位小数的百分数输出格式，这种格式就是通过花括号中的格式化字符来表示。此时必须以冒号开头，有","表示增加千分位，有".1%"表示保留一位小数并且以百分数显示。更多字符串格式可参见附录 C。

根据上述本量利分析结果，可以进一步实现目标利润模型，即保利分析。此时，保利量（额）是指实现目标利润所需的销售量（额）。由于现实世界中的成本、业务量和利润诸因素往往关系复杂，因此保利分析一般是通过逐一描述业务量、成本、单价、利润等因素相对于其他因素而存在的定量关系。

具体计算公式如下：

$$保利量 = \frac{固定成本 + 目标利润}{单位贡献毛益}$$

$$保利额 = 单价 \times 保利量$$

假设该企业目标利润为 2 万元，其他条件不变。

【例 5-8】 对企业生产状况进行保利分析。

```
1    price = 10                                      # 单价
2    vCostsPerUnit = 6                               # 单位变动成本
3    fixedCost = 30000                               # 固定成本
4    quantity = 12000                                # 产量
5    cm = price - vCostsPerUnit                      # 单位贡献毛益
6    Tcm = cm * quantity                             # 贡献毛益
7    cmR = cm / price                                # 贡献毛益率
8    bR = vCostsPerUnit / price                      # 变动成本率
9    profit = cm * quantity - fixedCost              # 营业利润
10   basicQuantity = fixedCost / cm                  # 保本量
11   basicValue = basicQuantity * price              # 保本额
12   MSq = quantity - basicQuantity                  # 安全边际量
13   MSv = price * quantity - basicValue             # 安全边际额
14   MSR = MSq / quantity                            # 安全边际率
15   dR = basicQuantity / quantity                   # 保本作业率
16   targetProfit = 20000                            # 目标利润
17   profitQuantity = (fixedCost + targetProfit) / cm  # 保利量
18   profitValue = price * profitQuantity            # 保利额
19   print('保利量为{},保利额为{}'.format(profitQuantity, profitValue))
```

输出如下：

保利量为 12500.0,保利额为 125000.0

由于目标利润是指缴纳所得税前的利润,因此从税后利润入手进行目标利润的规划和分析具有更现实的意义,此时就需要考虑所得税率变动对实现目标利润的影响。这个分析通常是通过净保利点来进行,具体包括实现目标净利润销售量的净保利量和实现目标净利润销售额的净保利额两种形式。

具体计算公式如下:

$$净保利量 = \frac{固定成本 + \dfrac{目标净利润}{1 - 所得税率}}{单位贡献毛益}$$

$$净保利额 = \frac{固定成本 + \dfrac{目标净利润}{1 - 所得税率}}{贡献毛益率}$$

假设企业目标净利润为 0.75 万元,所得税为 25%,其他条件不变。

【例 5-9】 对企业生产状况进行净保利点分析。

```
1   price = 10                                              # 单价
2   vCostsPerUnit = 6                                       # 单位变动成本
3   fixedCost = 30000                                       # 固定成本
4   quantity = 12000                                        # 产量
5   cm = price - vCostsPerUnit                              # 单位贡献毛益
6   Tcm = cm * quantity                                     # 贡献毛益
7   cmR = cm / price                                        # 贡献毛益率
8   bR = vCostsPerUnit / price                              # 变动成本率
9   profit = cm * quantity - fixedCost                      # 营业利润
10  basicQuantity = fixedCost / cm                          # 保本量
11  basicValue = basicQuantity * price                      # 保本额
12  MSq = quantity - basicQuantity                          # 安全边际量
13  MSv = price * quantity - basicValue                     # 安全边际额
14  MSR = MSq / quantity                                    # 安全边际率
15  dR = basicQuantity / quantity                           # 保本作业率
16  targetProfit = 20000                                    # 目标利润
17  profitQuantity = (fixedCost + targetProfit) / cm        # 保利量
18  profitValue = price * profitQuantity                    # 保利额
19  targetNetProfit = 7500                                  # 目标净利润
20  incomeTaxRate = 0.25                                    # 所得税率
21  netProfitQuantity = (fixedCost + targetNetProfit / (1 - incomeTaxRate)) / cm
                                                            # 净保利量
22  netProfitValue = (fixedCost + targetNetProfit / (1 - incomeTaxRate)) / cmR  # 净保利额
23  print('净保利量为{:.0f}万件,净保利额为{:.0f}万元'.format(netProfitQuantity /
    10000, netProfitValue / 10000))
```

输出如下:

净保利量为 1 万件,净保利额为 10 万元

输出格式采取了取整的格式化写法。

### 2. 多品种盈亏临界点计算

现实中企业往往会产销多种产品,此时盈亏临界点就不能简单地使用销售量等实物

单位来计算,而需要计算盈亏临界点的销售额。具体方法包括加权平均模型、联合单位法等,此处以加权平均模型为例来说明。

加权平均模型是计算多品种盈亏临界点的常用方法。由于企业生产的各种产品盈利能力(即贡献毛益率)不同,因此需要加权平均各种产品的贡献毛益率来得到反映全部产品盈利能力的最终指标,权值使用各种产品的销售百分比,所以该模型的关键在于求出各种产品的贡献毛益率和各自的销售百分比。

假设某企业生产销售 A、B、C 三种产品,产销平衡,固定成本为 8.6 万元,每种产品的基本生产信息如表 5-6 所示。

表 5-6  企业产品的基本生产信息

| 产　　品 | 销售量(件) | 销售单价(元) | 单位变动成本(元) |
|---|---|---|---|
| A | 5000 | 40 | 25 |
| B | 10 000 | 10 | 6 |
| C | 12 500 | 16 | 8 |

【例 5-10】 对企业生产状况进行多品种盈亏临界点分析。

```
1    import pandas as pd
2    data = pd.read_csv('加权平均模型.csv', encoding = 'GBK')
3    data['销售百分比'] = data['销售量(件)'] * data['销售单价(元)']
4    data['销售百分比'] = data['销售百分比'] / data['销售百分比'].sum()
5    data['单位贡献毛益'] = data['销售单价(元)'] - data['单位变动成本(元)']
6    data['贡献毛益率'] = data['单位贡献毛益'] / data['销售单价(元)']
7    weightedCMR = (data['销售百分比'] * data['贡献毛益率']).sum()
8    fixedCost = 86000                                        # 固定成本
9    criticalPoint = round(fixedCost / weightedCMR, 4)        # 综合盈亏临界点销售额
10   data['产品盈亏临界点销售额'] = criticalPoint * data['销售百分比']
11   data['产品盈亏临界点销售量'] = data['产品盈亏临界点销售额'] / data['销售单价(元)']
12   print(data)
```

输出如下:

```
  产品  销售量(件)  销售单价(元)  单位变动成本(元)  销售百分比  单位贡献毛益  贡献
毛益率  产品盈亏临界点销售额  产品盈亏临界点销售量
0  A    5000       40            25           0.4         15       0.375    80000.0    2000.0
1  B    10000      10            6            0.2         4        0.400    40000.0    4000.0
2  C    12500      16            8            0.4         8        0.500    80000.0    5000.0
```

代码说明如下:

(1) 第三、四行计算了每种产品的销售百分比,即该产品的销售金额占总销售金额的比例。

(2) 第五、六行计算了贡献毛益率,即每种产品的单价减去成本后的差值在单价中的比例。

(3) 第七行使用销售百分比和贡献毛益率计算了加权贡献毛益率。

(4) 第九、十行以加权贡献毛益率摊分了固定成本,得到综合盈亏临界点销售额。由于综合盈亏临界点销售额可能会因为金额计算产生一定的精度误差,因此此处进行了必要的四舍五入。

（5）第十一、十二行以每种产品的销售百分比和综合盈亏临界点销售额得到每种产品的盈亏临界点销售额，进而结合每种产品的单价算出每种产品的盈亏临界点销售量。

## 5.3 边际值分析

边际值可以揭示两个具有因果或相关关系的经济变量之间的动态关系。例如当某个自变量发生一个微小单位的数量变化时，另一个因变量因此而发生的数量变化值称为该因变量的边际值。通过边际值的分析，可以有效地找到在成本、收益和利润等方面的关键指标数值，从而为生产计划和经营决策提供帮助。

### 5.3.1 边际成本计算

边际成本是总成本函数对产量等自变量的导数。同样，边际收益、边际利润、边际需求分别都是收益函数、利润函数、需求函数对相应自变量的导数。

如果某种商品的成本函数为（$x$ 为产量）

$$\text{cost}(x) = 1000 + \frac{x^2}{1500}$$

可以直接利用 cost() 函数得到总成本，平均成本等于总成本和商品件数的商。

【例 5-11】 计算生产 1000 件商品的总成本与平均成本。

```
1  def cost(c):
2      return 1000 + c ** 2 / 1500

3  quantity = 1000
4  print('总成本为: %f' % cost(quantity))
5  print('平均成本为: %f' % (cost(quantity) / quantity))
```

输出如下：

总成本为：1666.666667
平均成本为：1.666667

总成本的平均变化率等于总成本的变化值与商品件数变化值的商。

【例 5-12】 计算生产 1000～1200 件商品的总成本平均变化率。

```
1  def cost(c):
2      return 1000 + c ** 2 / 1500

3  quantity1 = 1200
4  quantity2 = 1000
5  print('总成本平均变化率为: %f' % ((cost(quantity1) - cost(quantity2)) / (quantity1 - quantity2)))
```

输出如下：

总成本平均变化率为：1.466667

直接进行边际成本的求导计算比较复杂，可以考虑使用 scipy 的求导方法，如例 5-13 所示。

【例5-13】 使用scipy库计算生产1000件产品的边际成本。

```
1    from scipy.misc import derivative

2    def cost(c):
3        return 1000 + c ** 2 / 1500

4    print(derivative(cost, 1000))
```

输出如下：

1.333333333333485

边际成本的计算需要使用求导的数学方法，可以利用SciPy库的derivative()方法来实现。该方法有两个参数，第一个参数就是需要求导的函数，第二个参数就是自变量为该值时相应的导数值，即边际值。

同样的功能也可以使用Sympy库来实现。

【例5-14】 使用Sympy库计算生产1000件产品的边际成本。

```
1    from sympy import *
2    x = symbols('x', positive = True)
3    cost = 1000 + x ** 2 / 1500
4    cost_d = diff(cost, x)
5    print(cost_d.subs(x, 1000))
```

输出如下：

4/3

Sympy为一种符号计算库，它采取了更类似于人类书面表达数学运算的计算方式。代码说明如下：

（1）第一行导入Sympy库，该库需要单独安装。

（2）第二行定义了一个符号变量，名称为x，并且positive属性值为True表示只考虑正数。很多函数计算结果会产生多个数值，但是在诸如经济管理实际应用中，只有正数数值解才有意义。

（3）第三行定义了基于符号变量x的函数，此时，代码并不会计算相关结果存储在cost中，同时cost也不是字符串，而是一种采取符号变量的函数表达式。可以如下观察输出如下：

```
1    from sympy import *
2    x = symbols('x', positive = True)
3    cost = 1000 + x ** 2 / 1500
4    print(cost)
```

输出如下：

x ** 2/1500 + 1000

（4）第四行利用diff()方法进行函数表达式求导，两个参数分别表示要求导的函数和符号变量。可以如下观察输出：

```
1    from sympy import *
```

```
2  x = symbols('x', positive = True)
3  cost = 1000 + x ** 2 / 1500
4  cost_d = diff(cost, x)
5  print(cost_d)
```

输出如下：

x/750

(5) 第五行表示利用函数表达式的 subs() 方法计算该函数表达式的结果，两个参数分别表示符号变量和此时的自变量取值。可以理解为此时将 1000 代入 x 自变量去求相应函数导数的因变量结果值。

### 5.3.2 边际收益计算

收益等于销售的商品数量和价格的乘积。假设有商品价格函数为（$x$ 为销售量）

$$\text{price}(x) = 200 + \frac{x}{4}$$

【例 5-15】 计算生产 100 件商品的总收益与边际收益。

```
1  from scipy.misc import derivative

2  def price(q):
3      return 200 + q / 4

4  def totalRevenue(q):
5      return price(q) * q

6  quantity = 100
7  print('总收益为 % f' % (totalRevenue(quantity)))
8  print('边际收益为 % f' % (derivative(totalRevenue, quantity)))
```

输出如下：

总收益为 22500.000000
边际收益为 250.000000

这个边际收益值表明，在销售商品数量为 100 时，再多（少）销售一件，总收益会增加（减少）250 元。

【例 5-16】 计算销售 100~200 件商品的总收益平均变化率。

```
1  def price(q):
2      return 200 + q / 4

3  def totalRevenue(q):
4      return price(q) * q

5  quantity1 = 200
6  quantity2 = 100
7  print('总收益平均变化率为 % f' % ((totalRevenue(quantity1) - totalRevenue(quantity2)) /
   (quantity1 - quantity2)))
```

输出如下：

总收益平均变化率为 275.000000

本例的计算方式类似于前面的总成本平均变化率。

### 5.3.3　边际利润计算

边际利润一般为以销售量为自变量的利润函数的导数,其经济含义表现为当商品销售量为多少单位时,如果再多(少)销售一个单位商品,利润会增加(减少)多少单位。

假设有商品利润函数为($x$ 为销售量)

$$\text{profit}(x) = \frac{25\,000x - 5x^3}{\sqrt{x}}$$

【例 5-17】　利用散点图展示销售量从 10 到 50 的边际利润。

```
1   from scipy.misc import derivative
2   import matplotlib.pyplot as plt
3   import math

4   def profit(q):
5       return (25000 * q - 5 * q ** 3) / math.sqrt(q)

6   for i in range(10, 50):
7       plt.scatter(i, derivative(profit, i))
8   plt.show()
```

输出如图 5-5 所示。

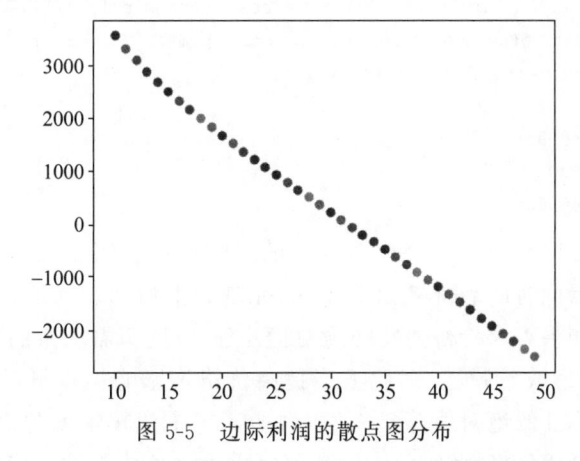

图 5-5　边际利润的散点图分布

本例对图中的颜色没有进行设置,系统将会使用随机颜色绘制。从图中可以看出,销售量并非越大越好,当销售量超过 30 后,边际利润反而为负,意味着此时销售量如果继续增大,反而会导致利润下降。

### 5.3.4　需求价格弹性计算

传统的边际效率分析方法是利用各种经济函数的自变量及其函数值的绝对改变量比率来计算,而弹性分析的意义就在于利用这些数值的相对变化率。这对于价格来说非常重要。例如 10 元的商品价格变化 1 元与 1000 元的商品价格变化 1 元相比,利用相对变化幅度才能更好地反映这种价格变化的意义。

商品的需求量是指消费者有支付能力并且愿意购买的商品数量,如果不考虑其他因素,一般而言,商品的需求量与商品价格呈现减函数的特征。为了更好地测度需求和价格的关系,可以使用需求价格弹性指标来表达商品需求量对价格变化的敏感程度。

设函数 $y=f(x)$,弹性函数 $F$ 的计算公式为

$$F = f' \times \frac{x}{f(x)}$$

假设价格需求函数为($x$ 为价格)

$$\text{demand}(x) = e^{\frac{-x}{100}}$$

【例 5-18】 计算商品价格分别为 50、100 和 150 时的需求价格弹性。

```
1   from scipy.misc import derivative
2   import math

3   def demand(p):
4       return math.e ** (-p / 100)

5   price1 = 50
6   price2 = 100
7   price3 = 150
8   print((derivative(demand, price1) * price1 / demand(price1)))
9   print((derivative(demand, price2) * price2 / demand(price2)))
10  print((derivative(demand, price3) * price3 / demand(price3)))
```

输出如下:

-0.5000083333749993
-1.0000166667500023
-1.5000250001249986

这些结果数值可以反映价格变化对需求的影响程度。例如价格为 50 元时,需求价格弹性为 -0.5,表示此时商品价格如果在 50 元基础上增加 1 元的话,需求量就会减少 0.5%。一般而言,如果需求价格弹性的绝对值小于 1,说明需求量的变化幅度小于价格的变化幅度,可以称为缺乏弹性,因此适当提高价格不影响销售量,同时增加相应的收入。如果需求价格弹性的绝对值等于 1 时,说明需求量变化幅度和价格变化幅度一致,这个价格通常也是最优价格,此时的弹性数值可以称为单位弹性。如果需求价格弹性的绝对值大于 1,说明需求量的变化幅度大于价格的变化幅度,可以认为富有弹性,此时适当降低价格可以增加销售量,从而实现总收入的增加。

## 5.4 预测分析

### 5.4.1 销售预测

销售预测是指可以根据某种产品的历史销售数据等对其在未来一定期间内的销售

变动趋势做出预计和推断。因此,销售预测也是一种常见的时间序列预测方法,常见的方法有移动加权平均法、指数平滑法等。考虑到前文已经介绍部分相关内容,这里重点围绕具体案例和一些实现方法来说明。

**1. 移动加权平均法**

移动加权平均法是对过去若干期的销售量(额)按其时间远近分别进行加权,一般近期权数大而远期权数小(这也是移动概念的来源),然后计算加权平均数,并以此作为计划期的销售预测值。

例如,某企业产品月销售额如表 5-7 所示。

表 5-7 企业产品的月销售额

| 月　份 | 销售额(万元) |
|---|---|
| 7 | 520 |
| 8 | 480 |
| 9 | 500 |
| 10 | 560 |
| 11 | 600 |
| 12 | 620 |

所采取的移动加权平均法步骤如下:

(1) 以三个月的季度为时间单位,计算月份销售额时序数据中首尾季度的月平均销售额;

(2) 利用初始季度和最后季度来得到平均每月销售变动趋势值;

(3) 再以 0.2、0.3 和 0.5 作为系数分别以最后一季度三个月销售额进行加权,并结合平均每月销售变动趋势值,得到未来一个月的销售额预测值。

【例 5-19】 对企业产品销售额进行移动加权平均法预测。

```
1  sales = [520, 480, 500, 560, 600, 620]
2  # 初始季度的月平均销售额
3  avg1 = 0
4  for i in range(3):
5      avg1 += sales[i]
6  avg1 = avg1 / 3

7  # 最后季度的月平均销售额
8  avg2 = 0
9  for i in range(3):
10     avg2 += sales[-i - 1]
11 avg2 = avg2 / 3

12 # 利用初始季度和最后季度来得到平均每月销售变动趋势值
13 increment = (avg2 - avg1) / 3

14 # 结合权值和平均每月销售变动趋势值,预测未来一个月的销售额
15 print(sales[-3] * 0.2 + sales[-2] * 0.3 + sales[-1] * 0.5 + increment)
```

输出如下：

633.1111111111111

代码说明如下：

(1) 第一行定义了初始的两个季度六个月的月销售额，以列表存储。

(2) 在计算初始季度的月平均销售额部分，通过循环三次获得列表初始三个元素的总和并得到平均值。

(3) 在计算最后季度的月平均销售额部分，也是通过循环三次，获得列表最后三个元素的总和并得到平均值。这里的列表序号切片使用了负数写法，表示从后往前进行切片。这种写法更为灵活（即最后三个列表元素），可以确保即使有更多中间季度的月份销售额出现，计算结果也不受影响。

(4) 最后的预测部分就是按照算法要求，通过加权系数、最后季度三个月销售额和平均每月销售变动趋势值计算销售额预测值。

这个实现方法本身并没有问题，但是写法较死板，最明显的就是初始季度和最后季度的月平均销售额计算代码非常雷同，而且最后的权值计算代码也非常固化。

【例 5-20】 对企业产品销售额进行移动加权平均法预测（合并计算不同季度的月平均销售额）。

```
1    sales = [520, 480, 500, 560, 600, 620]
2    weights = [0.2, 0.3, 0.5]

3    # 所有季度的月平均销售额
4    avg = [0] * 2
5    for i in range(2):
6        sum = 0
7        for j in range(3):
8            sum += sales[i * 3 + j]
9        avg[i] = sum / 3

10   # 平均每月销售变动趋势值
11   increment = (avg[-1] - avg[0]) / 3

12   # 结合权值和平均每月销售变动趋势值，预测未来一个月的销售额
13   result = 0
14   for i in range(3):
15       result += sales[i - 3] * weights[i]
16   print(result + increment)
```

输出内容同上。

这里有三处较大的代码修改，代码说明如下：

(1) 在计算所有季度的月平均销售额部分，将初始季度和最后季度的月平均销售额合并成所有季度的月平均销售额计算，虽然只利用了头尾季度，但是算法更简洁。

(2) 在计算平均每月销售变动趋势值部分，只利用头尾时间单位的计算差值。

(3) 将权值单独提取出来，通过循环方式计算移动加权平均结果，这有助于后期写出更为灵活的代码。

但是，已有的这些代码仍然不能适应更灵活的数据要求。如果有更多季度的月份销售额，长度为 2 的 avg 列表显然将会失效。另外，如果不再用季度作为时间单位，而是用四个月为时间单位并且权值共有 4 个小数，这些都会导致代码修改较大。为此，既要能保证代码的正确性，还要能保证代码的可修改性。

【例 5-21】 对企业产品销售额进行移动加权平均法预测（灵活考虑不同长度的时间单位）。

```
1   sales = [520, 480, 500, 560, 600, 620]    # 各月的销售量
2   weights = [0.2, 0.3, 0.5]                 # 移动权值
3   size = len(weights)                       # 表示一个时间单位是一个季度(三个月)

4   # 所有季度的月平均销售额
5   avg = [0] * (len(sales) // size)          # 得到几个时间单位
6   for i in range(len(avg)):                 # 计算各时间单位的平均销售额
7       sum = 0
8       for j in range(size):
9           sum += sales[i * size + j]
10      avg[i] = sum / size

11  # 平均每月销售变动趋势值
12  increment = (avg[-1] - avg[0]) / size

13  # 结合权值和平均每月销售变动趋势值，预测未来一个月的销售额
14  result = 0
15  for i in range(size):                     # 加权计算结果
16      result += sales[i - size] * weights[i]
17  print(result + increment)
```

输出内容同上。

本例代码的优势在于如果改变了初始的销售额和权值，代码并不需要改动即可直接运行得到最终结果，例如将头两行代码替换为

```
sales = [520, 480, 500, 560, 570, 580, 590, 595, 600, 560, 600, 620]  # 各月的销售量
weights = [0.2, 0.3, 0.2, 0.3]                                         # 移动权值
```

则输出为

614.0

此时就变成了以四个月为时间单位并且共有三个时间单位的预测结果。

甚至可以进一步通过函数封装，实现更复杂的应用场景。例如将移动加权平均预测法封装成 predict() 函数，数据输入封装成 inputSeries() 函数。该代码可以不断允许用户输入原始月销售额序列和权值序列，直至在询问时不输入 Y 而退出。

【例 5-22】 对企业产品销售额进行移动加权平均法预测（使用函数封装功能）。

```
1   # 使用移动加权平均法预测数值的函数
2   def predict(sales, weights):
3       size = len(weights)

4       avg = [0] * (len(sales) // size)
5       for i in range(len(avg)):
```

```
6            sum = 0
7            for j in range(size):
8                sum += sales[i * size + j]
9            avg[i] = sum / size
10       increment = (avg[-1] - avg[0]) / size

11       result = 0
12       for i in range(size):
13           result += sales[i - size] * weights[i]
14       return result + increment

15   # 允许不断输入数值的函数,以 0 结束,并以列表返回所有数值
16   def inputSeries(title):
17       arrays = []
18       while True:
19           num = float(input(title))
20           if num == 0:
21               break
22           arrays.append(num)
23       return arrays

24   # 主代码
25   while True:
26       strs = input('开始计算,确认吗(Y/N)?')
27       if strs.upper() == 'Y':
28           arrays1 = inputSeries('请输入各月销售额: ')
29           arrays2 = inputSeries('请输入各权值系数: ')
30           print(predict(arrays1, arrays2))
31       else:
32           break
```

本例代码允许用户不断输入各月销售额数据和权值系数,直至在提示用户"开始计算,确认吗"时输入除"Y"以外的任何字符结束。

部分输入和输出展示如下:

```
开始计算,确认吗(Y/N)?Y
请输入各月销售额: 520
请输入各月销售额: 480
请输入各月销售额: 500
请输入各月销售额: 560
请输入各月销售额: 600
请输入各月销售额: 620
请输入各月销售额: 0
请输入各个权值系数: 0.2
请输入各个权值系数: 0.3
请输入各个权值系数: 0.5
请输入各个权值系数: 0
633.1111111111111
开始计算,确认吗(Y/N)?
……
```

### 2. 指数平滑法

指数平滑也称为指数移动平均(Exponential Moving Average,EMA),是以指数式递

减加权的移动平均。各数值的权重随时间指数式递减,越近期的数据权重越高。常用的指数平滑方法有一次指数平滑、二次指数平滑和三次指数平滑等。

一次指数平滑其实就是对历史数据的加权平均,因此只能预测一个未来值,它可以用于任何一种没有明显函数规律但确实存在某种前后关联的时间序列的短期预测。因此,该方法局限性较大,预测值不能反映趋势变动、季节波动等有规律的变动,只适合短期预测,而不适合中长期的预测,而且由于预测值是历史数据的均值,因此与实际序列的变化相比有滞后现象。

【例 5-23】 对企业产品销售额进行一次指数平滑法预测。

```
1  from statsmodels.tsa.holtwinters import SimpleExpSmoothing
2  sales = [520, 480, 500, 560, 570, 580, 590, 595, 600, 560, 600, 620]
3  model = SimpleExpSmoothing(sales)
4  r1 = model.fit()
5  pred1 = r1.predict()
6  print(pred1)
```

输出如下:

[619.9999997]

这里使用了 statsmodels 库的 SimpleExpSmoothing() 方法,采用了类似于常见机器学习的训练和预测方法。由于它只能预测未来的一个值,因此即使增加预测的数量,数值也相等,例如修改 predict() 方法,使其指定预测未来四个连续数值,利用 start 和 end 参数可以指定预测范围的上下数量边界。代码如下:

```
pred1 = r1.predict(start = len(sales), end = len(sales) + 3)
```

输出如下:

[619.9999997 619.9999997 619.9999997 619.9999997]

二次指数平滑是对一次指数平滑的再平滑,适用于具有线性趋势的时间序列。它不能单独地进行预测,必须与一次指数平滑法配合,建立预测的数学模型,然后运用数学模型确定预测值。二次指数平滑一方面考虑了所有的历史数据,另一方面也兼顾了时间序列的变化趋势。具体方法如霍尔特(Holt's)平滑法等。

【例 5-24】 对企业产品销售额进行二次指数平滑法预测。

```
1  from statsmodels.tsa.holtwinters import Holt
2  sales = [520, 480, 500, 560, 570, 580, 590, 595, 600, 560, 600, 620]
3  model = Holt(sales)
4  r1 = model.fit()
5  pred1 = r1.predict(start = len(sales), end = len(sales) + 5)
6  print(pred1)
```

输出如下:

[630.15151139 640.23892314 650.32633489 660.41374665 670.5011584 680.58857015]

本例使用了 Statsmodels 库的 Holt() 方法。输出通过设置 predict 函数的 start 和 end 参数,实现对未来 6 期结果的预测。

三次指数平滑是在二次指数平滑的基础上再进行一次指数平滑,可以进一步消除二次指数平滑可能还具有的诸如季节效应等时间波动特征。

**【例 5-25】** 对企业产品销售额进行三次指数平滑法预测。

```
1  from statsmodels.tsa.holtwinters import ExponentialSmoothing
2  sales = [520, 480, 500, 560, 570, 580, 590, 595, 600, 560, 600, 620]
3  model = ExponentialSmoothing(sales, trend = 'add', seasonal = 'add', seasonal_periods = 4)
4  r1 = model.fit()
5  pred1 = r1.predict(start = len(sales), end = len(sales) + 5)
6  print(pred1)
```

输出如下：

[629.40714887 606.07272147 629.40514569 657.73836198 666.44558167 643.11115427]

其中 ExponentialSmoothing()方法的参数需要根据数据情况来灵活设定，trend 和 seasonal 参数都可以设置为加法趋势和乘法趋势等不同的趋势计算方法，seasonal_periods 参数设定季节性周期所涵盖的数值个数。

### 3. 回归分析法

回归分析法是一种相关性预测方法，它假设某种因素与销售量呈现某种函数关系，因此通过拟合计算找出这种函数关系，并利用这些函数关系实现销售量的预测。

这里仍然以前面的销售额预测为例。

**【例 5-26】** 对企业产品销售额进行回归分析法预测。

```
1   from sklearn import linear_model
2   import numpy as np
3   sales = [520, 480, 500, 560, 570, 580, 590, 595, 600, 560, 600, 620]
4   model = linear_model.LinearRegression()
5   x = np.arange(len(sales))
6   x.resize((len(sales), 1))
7   model.fit(x, sales)
8   newX = np.arange(len(sales), len(sales) + 6)
9   newX.resize((len(newX), 1))
10  predict_outcome = model.predict(newX)
11  print(predict_outcome)
```

输出如下：

[630.15151515 640.23892774 650.32634033 660.41375291 670.5011655 680.58857809]

代码说明如下：

（1）第四行使用了 Numpy 库提供的 LinearRegression()方法进行线性回归预测。

（2）第五行代码得到了一个整数序列，每个值对应原始销售额的序号。Numpy 的 arange()方法可以生成一个数组，参数指定数组长度，如此时的 x 数组内容为

[ 0  1  2  3  4  5  6  7  8  9  10  11 ]

这里之所以使用这个从 0 开始的整数序列作为 x，即特征列，是因为这个例子中不存在其他特征列。在真实的线性回归预测中，自变量特征列可能有很多。为了实现这种与时间相关的线性预测，将每个数据的序号作为自变量，因此后续即可根据更多的整数来得到时序的更多预测值。

(3) 第六行代码将 x 由一维序列转换为二维序列,即

[[ 0]
 [ 1]
 [ 2]
 ...
 [10]
 [11]]

按照 Numpy 库的计算要求,参与计算需要得到一个多行多列的数据表示,其中的行数代表着样本记录个数,列数代表着特征的数量。因为这里只有一个特征,所以只有一列,但是即使如此,也必须保持多行多列的二维格式。

除了使用 resize() 方法外,还可以使用

x = x.reshape(-1, 1)

得到类似的效果。注意,reshape() 方法本身并不改变当前变量,因此需要更新原有变量。同时,这里的 -1 参数表示具体行数数值由计算自动确定。

(4) 第八行代码表示准备预测的数值序号,代表了预测值的相关特征值,即

[12 13 14 15 16 17]

(5) 还可以通过进一步查看相关拟合系数来了解回归计算的细节。如:

```
1  from sklearn import datasets, linear_model
2  import numpy as np
3  sales = [520, 480, 500, 560, 570, 580, 590, 595, 600, 560, 600, 620]
4  model = linear_model.LinearRegression()
5  x = np.arange(len(sales))
6  x.resize((len(sales), 1))
7  model.fit(x, sales)
8  print('y = {}x + {}'.format(model.coef_[0], model.intercept_))
```

输出如下:

y = 10.087412587412583x + 509.10256410256414

输出结果以直观的线性方程来表示。其中,coef_ 属性表示系数,因为可以有多个自变量,因此即使这里只有一个结果值,也是通过列表结果来返回;intercept_ 属性表示截距。

### 5.4.2 成本预测

成本预测和销售预测一样,都可以采取一些类似的时序数值预测方法来完成,很多适合销售预测的方法也一样适合成本预测。这里只讨论一些比较特殊的成本预测方法,如高低点法。该方法利用一元线性关系表示成本费用的发展趋势,选用一定时期的最高业务量和最低业务量的总成本之差与两者业务量之差进行对比,得到一元线性关系的系数和截距,据此实现对未来成本的预测。

例如,某企业产品成本和产量数据如表 5-8 所示。

表 5-8　某企业产品成本和产量数据

| 月份 | 产量（件） | 固定成本总额（元） | 单位变动成本（元） |
|---|---|---|---|
| 8 | 30 | 20 000 | 30 |
| 9 | 20 | 22 000 | 32 |
| 10 | 25 | 20 000 | 30 |
| 11 | 45 | 23 000 | 34 |
| 12 | 55 | 23 400 | 28 |

【例 5-27】 利用高低点法预测企业成本（假设 1 月份产量为 60）。

```
1  import pandas as pd
2  data = pd.read_csv('产品产量与成本.csv', encoding = 'GBK')
3  data['总成本'] = data['固定成本总额(元)'] + data['产量(件)'] * data['单位变动成本(元)']
4  data.sort_values(by = '产量(件)', ascending = False, inplace = True)
5  max_x = data.head(1)['产量(件)'].values[0]
6  min_x = data.tail(1)['产量(件)'].values[0]
7  max_y = data.head(1)['总成本'].values[0]
8  min_y = data.tail(1)['总成本'].values[0]
9  a = (max_y - min_y) / (max_x - min_x)
10 b = min_y - a * min_x
11 volume = 60
12 totalCost = a * volume + b
13 print('总成本为：{}，单位成本为：{}'.format(totalCost, totalCost / volume))
```

输出如下：

总成本为：25268.571428571428，单位成本为：421.1428571428571

代码说明如下：

（1）第三行计算总成本，新增一个数据列，总成本为固定成本和变动成本之和。

（2）第四行按照产量倒序排序记录，因此最高产量的记录排在第一条，最低产量的记录排在最后一条。

（3）第五、六行利用 head() 和 tail() 方法分别获取第一条记录和最后一条记录，即最高产量和最低产量。

（4）第七、八行再次获取了最高产量和最低产量各自的总成本。

（5）第九行计算了最高成本和最低成本之差与两者产量之差的比值，以此作为一元线性关系的系数。

（6）第十行使用上述一元线性关系系数计算了一元线性关系的截距。

（7）高低点法计算非常直观，最后利用当前月的产量 60，直接计算得到预测总成本。

### 5.4.3 利润预测

利润指标是衡量企业经营效益的最常见指标，综合反映了企业销售增长和成本控制的能力。不同于销售额预测和成本预测，对利润的影响因素很多，而且不同的因素对利润还会产生不同方向的影响关系。而且，在企业有多种产品在生产的情况下，即使各种因素保持不变，仅仅改变不同产品的生产规模和比例，也会导致利润的变化。

本量利方法也称为边际贡献法，根据利润、销售量、成本之间的数量关系来确定目标利润。例如，某企业生产两种产品，全年固定成本为85万元，具体数据如表5-9所示。

表5-9  某企业产品销售资料

| 产品 | 预测销售量（件） | 预测销售收入（元） | 销售比重 | 单位边际贡献 | 边际贡献率 |
|---|---|---|---|---|---|
| A | 14 500 | 1 595 000 | 0.5587 | 50 | 0.4545 |
| B | 7000 | 1 260 000 | 0.4413 | 80 | 0.4444 |

在这组数据中，销售比重即为两种产品的预测销售收入占比，可以直接利用预测销售收入计算得出，如A产品的销售比重为1 595 000 /（1 595 000 + 1 260 000）= 0.5587。

单位边际贡献为单位销售收入减去单位变动成本，B产品高于A产品，说明B产品对利润贡献较大。边际贡献率为边际贡献在销售收入中所占的百分比，也可以直接利用预测销售量、预测销售收入和单位边际贡献计算得出，即

$$边际贡献率 = \frac{预测销售量 \times 单位边际贡献}{预测销售收入}$$

如A产品的边际贡献率为14 500 * 50 / 1 595 000 = 0.4545。

本量利方法的关键就是利用销售收入和边际贡献率，即全部边际贡献减去固定成本即为预测的目标利润。具体计算时可以先求得销售比重和边际贡献率的乘积之和，再与销售收入总和相乘后减去固定成本来得到。

【例5-28】 利用本量利方法预测企业利润。

```
1  import pandas as pd
2  data = pd.read_csv('产品销售资料.csv', encoding = 'GBK')
3  data['销售比重 * 边际贡献率'] = data['销售比重'] * data['边际贡献率']
4  totalRevenue = data['预测销售收入(元)'].sum()
5  fixedCost = 850000
6  print('预测利润为:{}'.format((totalRevenue * data['销售比重 * 边际贡献率'].sum()) - fixedCost))
```

输出如下：

预测利润为：434872.3938499999

由于该数据的很多列都是计算得到，因此也可以直接使用原始数据得到结果。代码如下：

```
1  import pandas as pd
2  data = pd.read_csv('产品销售资料.csv', encoding = 'GBK')
3  data['边际贡献'] = data['预测销售收入(元)'] * data['边际贡献率']
4  fixedCost = 850000
5  print('预测利润为:{}'.format((data['边际贡献'].sum()) - fixedCost))
```

输出如下：

预测利润为：434871.5

上述两个结果数值的微小差异源于表格数据中的销售比重精度较低。

### 5.4.4 资金预测

这里主要结合销售百分比法来说明。该方法一般按照以下两个重要步骤来进行：首先需要确定随着销售额变动而变动的资产和负债项目，这些项目一般都会随着销售额的增长而相应增长。其中部分项目并不存在这样的关系，如固定资产、长期投资、无形资产、长期负债和股东权益等；其次考虑计划期所提取的折旧准备（应扣除计划期用于更新改造的金额）和留存收益两个项目，通常可以作为计划期需要追加资金的内部资金来源。

具体计算方法如下：

预测资金额＝未来销售收入的增长率×(资产项目基期数额－负债项目基期数额)－
　　　　　折旧摊销额与同期用于更新改造的资金的差额－
　　　　　销售收入及基期销售净利润率计算的净利润与预计发放股利之差额＋
　　　　　零星资金开支数额

例如，某公司去年销售收入 1.2 亿元，净利润 480 万元，股利发放率 50%，厂房设备利用已达到饱和状态。该企业去年年底的简化资产负债表如表 5-10 所示。

表 5-10　某企业的简化资产负债表

| 资产（万元） | | 负债及所有者权益（万元） | |
|---|---|---|---|
| 货币资金 | 120 | 应付账款 | 600 |
| 应收账款 | 400 | 应交税费 | 300 |
| 存货 | 2600 | 长期负债 | 1310 |
| 固定资产净额 | 4800 | 股本 | 5400 |
| 无形资产 | 40 | 留存收益 | 350 |
| 资产总计 | 7960 | 负债及所有者权益总计 | 7960 |

如果该企业在今年销售收入增至 1.5 亿元，销售净利率与去年相同，该企业仍按照去年股利发放率支付股利，按照折旧计划提取 60 万元折旧，其中 50% 用于设备改造，零星资金需求量增加 30 万元。

【例 5-29】 预测该企业今年需要追加的资金金额。

```
1   salesRevenue1 = 12000              # 去年销售收入
2   netProfit1 = 480                   # 去年净利润
3   payoutRatio = 0.5                  # 去年股利发放率
4   salesRevenue2 = 15000              # 今年销售收入
5   netProfit2 = 480                   # 今年净利润
6   payoutRatio = 0.5                  # 今年股利发放率
7   depreciation = 60                  # 折旧
8   equipmentTransformation = 0.5      # 设备改造在折旧中的比例
9   capitalDemand = 30                 # 零星资金需求量
10  monetaryFund = 120                 # 货币资金
11  accountsReceivable = 400           # 应收账款
```

```
12    stock = 2600                              # 存货
13    netFixedAssets = 4800                     # 固定资产净额

14    payableAccounts = 600                     # 应付账款
15    payableTaxes = 300                        # 应交税费

16    K = (salesRevenue2 - salesRevenue1) / salesRevenue1    # 未来销售收入的增长率
17    A = monetaryFund + accountsReceivable + stock + netFixedAssets    # 随着销售额变动的
                                                                        # 资产项目基期数额
18    L = payableAccounts + payableTaxes    # 随着销售额变动的负债项目基期数额
19    D = depreciation * (1 - equipmentTransformation)    # 计划期提取的折旧摊销额与同期
                                                           # 用于更新改造的资金差额
20    R = salesRevenue2 * (netProfit1 / salesRevenue1) * (1 - payoutRatio)    # 按计划期
      # 销售收入及基期销售净利润率计算的净利润与预计发放股利之差额
21    M = capitalDemand                         # 计划期新增的零星资金开支数额
22    print('预测追加资金数额为：{}万元'.format(K * (A - L) - D - R + M))
```

输出如下：

预测追加资金数额为：1455.0万元

## 5.5 财会机器人

所谓财会机器人，就是指利用计算机程序自动实现过去很多需要人工处理的财务工作，如记账凭证会计科目的填写和计算、会计信息系统的自动录入等。常用的方法有以下两种。

第一种是通过程序来模拟人工的键盘和鼠标操作，从而让程序按照既定操作位置和流程快速、精确地进行自动输入，对于要处理的财会文件和财会系统而言，它并不知道这些操作是由人工发出还是由程序发出。由于程序模拟键盘、鼠标操作速度更快，而且适合大批量的重复劳动，因此比人工操作更方便快捷。

第二种是通过程序直接访问财务数据文件，完成过去由人工来完成的数据填写工作。这种方法依赖于按照正确的格式来访问相应的数据文件，比如常见的 Excel 文档就可以很方便地实现此类操作。

两种方法各有特点。第一种方法的好处在于完全屏蔽被操作对象的差异，只是模拟人工操作，适用面更广，甚至可以直接模拟操作财务软件系统。但是该方法需要准确理解按键盘的先后次序和单击鼠标的准确位置，这些操作极大地依赖于当前计算机的软硬件环境，而且一旦发生意外的中断，如弹窗等，可能就会导致异常的发生。第二种方法相对简单快速，直接读取文件并完成计算和再次写入，但是只能处理一些常见的文件格式，而且受限于数据文件的保护等措施，这种方法应用面较窄。

下面的操作以完成一个记账凭证的会计科目填写为例。该记账凭证保存在"记账凭证.xlsx"文件中，内容如图 5-6 所示。

其中有三个工作表，每个工作表都有部分会计科目和借贷方金额。现在的任务是自动将借贷方金额(C11单元格)以大写汉字金额的方式填写到合计栏(B11单元格)中。

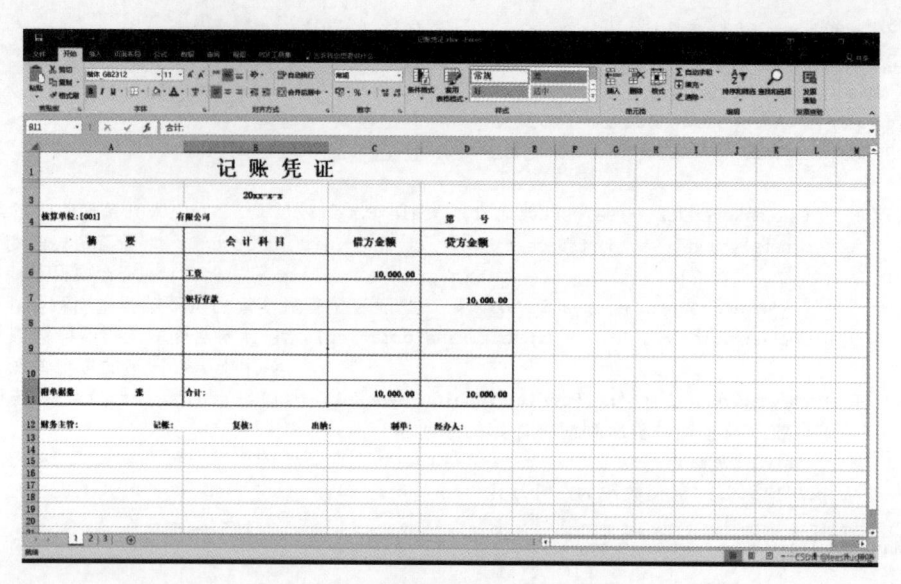

图 5-6　保存记账凭证的 Excel 文件

## 5.5.1　基于键盘鼠标模拟的实现方法

【例 5-30】　使用键盘鼠标模拟来实现记账凭证的自动填写。

```
1   import pyautogui
2   import pyperclip
3   import time

4   # 转换为大写汉字金额的函数
5   def daxie(number):
6       numchar = ['零','壹','贰','叁','肆','伍','陆','柒','捌','玖']
7       pr = ['圆整','拾','佰','仟','萬','拾','佰','仟','亿']
8       length = len(str(number))
9       result = ''
10      for i in str(number):
11          length -= 1
12          result += ('%s%s' % (numchar[int(i)], pr[length]))
13      result = result.replace('零萬','萬')
14      result = result.replace('零仟','')
15      result = result.replace('零佰','')
16      result = result.replace('零拾','')
17      result = result.replace('零圆','圆')
18      return result

19  # 基本参数设置
20  time.sleep(5)
21  pyautogui.PAUSE = 0.5
22  pyautogui.FAILSAFE = True

23  # 操作记账凭证的三张工作表
24  for i in range(3):
```

```
25        pyautogui.click(800, 780)
26        pyautogui.hotkey('ctrl', 'c')
27        pyperclip.copy(daxie(int(float(pyperclip.paste().replace(',', '')))))
28        pyautogui.doubleClick(490, 780)
29        pyautogui.hotkey('ctrl', 'v')
30        pyautogui.hotkey('ctrl', 'pagedown')
31        pyautogui.hotkey('ctrl', 'home')
```

为了该程序的正常运行,可以首先使用 Excel 打开该记账凭证文件,最大化显示,然后运行该程序后,再次切换到 Excel 显示界面,即可等待其自动完成。本例目前只在 Excel 中测试通过,建议使用 Excel 打开。可以观察到各工作表的合计栏被不断地填充为正确的大写汉字金额,直至全部填写完毕后程序结束。

代码说明如下:

(1) 开头两行导入了两个重要库:第一个库是 Pyautogui 库,它实现了对键盘鼠标的模拟。除了该库外,还有很多类似的库,如 Selenium 等,这些库一般被称为自动化测试库,因为主要的应用场景就是模拟键盘鼠标实现自动化测试软件;第二个库是 Pyperclip,可以实现对操作系统剪切板内容的读写访问。

(2) 转换大写汉字金额的函数是一个简单的实现版本,result 返回值保存最终的汉字金额。其中的循环语句可以遍历原始金额的每个数字,并以该数字作为序号到 numchar 列表找到对应的大写汉字,相应的数位汉字是由 pr 列表完成,该列表内容为对应的不同数位应该补充的汉字信息,直接拼接在对应的 numchar 大写汉字后。为了得到更好的输出效果,在输出前还对一些诸如"零萬""零佰"等特殊表示专门进行了简化处理。为了简化问题,该函数只考虑整数金额。测试代码如下:

```
print(daxie(1230001))
```

输出如下:

壹佰贰拾叁萬壹圆整

(3) 在基本参数设置部分中,使用 Time 库的 sleep()方法设置了暂停 5 秒,主要是为了让用户在运行该程序后,有时间去打开 Excel 文件并使之最大化显示在屏幕上。Pyautogui 库的 PAUSE 属性用于设置延迟,数值越小操作越快,FAILSAFE 值为 False 可以自动防止一般故障,使程序更为稳健。

(4) 代码的关键在操作记账凭证的三张工作表部分。这里使用了三次循环,每次处理一个工作表。为了说明清楚,首先需要解释 Pyautogui 库的工作原理。比如运行下面的代码:

```
1    import pyautogui
2    pyautogui.press('a')
```

运行后,可以发现在当前编辑器光标处自动出现了一个字符 a,就像刚才按下了 a 键一样。注意两个问题:一是此时如果大写模式打开,会输入 A;二是如果打开了中文输入法,就会显示似乎以 a 来输入汉字的界面,如图 5-7 所示。

图 5-7 使用 pyautogui 模拟按 a 键

下面进一步了解单击鼠标的操作，代码如下：

```
1  import pyautogui
2  import time
3  time.sleep(5)
4  pyautogui.click(800, 780)
```

运行上述代码后，可以快速打开 Excel 文档界面并最大化，会发现大约 5 秒后（sleep()方法的作用），C11 单元格被单击了一次。这个过程其实就是 click() 函数模拟的，而后面两个整数代表了单击的坐标，这个坐标就是在运行程序的计算机上 Excel 中 C11 单元格中的一个点，位置是从左向右水平 800 像素、从上往下垂直 780 像素处。因此大家如果需要定位到 C11，就需要灵活根据自己计算机的屏幕来确定坐标。

方法很简单，按 PrtSc 键截取当前最大化 Excel 文件的屏幕，然后在开始菜单中打开"画笔"（注意不是画图 3D 等），直接按 Ctrl＋V 组合键粘贴，再按 Esc 键取消选择。此时在图片上移动鼠标，会发现左下角有两个数字在变化，那就是坐标，如图 5-8 所示。此时即可选中位于 C11 单元格的任意一个点来查看坐标即可。

有一种可能性，那就是屏幕相对较小，不能直接看到 C11，还需要滚动鼠标才能看到。为了简化练习，可以考虑将当前 Excel 表格内容缩小显示，例如单击 Excel 表格右下角的滑钮缩小，或者折叠工具栏，使得 C11 直接显示在屏幕即可。后续实际操作中，也可以通过模拟不断的翻页达到同样的效果。

有了这些基础知识后，就可以详细了解如何操作记账凭证的三张工作表。

在主循环第一行代码处，由于默认打开的是第一张工作表，在（800,780）像素处单击即可选中当前单元格。

第二行通过 hotkey() 方法模拟了按 Ctrl＋C 复制快捷键，此时 C11 单元格的数字金额已被复制到剪切板上。

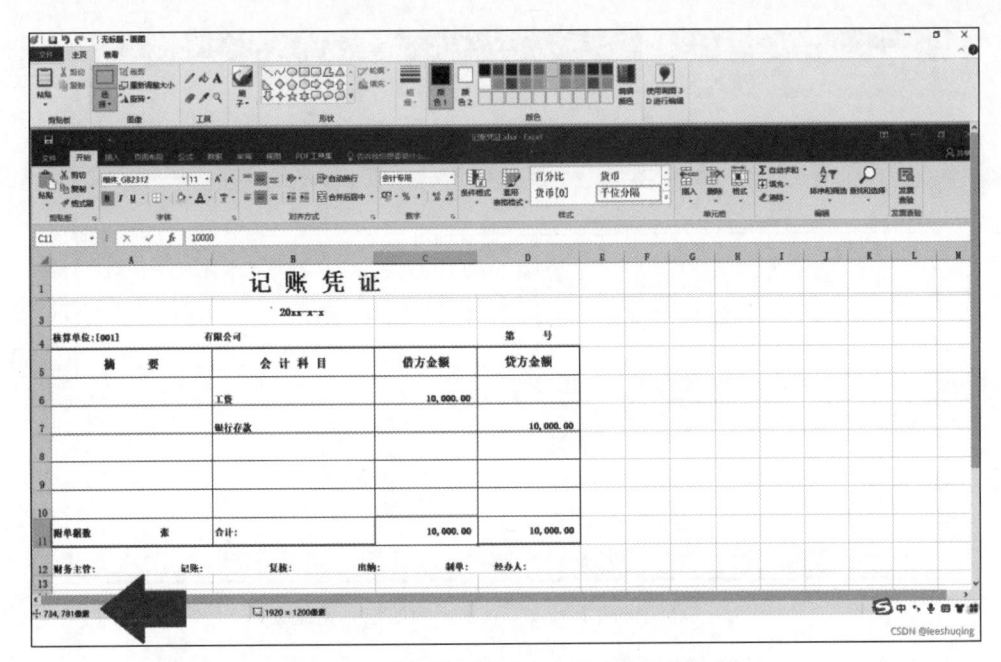

图 5-8 使用画笔软件来获取单击位置的坐标

第三行层次比较多,最里层的代码是

pyperclip.paste()

即获取当前剪切板的内容,然后去除千分位的逗号分隔符。

之所以先通过 float() 转换为浮点数再通过 int() 转换为整数,是因为原始数值为浮点数,直接将含有小数点的字符串转换为整数会产生错误。

然后进一步将这个整数金额传入 daxie() 函数得到对应的大写汉字金额,最后再次将这个结果通过 Pyperclip 库的 copy() 方法复制到剪贴板上。

第四行模拟了双击操作,该位置位于 B11 单元格中。之所以双击,是因为在 Excel 表格中双击单元格可以进入编辑模式,会在已有文本内容最后显示光标并允许用户添加更多内容。

第五行模拟按 Ctrl+V 键将剪切板内容粘贴到当前 B11 单元格文本后,即大写汉字金额。

第六行模拟按 Ctrl+PageDown 键,实现翻页到下一工作表。

第七行模拟按 Ctrl+Home 键,实现将当前工作表定位到左上角的 A1 单元格,以便于对齐整个工作表,防止后面的工作表单元格显示错位。

填写好的 Excel 文档如图 5-9 所示。

## 5.5.2 基于文件读写的实现方法

【例 5-31】 使用文件读写来实现记账凭证的自动填写。

```
1    import openpyxl
```

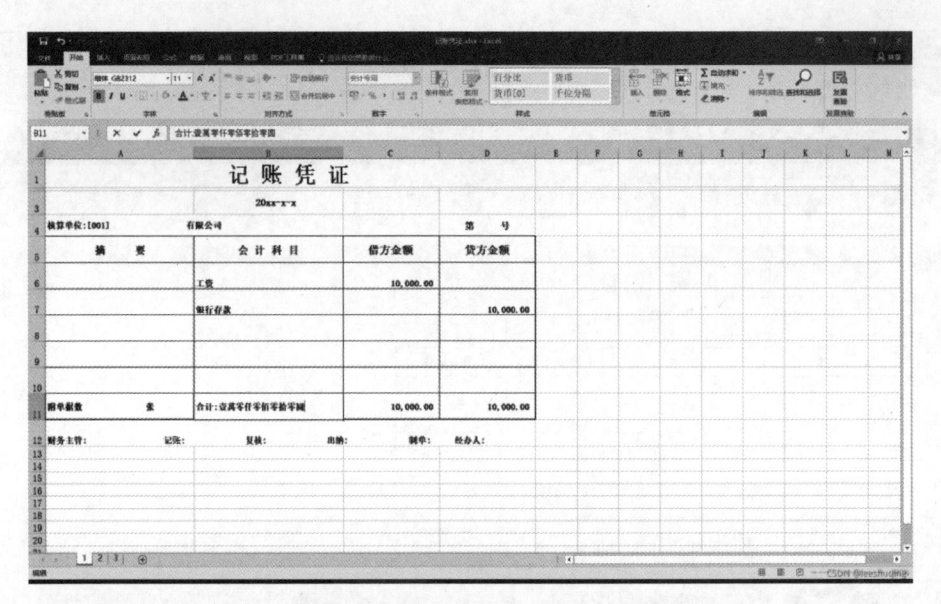

图 5-9　已经自动填写大写汉字金额的记账凭证文档

```
2    # 转换为大写汉字金额的函数
3    def daxie(number):
4        numchar = ['零', '壹', '贰', '叁', '肆', '伍', '陆', '柒', '捌', '玖']
5        pr = ['圆整', '拾', '佰', '仟', '萬', '拾', '佰', '仟', '亿']
6        length = len(str(number))
7        result = ''
8        for i in str(number):
9            length -= 1
10           result += ('%s%s' % (numchar[int(i)], pr[length]))
11       result = result.replace('零萬', '萬')
12       result = result.replace('零仟', '')
13       result = result.replace('零佰', '')
14       result = result.replace('零拾', '')
15       result = result.replace('零圆', '圆')
16       return result

17   # 操作记账凭证的三张工作表
18   wb = openpyxl.load_workbook('记账凭证.xlsx', data_only = True)
19   for i in range(1, 4):
20       sheet = wb[str(i)]
21       value1 = sheet.cell(11, 2).value
22       value2 = sheet.cell(11, 3).value
23       sheet.cell(11, 2).value = value1 + daxie(value2)
24   wb.save('记账凭证_New.xlsx')
```

本例代码运行相对于例 5-30 更简单,只需要将原始记账凭证文件放在项目目录中,运行后即可看到一个新的"记账凭证_New.xlsx"文件,其中的内容已经更新。

下面主要介绍操作记账凭证的三张工作表的部分,代码说明如下:

(1) 第一行使用 Openpyxl 库的 load_workbook()方法加载记账凭证文件,data_only 参数值为 True 表示只读取数据而忽略文件的计算公式。

(2) 第二行进入主循环,循环遍历每张工作表,由于工作表序号从 1 开始,因此 i 的循环数值为 1、2、3。

(3) 第三行获取第 i 个工作表。

(4) 第四、五行分别获取了 B11 单元格和 C11 单元格的内容,B11 中有"合计"原始内容。

(5) 第六行将 C11 单元格的金额转换为大写汉字后再追加到 B11 单元格内容后面。

(6) 第七行在结束全部循环处理后将更新内容保存到新的 Excel 文件中。

虽然对于这个例子,直接读写 Excel 文件的方法似乎更简单,但是在更多应用场景下,尤其是一些面向多种软件界面的处理流程,基于键盘、鼠标模拟的方式更为灵活和方便。

## 习题

1. 观察使用多种非线性回归模型来拟合 5.1.2 节的案例数据。
2. 结合具体企业财务数据,使用多种成本分析方法观察比较企业的成本控制情况。
3. 结合具体企业财务数据,使用多种本量利方法观察比较企业的经营管理情况。
4. 查阅资料,总结函数求导的常用 Python 实现方法。
5. 解决销售预测问题可以使用多种回归预测模型,结合具体企业财务数据(要有一定规模的时序记录数量),使用主流机器学习方法进行预测实验,并评估实验效果。
6. 查阅资料,了解适用于小规模数据集合的其他企业财务指标预测方法,并给出实现代码。
7. 使用 Pyautogui 自动化操作模拟库,完成一些财务管理软件的自动化批量操作,例如批量、依次打开文件,获取数据,并填报到软件系统中。

# 第 6 章

# 管理决策分析方法

管理决策在不同的组织具有不同的特点。例如对于企业,它是指通过对企业内部管理进行有效的组织、协调,使企业的生产技术经济活动正常进行的一种决策,具体应用领域包括劳动组织调整、人事调配、资金运用、设备选择、生产经营计划制订等方面的决策。再如对于政府,它是指通过在经济建设、文化教育、市政建设、社会秩序、公共卫生、环境保护等各方面的行政管理,以减少人力、物力、财力和时间的支出和浪费,提高行政管理的效能和效率。

这些不同领域和组织的管理决策虽然功能各不一样,但是在方法上,大都使用应用系统工程思想和方法,采取了相似的一些定量定性管理决策技术,进而保证总体战略目标的实现,解决组织局部重要问题,从而提高管理效能。

## 6.1 决策树分析

决策树分析是从诸多现有影响因素中找到最重要和相关的因素。这些因素有时不止一个,而且重要性各不一样。因此通过该方法,可以形成对多个主要因素的层次组织,形成一种利用多个主要因素层层递进、进行推理决策的有效途径。

决策树是一种树形结构,每个树节点表示一个属性测试,节点下的每个分支代表一个属性测试的输出,最终每个叶节点代表所要预测的类别结果。决策树学习是以实例为基础的归纳学习,采用的是自顶向下的递归方法,其基本思想是以信息熵为度量构造一棵熵值下降最快的树。到叶节点处的熵值为零,此时每个叶结点中的实例都属于同一类。决策树算法的最大优点是可以自学习,不需要其他辅助知识,唯一需要的工作就是需要对训练集进行比较准确的标注。

决策树的关键在于在当前状态下选择哪个属性作为分类依据。根据不同的目标函数,建立决策树主要有三种算法,分别是 ID3、C4.5、CART。这三种方法的区别就是选择的目标函数不同,ID3 使用信息增益,C4.5 使用信息增益率,CART 使用的是 Gini 系数。

本节例子主要结合一个员工离职数据集 bi-attrition.csv(可以在教学资源中找到,详细格式说明请参见附录 A）。

**【例 6-1】** 分析每个特征对企业员工离职的影响程度。

```
1   import pandas as pd
2   from sklearn.model_selection import train_test_split
3   from sklearn.tree import DecisionTreeRegressor
4   from sklearn.ensemble import AdaBoostRegressor
5   from sklearn.preprocessing import LabelEncoder

6   # 将文本数据列转换为数值列
7   def addNewCol(frame, preColName, newColName):
8       encoding = LabelEncoder()
9       encoding.fit(frame[preColName])
10      education_new = encoding.transform(frame[preColName])
11      col_Attrition = pd.DataFrame(education_new, columns = [newColName])
12      frame = pd.concat([frame, col_Attrition], axis = 1)
13      return frame

14  # 加载数据
15  frame = pd.read_csv('bi-attrition.csv', sep = ',')

16  # 转换已有的 7 个文本数据列并新建相应数据列
17  frame = addNewCol(frame, 'Attrition', 'NewAttrition')
18  frame = addNewCol(frame, 'BusinessTravel', 'NewBusinessTravel')
19  frame = addNewCol(frame, 'Department', 'NewDepartment')
20  frame = addNewCol(frame, 'EducationField', 'NewEducationField')
21  frame = addNewCol(frame, 'Gender', 'NewGender')
22  frame = addNewCol(frame, 'JobRole', 'NewJobRole')
23  frame = addNewCol(frame, 'MaritalStatus', 'NewMaritalStatus')
24  frame = addNewCol(frame, 'Over18', 'NewOver18')
25  frame = addNewCol(frame, 'OverTime', 'NewOverTime')

26  # 删除原有的文本数据列
27  frame.drop(columns = ['Attrition', 'BusinessTravel', 'Department', 'EducationField',
    'Gender', 'JobRole', 'MaritalStatus', 'Over18', 'OverTime'], inplace = True)

28  # 主代码
29  y = frame['NewAttrition']
30  X = frame.drop(columns = 'NewAttrition')
31  X_train, X_test, y_train, y_test = train_test_split(X, y, test_size = 0.2, random_
    state = 7)
32  regressor = AdaBoostRegressor(DecisionTreeRegressor(max_depth = 6))
33  regressor.fit(X_train, y_train)
34  print(regressor.feature_importances_)
```

输出如下：

```
[0.03181943 0.06131096 0.0822211  0.05248648 0.0108051  0.
 0.03086605 0.03109344 0.04821386 0.02374518 0.01305048 0.03127888
 0.07334631 0.06382768 0.02853682 0.0373314  0.00224656 0.02793635
 0.         0.0230612  0.03158618 0.01855841 0.02627038 0.03157754
 0.02736101 0.0193748  0.03052482 0.01579238 0.00267247 0.01933051
 0.00638558 0.04046262 0.0235117  0.         0.03341432]
```

从这个结果可以看出，35个特征列对是否离职这个预测列的影响具有不同的重要程度。按照数值大小，其中按小时的计时工资（DailyRate）、员工月收入（MonthlyIncome）和按月份的计时工资（MonthlyRate）为相对重要的数据列，也说明了收入指标与离职与否的关系相对密切。

代码说明如下：

（1）在将文本数据列转换为数值列的函数（addNewCol()）定义部分，实现了对现有文本数据列向数值列的转换。之所以要进行转换，是因为现有的包括决策树在内的各种机器学习方法都只能处理数值数据。这里使用了 LabelEncoder 变量，它首先通过 fit() 方法学习已有文本数据列的文本字符出现规律，其实就是统计有几种不同的文本字符串，然后通过 transform() 方法将文本数据列映射为数值数据列，这个过程就是将每种文本字符串分别使用一个从0开始并且各不一样的整数来替换。例如对于 Attrition 数据列，只有 No 和 Yes 两种文本字符串值，因此最终分别替换为0和1。

函数的第四行将生成的新数值序列转换为一列多行的 DataFrame，并设定了列名称，在第五行和第一个参数指定的 DataFrame 进行列的合并，因此可以追加到第一个参数指定的 DataFrame 的最后一列中。

（2）在转换已有的7个文本数据列并新建相应数据列部分，由于现有的数据集共有9个文本数据列，因此通过多次调用 addNewCol() 实现了对这些文本数据列的数值转换。

（3）在去除原有的文本数据列部分，将原文本数据列删除，使得现有的 DataFrame 全部都为数值型数据列，列总数依然和转换前保持一致，仍为36列。

（4）对主代码部分分别予以说明：

第一行使用 y 表示预测列，即转换为数值型后的离职与否数据列。

第二行使用 X 表示除了预测列以外的其他所有特征列，共计35个。

第三行使用 train_test_split() 自动切分训练集和测试集。其中 test_size 参数值为0.2，表示有20%作为测试集，80%作为训练集；random_state 参数指定了固定的数值，可以使得每次运行代码时切分的训练集和测试集都保持一致。

第四行使用了 AdaBoost 决策树回归分析器，其中决策树深度为6。

第五行为模型训练。

第六行通过回归器的 feature_importances_ 属性可以得到各特征的重要性。

**【例 6-2】** 使用决策树分析进行员工离职的多因素判断。

```
1   import pandas as pd
2   from sklearn.model_selection import train_test_split
3   from sklearn.preprocessing import LabelEncoder
4   from sklearn import tree
5   import pydotplus

6   # 将文本数据列转换为数值列
7   def addNewCol(frame, preColName, newColName):
8       encoding = LabelEncoder()
9       encoding.fit(frame[preColName])
10      education_new = encoding.transform(frame[preColName])
11      col_Attrition = pd.DataFrame(education_new, columns = [newColName])
```

```
12        frame = pd.concat([frame, col_Attrition], axis = 1)
13        return frame

14  # 加载数据
15  frame = pd.read_csv('bi-attrition.csv', sep = ',')

16  # 转换已有的 7 个文本数据列并新建相应数据列
17  frame = addNewCol(frame, 'Attrition', 'NewAttrition')
18  frame = addNewCol(frame, 'BusinessTravel', 'NewBusinessTravel')
19  frame = addNewCol(frame, 'Department', 'NewDepartment')
20  frame = addNewCol(frame, 'EducationField', 'NewEducationField')
21  frame = addNewCol(frame, 'Gender', 'NewGender')
22  frame = addNewCol(frame, 'JobRole', 'NewJobRole')
23  frame = addNewCol(frame, 'MaritalStatus', 'NewMaritalStatus')
24  frame = addNewCol(frame, 'Over18', 'NewOver18')
25  frame = addNewCol(frame, 'OverTime', 'NewOverTime')

26  # 去除原有的文本数据列
27  frame.drop(columns = ['Attrition', 'BusinessTravel', 'Department', 'EducationField',
    'Gender', 'JobRole', 'MaritalStatus', 'Over18', 'OverTime'], inplace = True)

28  # 主代码
29  y = frame['NewAttrition']
30  X = frame.drop(columns = 'NewAttrition')
31  X_train, X_test, y_train, y_test = train_test_split(X, y, test_size = 0.2, random_
    state = 7)
32  model = tree.DecisionTreeClassifier()
33  model.fit(X_train, y_train)
34  data = tree.export_graphviz(model, feature_names = X.columns, class_names = ['No', 'Yes'],
    filled = True, rounded = True)
35  graph = pydotplus.graph_from_dot_data(data)
36  graph.write_png('result.png')
```

最终输出的图片在当前项目文件夹中,内容比较多,部分截图内容如图 6-1 所示。

这里的每个节点都是一个判断条件,层层递进,按照这些条件最终可以定位到特定的一个叶节点,代表着一组具有相同分类特征的记录。最上层的根节点说明总工龄(TotalWorkingYears)是否大于 1.5 是第一个主要的判断分支条件,如果该数值小于或等于 1.5,则进一步判断员工婚姻状况(MaritalStatus,此处的 New 表示是数值化后的相同数据列);如果该数值小于或等于 1.5,则进一步判断员工对于工作环境的满意程度(EnvironmentSatisfaction);如果该数值小于 1.5,则会产生员工离职。每个判断结果都是通过叶节点来表示。当然,这种判断还需要进一步结合更多指标才能看出其有效性。例如,gini 代表节点的不纯度,值为 0 表示非常纯,下属节点只包括一种类别,所以所有叶节点的 gini 值都为 0。samples 代表下属记录的数量,可以看出每个分支节点的 samples 值都为下属节点的 samples 值之和。value 代表着下属记录分别位于各个类别的数量,例如对于根节点,(786,154)表示 Attrition 为 0 类别的记录有 785 个,为 1 的记录有 154 个。class 只有对于叶节点才有实际意义,对于分支节点则表示最多的类别名称。

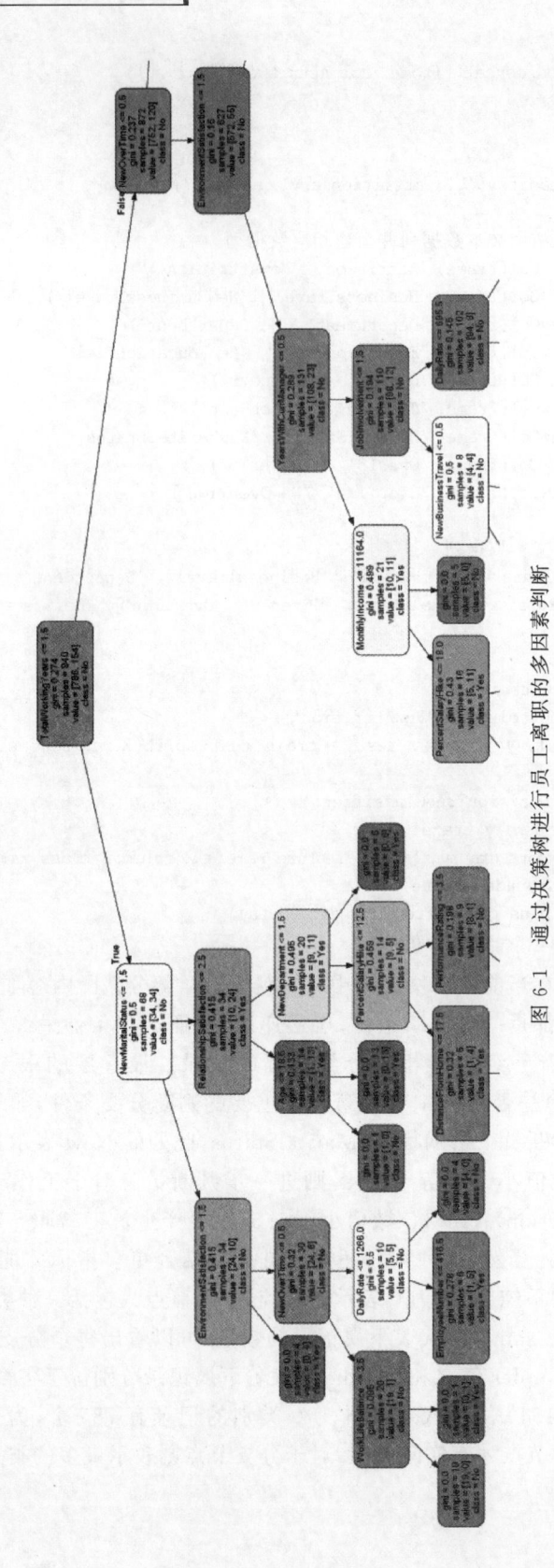

图 6-1 通过决策树进行员工离职的多因素判断

这里主要的改进都在主代码部分，代码说明如下：

（1）第六行使用了 sklearn 库中绘制决策树的 tree 变量，它提供了 export_graphviz()方法，可以得到可视化图。为此，需要先安装 Graphviz 可视化工具包，下载网址为 http://www.graphviz.org/download，也可以在本书教学资源中下载。安装时建议选择添加到 PATH 中，即选中该项目的第二个或者第三个选项，如图 6-2 所示。

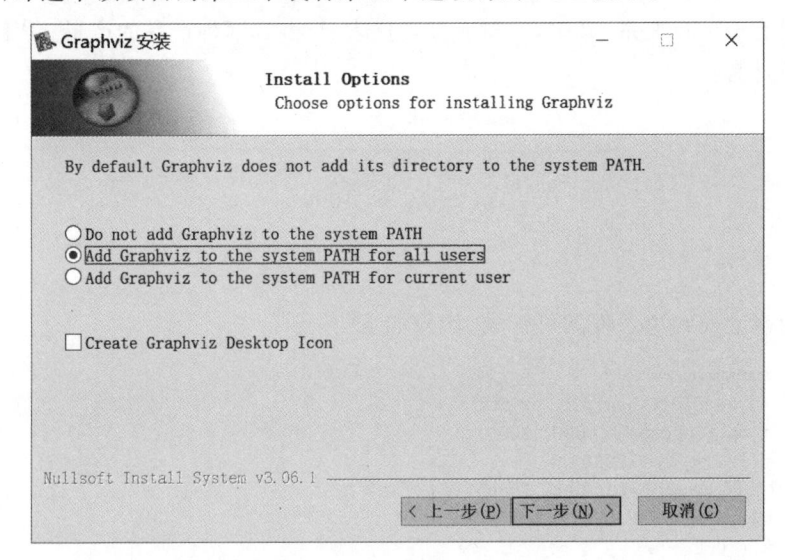

图 6-2　改选安装 Graphviz 时默认的添加 PATH 方式

安装后建议重启计算机。

该代码中 model 参数表示要进行可视化的模型；feature_names 参数指定所有的特征列，这里即为特征数据的所有列名称；class_names 参数为预测列的分类标记，默认情况下按照数值大小对应这里的列表元素，例如预测列 Attrition 为 0 对应这里的 No，为 1 对应 Yes，和最初字符串转换的数值对应；filled 参数值为 True 表示在节点中增加详细的指标信息，如指示分类的多数类、回归值的极值、节点不纯度等；rounded 参数值为 True 表示绘制圆角节点框。

（2）第七行使用 pydotplus（该库需要提前安装）读取上述代码生成的 Graphviz 可视化数据。

（3）第八行将可视化数据绘制在 PNG 格式的图片中。

## 6.2　线性规划分析

线性规划是在所有可行的解中寻求最优解，基本步骤是先确定以代数式表示的目标函数和约束条件，然后求目标函数的最优解。

### 6.2.1　双变量的生产规划

较简单的线性规划形式就是双变量，这也是最基本的线性规划方法。

**【例6-3】** 对双变量线性规划进行最优解区间的可视化展示。

假设一家企业提供两种产品 A 和 B,因为市场需求有限,目前对 A 和 B 的产品需求量分别是 520 件和 500 件。使用线性规划方法以通过生产安排实现企业利润最大化。

目标函数为

$$P = 2x + 3y - 1000$$

这个函数只有两个自变量,其中,$x$ 和 $y$ 分别代表 A 和 B 两种产品的产量;P 代表利润。

约束条件有:

$$x \leqslant 520$$
$$y \leqslant 500$$
$$x + 4y \leqslant 1000$$
$$x \geqslant 0$$
$$y \geqslant 0$$

首先绘制上面约束条件的可行域,代码如下:

```
1   import numpy as np
2   import matplotlib.pyplot as plt
3   x1 = np.linspace(0, 600, 1000)
4   y1 = (x1 * 0) + 500
5   y2 = np.linspace(0, 600, 1000)
6   x2 = (y2 * 0) + 520
7   y3 = (1000 - x1) / 4
8   x4 = (y1 * 0)
9   plt.plot(x1, y1, '-b', label = r'$ y\leq500 $ ')
10  plt.plot(x2, y2, '-y', label = r'$ x\leq520 $ ')
11  plt.plot(x1, y3, '-g', label = r'$ x+4y\leq1000 $ ')
12  plt.plot(x4, y2, '-r', label = r'$ x\geq0 $ ')
13  plt.xlim(0, 600)
14  plt.ylim(0, 600)
15  plt.xlabel('x')
16  plt.ylabel('y')
17  plt.fill_between(x1, y3, y1, where = x1 <= 520, color = 'grey', alpha = 0.5)
18  plt.legend()
19  plt.show()
```

输出如图 6-3 所示。

代码说明如下:

(1) 第三行使用 Numpy 库的 linspace()方法定义了一个序列,长度为 600,其中总点数为 1000,用于刻画坐标直线的横轴数值。和 Numpy 库的 arange()方法的不同在于,arange()方法只能实现整数序列的自动生成。

(2) 第四行定义了和上述横轴数值点个数相同的 $y$ 数值。这里的 $x1$ 和 $y1$ 一起表达出蓝色横直线,该数值序列用来表示 $y$ 的上限边界。

(3) 第五、六行和第三、四行功能类似,也是定义了用于刻画坐标直线的纵轴数值,和与纵轴数值点个数相同的 $x$ 数值,用来表示 $x$ 的上限边界。这里的 $x2$ 和 $y2$ 一起表达出黄色竖线。

(4) 第七行按照约束条件 $x + 4y \leqslant 1000$ 定义了和 $x1$ 数列相关的纵轴上的 $y$ 数

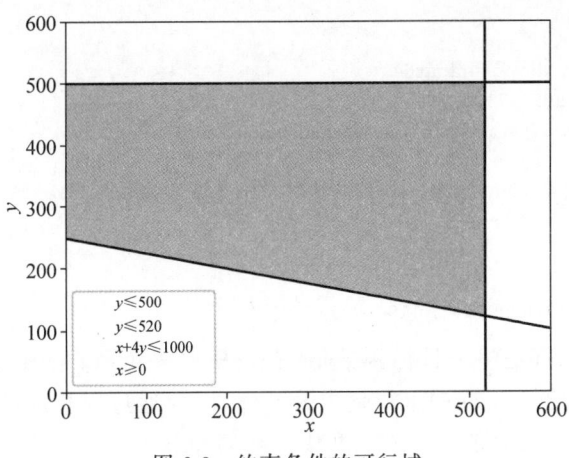

图 6-3　约束条件的可行域

列,和 $x1$ 形成了绿色的倾斜直线。

(5) 第八行定义了和 $y2$ 数值点个数一样的横轴数值,它和 $y2$ 形成了红色竖线。该竖线和纵轴重合,因此无法直接在图中看出。

(6) 第九行到第十二行绘制了四条直线,并且分别设定了不同的颜色和标签,表示相应的约束关系。其中第三个参数表示线条形态和颜色,如"-b"为蓝色实线;label 参数中的每个标签值都使用了 r 前缀,表示非转义字符表示,以避免其中的反斜杠被系统误认为转义字符,如果不使用该 r 前缀,字符串 r'$ x+4y\leq1000 $'就应该写为'$ x+4y\\leq1000 $'。该字符串必须采用特定的格式才能实现转义显示,即前后使用 $ 符号,其中 \leq 表示小于或等于,\geq 表示大于或等于。

(7) 第十三行到第十六行定义了绘制的一些基本样式,xlim()方法定义了横轴的显示区间,xlabel()方法定义了横轴的标签。

(8) 第十七行实现了区域填充效果,fill_between()方法的第一个参数表示填充区域的横轴区间,第二、三个参数分别表示纵轴区间的底部边界和顶部边界,where 参数指定了一些额外条件,这里限定了横轴只填到 520 数值处。

如果存在最优解的话,那么显然最优解是在这些直线围成的区域里。按照证明,如果存在最优解,则可行域的顶点一定是最优解。在这个例子里,可行域只有 4 个顶点,因此需要检查这 4 个点哪个是最优解。

具体的计算过程并不需要我们自己来完成,可以通过一些专用的线性规划方法来实现。

【例 6-4】　使用 Scipy 库进行双变量企业生产规划。

```
1   from scipy import optimize as op
2   import numpy as np
3   c = np.array([2, 3])
4   A_ub = np.array([[1, 0], [0, 1], [1, 4], [-1, 0], [0, -1]])
5   B_ub = np.array([520, 500, 1000, 0, 0])
6   res = op.linprog(-c, A_ub, B_ub)
7   print(res)
```

输出如下：

```
1    con: array([], dtype=float64)
2    fun: -1399.9999857195176
3    message: 'Optimization terminated successfully.'
4    nit: 7
5    slack: array([4.52885843e-06, 3.80000002e+02, 1.14925459e-05, 5.19999995e+02,
6           1.19999998e+02])
7    status: 0
8    success: True
9    x: array([519.99999547, 119.99999826])
```

这个结果中第二行是整个目标函数值，它之所以为负数，是因为在代码中采取了-c 的表示形式，因为原始 linprog() 函数是求最小值，因此通过取相反数可以得到相应的最大值表示，最终真正的最大值是 1400，再减去利润函数中的常量 1000，最终的利润最大值是 400。最后一行输出的是此时两个变量的值，分别是 520 和 120。

代码说明如下：

（1）第一行导入 SciPy 库的线性规划库。

（2）第三行对应线性规划函数 linprog() 的第一个参数，表示目标函数（$P = 2x + 3y - 1000$）中各变量的系数。此时只须考虑变量及其系数，对于常量无须考虑，最后可以在计算完后再进行相应的处理，以得到最终真正的目标函数。

（3）第四行对应线性规划函数 linprog() 的第二个参数，表示各约束条件不等式左边的变量系数。对于一些只有一个变量的约束条件，可以看成另一个变量系数为 0。这里正好对应 5 个约束条件。例如对于第一个条件 $x \leqslant 520$，$x$ 和 $y$ 两个变量的系数分别为 1 和 0，因此表示为[1, 0]。值得注意的是，如果这些非等式是大于关系，就应该采取对系数取相反数的方式来转换为要求的小于关系。因此，这里的最后两个系数都由 1 转换为 -1。由于方法的局限性，SciPy 库的 linprog() 函数约束条件必须是大于或等于关系或者小于或等于关系。

（4）第五行对应线性规划函数 linprog() 的第三个参数，表示各约束条件不等式的右边常量值。参数中的列表元素个数和第四行的列表元素数量要保持一致，两个列表每个元素也是一一对应。例如第一个约束条件 $x \leqslant 520$，右边为 520，于是成为第一个数值。

（5）第六行就是求解过程，利用 SciPy 库的 linprog() 函数直接得到输出结果。从结果来看，因为精度问题可能存在非整数形式，在实际计算中可以考虑取整。

（6）第七行输出结果，也可以使用属性来获取指定的内容。如：

print(res.fun, res.x)

输出如下：

-1399.9999857195176 [519.99999547 119.99999826]

这两个属性分别表示所需的目标函数值和相关变量值。

除此以外，也可以使用 Pulp 库来计算。相对于 SciPy 中的方法，Pulp 的代码适用性更强，没有约束条件中必须为大于或等于关系或者小于或等于关系的限制，同时无须取负数，目标函数还支持直接设为最大优化。

**【例 6-5】** 使用 Pulp 库进行双变量企业生产规划。

```
1   import pulp
2   my_lp_problem = pulp.LpProblem("MyProblem", pulp.LpMaximize)
3   x = pulp.LpVariable('x', lowBound = 0, cat = 'Continuous')
4   y = pulp.LpVariable('y', lowBound = 0, cat = 'Continuous')
5   my_lp_problem += 2 * x + 3 * y - 1000
6   my_lp_problem += x <= 520
7   my_lp_problem += y <= 500
8   my_lp_problem += x + 4 * y <= 1000
9   my_lp_problem += x >= 0
10  my_lp_problem += y >= 0
11  my_lp_problem.solve()
12  for variable in my_lp_problem.variables():
13      print("{} = {}".format(variable.name, variable.varValue))
14  print(pulp.value(my_lp_problem.objective))
```

输出内容较多，最后几行给出了具体的相关变量值及目标函数值如下：

```
x = 520.0
y = 120.0
400.0
```

代码说明如下：

（1）第一行导入 Pulp 库，该库属于第三方库，需要额外加载安装。

（2）第二行建立了线性规划的问题求解对象，其中的参数 sense 可以指定求解最小值问题还是最大值问题，此处是最大值问题。

（3）第三、四行分别定义了变量，包括名称、最小值和数据取值类型，Continuous 表示连续型数值变量。

（4）第五行定义了目标函数，Pulp 库采用了符号计算方法，可以通过符号表达式直接表达目标函数和约束条件，不需要 SciPy 中的数值格式转换。也可以直接表达常量。

（5）第六行到第十行也是用符号计算方法分别添加了五个约束条件。

（6）第十一行利用 solve()方法线性规划的计算。

（7）倒数三行分别输出自相关变量值及目标函数值。variables 变量可以返回每个内置变量，其中可以进一步获取变量的名称和最优值；objective 可以获取原始的目标函数；value()方法可以根据该函数进一步计算最优产量组合下的利润最大值。

该库也支持对中间结果的输出，例如在上述代码的最后增加如下两行：

```
1   print(my_lp_problem)
2   print(pulp.LpStatus[my_lp_problem.status])
```

输出内容较多，最后几行给出了相关的各种表达式信息和变量特征，如下：

```
1   MyProblem:
2   MAXIMIZE
3   2*x + 3*y + 0
4   SUBJECT TO
5   _C1: x <= 520
6   _C2: y <= 500
7   _C3: x + 4 y <= 1000
```

```
 8    _C4: x >= 0
 9    _C5: y >= 0
10    VARIABLES
11    x Continuous
12    y Continuous

13    Optimal
```

### 6.2.2 多变量的生产规划

如果产品数量增多,约束条件也会增多,此时再使用上述的方法来构造变量和约束条件将会产生较复杂的表达形式。此时,可以通过 Pulp 库的字典变量访问方式来简化代码。

**【例 6-6】** 使用 Pulp 库进行多变量企业生产规划。

假设有一家企业生产两种产品 A 和 B,这两种产品都是由三种原材料构成,分别是 S1、S2 和 S3,相关数据如表 6-1 所示。

表 6-1  产品原材料情况

| 原材料 | 单价(元/千克) | 数量(千克) |
| --- | --- | --- |
| S1 | 4.32 | 30(最少库存 23) |
| S2 | 2.46 | 20 |
| S3 | 1.86 | 17 |

产品 A 和 B 的区别在于 S1 原材料的占比不同,A 要求 S1 原材料占比大于 60%,而 B 则只要求占比 40% 以上。S3 在两种产品中占比都不能超过 25%。现在要生产 500 件 A 产品和 350 件 B 产品,需要规划如何根据现有这些原材料来调整两种产品各自使用的原材料含量,最终使得原材料总成本最低。

为此,首先定义变量如下。

a1:所有 A 产品中 S1 原材料的含量(单位:千克)
a2:所有 A 产品中 S2 原材料的含量(单位:千克)
a3:所有 A 产品中 S3 原材料的含量(单位:千克)
b1:所有 B 产品中 S1 原材料的含量(单位:千克)
b2:所有 B 产品中 S2 原材料的含量(单位:千克)
b3:所有 B 产品中 S3 原材料的含量(单位:千克)

目标函数为生产 A、B 两类所有产品的总成本,计算公式如下:

$$Cost = 4.32 \times a1 + 2.46 \times a2 + 1.86 \times a3 + 4.32 \times b1 + 2.46 \times b2 + 1.86 \times b3$$

约束条件如下:

```
1   a1 + a2 + a3 = 500 × 0.05(所有 A 产品所使用的原材料总量)
2   b1 + b2 + b3 = 350 × 0.05(所有 B 产品所使用的原材料总量)
3   a1 ≥ 0.6 × (a1 + a2 + a3)
4   b1 ≥ 0.4 × (b1 + b2 + b3)
```

5  a3≤0.25 × ( a1 + a2 + a3 )
6  b3≤0.25 × ( b1 + b2 + b3 )
7  23 ≤ a1 + b1 ≤ 30
8  a2 + b2 ≤ 20
9  a3 + b3 ≤ 17

代码如下：

```
1   import pulp

2   # 基本设置
3   my_lp_problem = pulp.LpProblem("MyProblem", pulp.LpMinimize)
4   product_types = ['A', 'B']
5   ingredients = ['S1', 'S2', 'S3']

6   # 变量定义
7   ing_weight = pulp.LpVariable.dicts("weight",
8                                      ((i, j) for i in product_types for j in
                                        ingredients),
9                                      lowBound = 0,
10                                     cat = 'Continuous')
11  # 目标函数
12  my_lp_problem += (
13      pulp.lpSum([
14          4.32 * ing_weight[(i, 'S1')]
15          + 2.46 * ing_weight[(i, 'S2')]
16          + 1.86 * ing_weight[(i, 'S3')]
17          for i in product_types])
18  )

19  # 约束条件
20  my_lp_problem += pulp.lpSum([ing_weight['A', j] for j in ingredients]) == 500 * 0.05
21  my_lp_problem += pulp.lpSum([ing_weight['B', j] for j in ingredients]) == 350 * 0.05

23  # A,B产品中S1原材料的占比要求
24  my_lp_problem += ing_weight['A', 'S1'] >= (
25      0.6 * pulp.lpSum([ing_weight['A', j] for j in ingredients]))
26  my_lp_problem += ing_weight['B', 'S1'] >= (
27      0.4 * pulp.lpSum([ing_weight['B', j] for j in ingredients]))

28  # S3原材料在产品中的占比要求
29  my_lp_problem += ing_weight['A', 'S3'] <= (
30      0.25 * pulp.lpSum([ing_weight['A', j] for j in ingredients]))
31  my_lp_problem += ing_weight['B', 'S3'] <= (
32      0.25 * pulp.lpSum([ing_weight['B', j] for j in ingredients]))

33  # 所有产品的原材料需求总量要求
34  my_lp_problem += pulp.lpSum([ing_weight[i, 'S1'] for i in product_types]) <= 30
35  my_lp_problem += pulp.lpSum([ing_weight[i, 'S1'] for i in product_types]) >= 23
36  my_lp_problem += pulp.lpSum([ing_weight[i, 'S2'] for i in product_types]) <= 20
37  my_lp_problem += pulp.lpSum([ing_weight[i, 'S3'] for i in product_types]) <= 17

38  # 求解
```

```
39  my_lp_problem.solve()
40  print(pulp.LpStatus[my_lp_problem.status])

41  for var in ing_weight:
42      var_value = ing_weight[var].varValue
43      print("在{0}产品中的{1}原材料有{2}千克".format(var[0], var[1], var_value))

44  total_cost = pulp.value(my_lp_problem.objective)
45  print("总成本为: {}".format(round(total_cost, 2)))
```

输出内容较多,最后几行给出了相关变量值及目标函数值,如下:

```
1  Optimal
2  在 A 产品中的 S1 原材料有 15.0 千克
3  在 A 产品中的 S2 原材料有 3.75 千克
4  在 A 产品中的 S3 原材料有 6.25 千克
5  在 B 产品中的 S1 原材料有 8.0 千克
6  在 B 产品中的 S2 原材料有 5.125 千克
7  在 B 产品中的 S3 原材料有 4.375 千克
8  总成本为: 140.95
```

代码说明如下:

(1) 在"基本设置"部分,使用 Pulp 库建立线性规划求解模型,并指定求最优的最小值,即总成本最低。

(2) 在"变量定义"部分,利用 dicts() 函数实现了组变量定义,方便一些利用多种特征组合形成的多变量进行集中定义。其中使用了以下嵌套推导式写法:

```
(i, j) for i in product_types for j in ingredients
```

这种语法利用两个推导式组合形成对两组数据的组合排列。如:

```
print([(i, j) for i in [1, 2] for j in ['a', 'b', 'c']])
```

输出如下:

```
[(1, 'a'), (1, 'b'), (1, 'c'), (2, 'a'), (2, 'b'), (2, 'c')]
```

此时可以观察 ing_weight 变量值,如下:

```
print(ing_weight)
```

输出如下:

```
{   ('A', 'S1'): weight_('A',_'S1'),
    ('A', 'S2'): weight_('A',_'S2'),
    ('A', 'S3'): weight_('A',_'S3'),
    ('B', 'S1'): weight_('B',_'S1'),
    ('B', 'S2'): weight_('B',_'S2'),
    ('B', 'S3'): weight_('B',_'S3')   }
```

dicts() 函数自动生成一个字典结构,此时共有 6 个元素,分别表达了 6 个变量。每个元素的键都是一个元组,分别是产品和原材料;每个元素的值是以 weight_ 开头的对应值,也是所在字典元素的键对应的变量值,如 weight_('A',_'S1') 表示 A 产品中 S1 原材料的占比。

(3) 在"目标函数"部分，通过 lpSum() 函数实现利用组变量来构造目标函数。具体功能就是按照产品原材料情况的说明，分别给出了各种产品的各种原材料的总量，即以千克为单位表示的总重量。

可以输出该目标函数：

```
print(my_lp_problem)
```

输出如下：

```
MyProblem:
MINIMIZE
4.32*weight_('A',_'S1') + 2.46*weight_('A',_'S2') + 1.86*weight_('A',_'S3') + 4.32*weight_('B',_'S1') + 2.46*weight_('B',_'S2') + 1.86*weight_('B',_'S3') + 0.0
VARIABLES
weight_('A',_'S1') Continuous
weight_('A',_'S2') Continuous
weight_('A',_'S3') Continuous
weight_('B',_'S1') Continuous
weight_('B',_'S2') Continuous
weight_('B',_'S3') Continuous
```

可以看出，lpSum() 函数本身具有求和的功能，目标函数体就是再次利用推导式写法得到各组变量（重量）与各自单价的乘积和，以此表达总成本。

如果不这样写，就需要给出全部变量的直接累加和，如下：

```
my_lp_problem += 4.32 * ing_weight[('A', 'S1')] + 2.46 * ing_weight[('A', 'S2')] + 1.86 * ing_weight[('A', 'S3')] + 4.32 * ing_weight[('B', 'S1')] + 2.46 * ing_weight[('B', 'S2')] + 1.86 * ing_weight[('B', 'S3')]
```

运行效果一样，但是代码的复杂度非常高，可读性也较差。

(4) 在"约束条件"部分，都是利用 lpSum() 函数结合组变量求和，实现对各种约束条件的表达。如：

```
my_lp_problem += pulp.lpSum([ing_weight['A', j] for j in ingredients]) == 500 * 0.05
```

表达了约束条件

```
a1 + a2 + a3 = 500 * 0.05(所有 A 产品所使用的原材料总量)
```

它通过计算 A 产品中三种原材料的总量，使之和既定总量要求保持一致。

(5) 在"求解"部分，利用 LpStatus() 方法可以了解模型的执行状态。

通过 ing_weight 组变量，还可以循环遍历以进一步获取其中的单个变量，并通过 varValue 属性进一步得到相应的权值，即每种产品中的各种原材料占比。

最后仍然通过 value() 方法执行 objective 属性返回的符号计算公式，得到最优的最小成本数值。

## 6.2.3 二值变量结合的非线性生产规划

上述方法都完整考虑所有数据，并且根据同等线性变化关系参与规划运算，但是在实际生产中，有时却存在着一些非线性的数值变化关系，例如一旦数值达到一个阈值就不再增长，数值有时可用有时不可用等。此时，可以通过二值变量来区分这些不同的状态，这是一种较简单、有效的处理方法。

【例 6-7】 使用 pulp 库进行二值变量结合的非线性生产规划。

假设有两家生产工厂 A 和 B，它们都可以开工，一起满足社会需求。假设理想目标就是两家工厂生产产量之和正好和社会需求一致，但是需要使用最小的成本来达到这一目标。在成本中存在两类常见类型，其中可变成本与产量有关，而固定成本则只要开工就会产生，产量再多其大小还是保持不变。显然，对于固定成本的计算可以考虑使用二值变量来刻画。两家工厂的各种成本和月度社会需求量分别如表 6-2 和表 6-3 所示。

表 6-2 两家工厂的各种成本

| 月份 | 工厂 | 最大产量 | 最小产量 | 可变成本 | 固定成本 |
|---|---|---|---|---|---|
| 1 | A | 100 000 | 20 000 | 10 | 500 |
| 1 | B | 50 000 | 20 000 | 5 | 600 |
| 2 | A | 110 000 | 20 000 | 11 | 500 |
| 2 | B | 55 000 | 20 000 | 4 | 600 |
| 3 | A | 120 000 | 20 000 | 12 | 500 |
| 3 | B | 60 000 | 20 000 | 3 | 600 |
| 4 | A | 145 000 | 20 000 | 9 | 500 |
| 4 | B | 100 000 | 20 000 | 5 | 600 |
| 5 | A | 160 000 | 20 000 | 8 | 500 |
| 5 | B | 0 | 0 | 0 | 0 |
| 6 | A | 140 000 | 20 000 | 8 | 500 |
| 6 | B | 70 000 | 20 000 | 6 | 600 |
| 7 | A | 155 000 | 20 000 | 5 | 500 |
| 7 | B | 60 000 | 20 000 | 4 | 600 |
| 8 | A | 200 000 | 20 000 | 7 | 500 |
| 8 | B | 100 000 | 20 000 | 6 | 600 |
| 9 | A | 210 000 | 20 000 | 9 | 500 |
| 9 | B | 100 000 | 20 000 | 8 | 600 |
| 10 | A | 197 000 | 20 000 | 10 | 500 |
| 10 | B | 100 000 | 20 000 | 11 | 600 |
| 11 | A | 80 000 | 20 000 | 8 | 500 |
| 11 | B | 120 000 | 20 000 | 10 | 600 |
| 12 | A | 150 000 | 20 000 | 8 | 500 |
| 12 | B | 150 000 | 20 000 | 12 | 600 |

表 6-3 月度社会需求量

| 月份 | 社会需求量 |
|---|---|
| 1 | 120 000 |
| 2 | 100 000 |
| 3 | 130 000 |
| 4 | 130 000 |
| 5 | 140 000 |
| 6 | 130 000 |

续表

| 月　份 | 社会需求量 |
| --- | --- |
| 7 | 150 000 |
| 8 | 170 000 |
| 9 | 200 000 |
| 10 | 190 000 |
| 11 | 140 000 |
| 12 | 100 000 |

代码如下：

```
1  import pandas as pd
2  import pulp

3  # 基本设置
4  my_lp_problem = pulp.LpProblem("MyProblem", pulp.LpMinimize)

5  # 读取文件数据
6  factories = pd.read_csv('工厂生产成本.csv', index_col = ['月份', '工厂'], encoding = 'GBK')
7  demand = pd.read_csv('月度需求.csv', index_col = ['月份'], encoding = 'GBK')

8  # 变量定义
9  production = pulp.LpVariable.dicts("产量", ((month, factory) for month, factory in factories.index), lowBound = 0, cat = 'Integer')
10 factory_status = pulp.LpVariable.dicts("生产状态", ((month, factory) for month, factory in factories.index), cat = 'Binary')

11 # 目标函数
12 my_lp_problem += pulp.lpSum([production[month, factory] * factories.loc[(month, factory), '可变成本'] for month, factory in factories.index] + [factory_status[month, factory] * factories.loc[(month, factory), '固定成本'] for month, factory in factories.index])

13 # 约束条件
14 # 每月的两家工厂产量之和满足社会需求
15 for month in demand.index:
16     my_lp_problem += production[(month, 'A')] + production[(month, 'B')] == demand.loc[month, '社会需求量']

17 # 每月两家工厂的产量位于正常区间
18 for month, factory in factories.index:
19     min_production = factories.loc[(month, factory), '最小产量']
20     max_production = factories.loc[(month, factory), '最大产量']
21     my_lp_problem += production[(month, factory)] >= min_production * factory_status[month, factory]
22     my_lp_problem += production[(month, factory)] <= max_production * factory_status[month, factory]

23 # 求解
24 my_lp_problem.solve()
```

```
25  output = []
26  for month, factory in production:
27      var_output = {
28          '月份': month,
29          '工厂': factory,
30          '产量': production[(month, factory)].varValue
31      }
32      output.append(var_output)
33  output_df = pd.DataFrame.from_records(output).sort_values(['月份', '工厂'])
34  output_df.set_index(['月份', '工厂'], inplace = True)
35  print(output_df)
```

输出内容较多,最后以格式化表格的形式给出了相关变量值及目标函数值,如下:

```
            产量
月份 工厂
 1  A    70000.0
    B    50000.0
 2  A    45000.0
    B    55000.0
 3  A    70000.0
    B    60000.0
 4  A    30000.0
    B   100000.0
 5  A   140000.0
    B        0.0
 6  A    60000.0
    B    70000.0
 7  A    90000.0
    B    60000.0
 8  A    70000.0
    B   100000.0
 9  A   100000.0
    B   100000.0
10  A   190000.0
    B        0.0
11  A    80000.0
    B    60000.0
12  A   100000.0
    B        0.0
```

代码说明如下:

(1) 在"基本设置"部分,使用 pulp 库建立线性规划求解模型,并指定求最优的最小值,即最低的总成本。

(2) 在"读取文件数据"部分,因为相关数据都位于数据文件中,分别是"工厂生产成本.csv"和"月度需求.csv",因此通过 pandas 读取并构建 DataFrame 二维表格,存储所有数据。其中 index_col 参数指定了哪些列可以被设置为索引列。可以看出,这里将产量、成本和社会需求量之外的数据设置为了索引列。

(3) 在"变量定义"部分,分别定义了产量和生产状态两个组变量。其中,产量获取的是采取推导式写法直接获取工厂生产成本中的索引列(即月份和工厂)作为元素的键,值保存相应的产量。生产状态也是对同一组数据进行获取作为元素的键,但是在值类型上,设置 cat 参数为 Binary(表示二值类型),也就是说,它的元素的值只能是 0 和 1 两种数值,分别表示不开工和开工。之所以增加是否开工这个变量,主要是为了表达固定成本的计算,只有有产量时,才增加固定成本,没有产量时并不增加固定成本,因此通过是否开工这个二值变量,就可以将它和固定成本相乘,形成一种有效的固定成本计算方式。

(4) 在"目标函数"部分,累加了各月产量带来的可变成果和开工带来的固定成本,目标就是使得整个目标函数取最小值,即总成本最低。该目标函数由两部分组成,第一部分是每月每家工厂的可变成本与产量的乘积,第二部分是每月每家工厂是否开工带来的固定成本,两者之和构成每月每家工厂的所有生产成本。

(5) 在"约束条件"部分,分别按照要求定义了各种条件规则,包括每月的两家工厂产量之和满足社会需求、每月两家工厂的产量位于正常区间等。其中在每月两家工厂的产量位于正常区间的判断中,其实也包含了对不开工条件下的数值判断,因为不开工时 factory_status 返回值为 0,因此,此时的 production[(month, factory)]位于大于或等于 0 和小于或等于 0 之间,其实就是等于 0。

(6) 在"求解"部分,为了构造格式化的输出结果,首先将相关数据存储到列表 output 中,该列表的每个元素是个字典,这些字典都有三个元素,元素的键分别是"月份"、"工厂"和"产量"。然后再通过 DataFrame 的 from_records()方法将该字典数据转换为 DataFrame,在排序和建立索引后构成了可以直接输出的数据内容。

## 6.3 最优化问题

最优化问题其实是函数的最值问题,在经济管理应用中,表现之一为当产量为多少时成本最小而利润最大。

### 6.3.1 最小成本计算

由于成本是产量的函数,最小成本可以通过使边际平均成本为 0 来计算。

假设有成本函数为($x$ 为产量)

$$\text{cost}(x) = \frac{x^2}{3} + 5x + 100$$

【例 6-8】 计算平均单位成本最低时的产量和最低成本(边际平均成本为 0)。

```
1  from sympy import *
2  x = symbols('x', positive = True)
3  cost = x ** 2 / 3 + 5 * x + 100
4  cost_m = cost / x
5  cost_d_m = diff(cost_m, x)
6  print('当产量为%d时,平均成本最低,为%d' % (solve(cost_d_m, x)[0], cost_m.subs(x,
    solve(cost_d_m, x)[0])))
```

输出如下:

当产量为 17 时,平均成本最低,为 16

下面重点说明关键代码的含义。

（1）第二行定义了符号变量 x，由于它表示产量，因此只考虑正数。

（2）第三行定义了基于符号变量 x 的成本表达式，表示成本与产量的关系。

（3）第四行是计算平均成本，即成本与产量的比值。具有符号变量的函数表达式还可以进行各种代数运算，可以观察其具体公式表达内容：

```
1   from sympy import *
2   x = symbols('x', positive = True)
3   cost = x ** 2 / 3 + 5 * x + 100
4   cost_m = cost / x
5   print(cost_m)
```

输出如下：

(x ** 2/3 + 5 * x + 100)/x

也可以使用 Sympy 库的 print_ccode() 方法看到 C 语言的表示，可以直接作为其他计算机语言的代码来运行，如：

print_ccode(cost_m)

输出如下：

((1.0/3.0) * pow(x, 2) + 5 * x + 100)/x

（4）第五行是对成本函数求导。

（5）第六行为关键计算代码，它主要包括两个计算，一个是在平均成本函数的导数取值为 0 时，计算自变量即产量的数值；另一个是计算该产量下的成本，即最低成本。

这里使用了两个重要方法：一个是 solve() 方法，例如 solve(cost_d_m, x) 表示对于 cost_d_m 函数表达式，即平均成本函数的导数，当因变量为 0 时，即边际平均成本最低时，计算自变量 x 的取值。由于可能有多个自变量取值结果，因此返回值为列表。这里虽然只有一个值，但是依然只能通过访问列表第一个元素来获取数值。

如果需要计算当因变量不为 0 时的自变量值，可以通过利用因变量和这个不为零的差值来实现。如下面的代码演示了如何当因变量为 5 时求自变量的值：

```
1   from sympy import *
2   x = symbols('x')
3   y = x ** 2 + 1
4   print(solve(y - 5, x))
```

输出如下：

[-2, 2]

第二个是 subs() 方法，比如 cost_m.subs(x, y) 表示对于 cost_m 函数表达式，即平均成本函数，计算当自变量 x 为 y 值时函数的因变量结果值。在上述计算中，y 为平均成本函数导数为 0 时的产量值。

这里 print() 方法使用了含有％的格式化输出方式，每个％前面输出格式字符串中的"％d"，占位符对应％后数值序列中的一个数值，一一按序对应。

由于当边际成本等于平均成本时，平均成本能达到最小，因此也可以利用该等式进行。

**【例 6-9】** 计算平均单位成本最低时的产量和最低成本(边际成本等于平均成本)。

```
1  from sympy import *
2  x = symbols('x', positive = True)
3  cost = x ** 2 / 3 + 5 * x + 100
4  cost_d = diff(cost, x)
5  cost_avg = cost / x
6  cost_func = cost_d - cost_avg
7  print('当产量为 %d时,平均成本最低,为 %d' % (solve(cost_func, x)[0], cost_avg.subs
   (x, solve(cost_func, x)[0])))
```

输出如下：

当产量为 17 时,平均成本最低,为 16

本例代码基本结构和上例一致,主要区别在于构造了 cost_func(),要使得边际成本等于平均成本,可以利用边际成本减去平均成本为 0 作为判断条件,这样可以使之符合 Sympy 库的计算规则。cost_func()符号函数就是边际成本减去平均成本,因此在 solve()函数中以此函数因变量为 0 反求自变量 x(产量)的数值,并进一步根据该数值直接利用平均成本函数 cost_avg()计算最低的平均成本。

### 6.3.2 最大利润计算

总利润等于总收入减去总成本,一般总收入为总产量和价格的乘积。要想获得最大的总利润,相关的产量取值必须要满足：(1)必要条件,即此时的边际利润为 0,也就是边际收入等于边际成本；(2)充分条件,即边际利润的二阶导数值小于 0,也就是边际收入的变化率大于边际成本的变化率。

假设有成本函数为($x$ 为产量)

$$\text{cost}(x) = 500 + 2x^2$$

有价格函数为($x$ 为产量)

$$\text{price}(x) = 100 + \frac{x}{5}$$

**【例 6-10】** 计算总利润最大时的产量。

```
1  from sympy import *
2  x = symbols('x', positive = True)
3  cost = 500 + 2 * x ** 2
4  price = 100 - x / 5
5  profit = x * price - cost
6  profit_d = diff(profit, x)
7  print('当产量为 %d时,总利润最大,为 %d' % (solve(profit_d, x)[0], profit.subs(x,
   solve(profit_d, x)[0])))
8  profit_2d = diff(profit, x, 2)
9  print(profit_2d.subs(x, solve(profit_d, x)[0]))
```

输出如下：

当产量为 22 时,总利润最大,为 636

-22/5

下面重点说明关键代码的含义。

（1）第五行计算得到了总利润的函数表达式，可以通过以下代码观察输出：

```
1  from sympy import *
2  x = symbols('x', positive = True)
3  cost = 500 + 2 * x ** 2
4  price = 100 - x / 5
5  profit = x * price - cost
6  print(profit)
```

输出如下：

-2 * x ** 2 + x * (100 - x/5) - 500

（2）第六行对总利润函数求导。

（3）第七行为关键计算代码，利用 solve(profit_d，x)[0]方法得到在边际利润为 0 时的产量数值，利用 profit.subs(x，solve(profit_d，x)[0])计算该产量下的总利润。

（4）第八行对总利润函数求二阶导数，这可以通过 diff( )函数第三个参数为 2 来设定。

（5）第九行计算在该产量下的总利润二阶导数值，通过输出可以判断此时二阶导数值为负，说明条件充分。

## 6.4  改变量分析

所谓改变量，是指在经济函数中当自变量数值发生变化时，相应的因变量数值变化的幅度。通过对这些变化幅度的对比分析，可以了解自变量数值变化的合理区间。具体计算可以利用函数积分来实现。

### 6.4.1  平均变化率

对于某经济函数，按照时间间隔进行定积分，并和时间间隔相除即可得到平均变化率。

假如银行利息按照年度连续计算，利息率($r$)是时间($t$)的函数，公式如下：

$$r(t) = 0.02 + 0.01t$$

【例 6-11】  计算第一年到第四年所有年度的平均利息率。

```
1  from sympy import *
2  t = symbols('t')
3  r = 0.02 + 0.01 * t
4  t1 = 1
5  t2 = 4
6  print(integrate(r, (t, t1, t2)) / (t2 - t1))
```

输出如下：

0.0450000000000000

第六行使用了 integrate() 方法，该方法可以求定积分，它的第一个参数表示是求定积分的函数，第二个参数分别指定了自变量及其下限和上限。如果没有第二个参数，则表示求不定积分，可以通过以下代码观察输出：

```
1   from sympy import *
2   t = symbols('t')
3   r = 0.02 + 0.01 * t
4   print(integrate(r))
```

输出如下：

0.005*t**2 + 0.02*t

## 6.4.2 经济函数改变量

例如某企业边际成本为 50(元/个)，边际收入函数为 $0.1x+200$(元/个)。

【例 6-12】 计算当产量从 1000 增加到 2000 时的总成本 $C(x)$、总收入 $R(x)$、总利润 $P(x)$ 的改变量。

```
1   from sympy import *
2   x = symbols('x')
3   C = 50
4   R = 0.1 * x + 200
5   P = R - C
6   p1 = 1000
7   p2 = 2000
8   print('总成本改变量为 %d' % integrate(C, (x, p1, p2)))
9   print('总收入改变量为 %d' % integrate(R, (x, p1, p2)))
10  print('总利润改变量为 %d' % integrate(P, (x, p1, p2)))
```

输出如下：

总成本改变量为 50000
总收入改变量为 350000
总利润改变量为 300000

该计算方法是指分别利用成本函数、收入函数和利润函数在指定数值区间范围内的积分实现改变量计算。进一步结合更多的数值区间，可以了解不同数值区间的改变量。

【例 6-13】 计算不同产量区间的总成本 $C(x)$、总收入 $R(x)$、总利润 $P(x)$ 的改变量。

```
1   from sympy import *
2   x = symbols('x')
3   C = 50
4   R = 0.1 * x + 200
5   P = R - C
6   period = 1000
7   for i in range(0, 5000, period):
8       print('产量 %d - %d 改变量：总成本 %d, 总收入 %d, 总利润 %d' % (i, i + period,
9             integrate(C, (x, i, i + period)), integrate(R, (x, i, i + period)),
10            integrate(P, (x, i, i + period))))
```

输出如下：

产量 0-1000 改变量：总成本 50000，总收入 250000，总利润 200000
产量 1000-2000 改变量：总成本 50000，总收入 350000，总利润 300000
产量 2000-3000 改变量：总成本 50000，总收入 450000，总利润 400000
产量 3000-4000 改变量：总成本 50000，总收入 550000，总利润 500000
产量 4000-5000 改变量：总成本 50000，总收入 650000，总利润 600000

这里使用循环设定了 5 个产量数值区间，并分别统计了各产量区间的相关改变量。

## 6.5 多值计算

多值计算主要用于分析多个自变量的组合影响中不同自变量的影响程度，它在很多应用中有着实际的分析价值。

假设有商店销售三种商品，近三年的销售量及其利润如表 6-4 所示。

表 6-4 三种商品的销售量及其利润

| 年份 | 商品 1 销售量（件） | 商品 2 销售量（件） | 商品 3 销售量（件） | 利润（万元） |
| --- | --- | --- | --- | --- |
| 1 | 300 | 200 | 300 | 70 |
| 2 | 200 | 100 | 500 | 60 |
| 3 | 200 | 300 | 400 | 80 |

这里的利润率是指单位销售量所获取的利润金额，因此可以使用利润和销售量的商来计算，每种商品的利润率都不一定相同。因此，这些利润率的计算可以看成三元一次方程的求解。

**【例 6-14】** 计算三种商品的利润率（使用行列式计算）。

```
1   import numpy as np
2   m = np.array([[300, 200, 300], [200, 100, 500], [200, 300, 400]])
3   m1 = np.array([[70, 200, 300], [60, 100, 500], [80, 300, 400]])
4   m2 = np.array([[300, 70, 300], [200, 60, 500], [200, 80, 400]])
5   m3 = np.array([[300, 200, 70], [200, 100, 60], [200, 300, 80]])
6   print(np.linalg.det(m1) / np.linalg.det(m))
7   print(np.linalg.det(m2) / np.linalg.det(m))
8   print(np.linalg.det(m3) / np.linalg.det(m))
```

输出如下：

0.08823529411764693
0.1294117647058819
0.05882352941176455

对于三元一次方程的求解，原始方程可以写为

$$\begin{cases} 300x_1 + 200x_2 + 300x_3 = 70 \\ 200x_1 + 100x_2 + 500x_3 = 60 \\ 200x_1 + 300x_2 + 400x_3 = 80 \end{cases}$$

其中 $x_1$、$x_2$ 和 $x_3$ 分别表示三种商品的利润率。使用克莱姆法则，需要把方程组转换为矩阵，然后求该矩阵行列式的值。在代码的第二行到第五行，分别定义了需要计算行列式的四个矩阵，其中 $m$ 矩阵为原始方程系数矩阵，$m_1$ 到 $m_3$ 分别为替换了第一、二、三列

的原始方程系数矩阵，替换内容为每个方程右边的常量。Numpy 库的 linalg 库提供了很多用于线性代数计算的功能，如 det()方法可以返回矩阵的行列式。直接按照克莱姆法则，可以得到三种商品各自的利润率。

但是，克莱姆法则前提条件是方程系数矩阵的行列值不等于 0，因此在实际求解前，还需要判断下是否有解。

```
1   import numpy as np
2   m = np.array([[300, 200, 300], [200, 100, 500], [200, 300, 400]])
3   print(np.linalg.det(m))
```

输出如下：

-17000000.000000037

显然，满足求解的条件。

也可以通过矩阵方式来求解，此时的方程解应该为系数矩阵的逆与结果值向量的内积。

【例 6-15】 计算每种商品的利润率（使用矩阵计算）。

```
1   import numpy as np
2   m = np.array([[300, 200, 300], [200, 100, 500], [200, 300, 400]])
3   n = np.array([70, 60, 80])
4   print(np.inner(np.linalg.inv(m), n))
```

输出如下：

[0.08823529 0.12941176 0.05882353]

这些主要方法也都是 Numpy 所提供，inv()方法表示求逆矩阵，inner()方法表示内积。

更简单的做法是直接使用 Numpy 提供的方程求解方法。

【例 6-16】 计算每种商品的利润率（使用 Numpy 方程求解方法）。

```
1   import numpy as np
2   m = np.array([[300, 200, 300], [200, 100, 500], [200, 300, 400]])
3   n = np.array([[70], [60], [80]])
4   print(np.linalg.solve(m, n))
```

输出如下：

[[0.08823529]
 [0.12941176]
 [0.05882353]]

Numpy 库的 solve()方法可以直接实现对矩阵形式线性方程的求解。

## 习题

1. 利用决策树算法，完成对其他多特征数据集合的影响因素分析。
2. 在 6.2.1 节中，尝试在修改目标函数和两产品的需求量后，利用现有方法完成线性规划的相关实验。

3. 在 6.2.2 节中,尝试在修改目标函数、两产品和三原材料的构成关系后,利用现有方法完成线性规划的相关实验。

4. 为一家生产汽车的厂商提供优化方案,该厂商可以生产 A 和 B 两种车,有一个机器人、两个工程师和一个推销员。假设以一个月(30 天)作为一个周期来优化利润,机器人和工程师都不休息,但推销员每个月只工作 21 天。生产和销售一辆车需要不同的机器人、工程师和推销员的工时:生产和销售一辆 A 车需要 3 天机器人工时、5 天工程师工时和 1.5 天推销员工时;生产一辆 B 车需要 4 天机器人工时、6 天工程师工时和 3 天推销员工时。一辆 A 车的利润是 3 万元,而一辆 B 车是 4.5 万元。目前的方案是每种车各生产、销售 4 辆,利润是 30 万元。现在需要找到利润更高的方案,给出相关计算的实现代码。

5. 查阅资料,了解计算多元方程的更多方法,并据此改进 6.5 节的多值计算。

# 第 7 章

# 金融决策分析方法

金融决策是指在金融业务和金融管理活动中,为实现预定目标,用科学的理论和方法系统地分析主客观条件,提出各种预选方案,并从中选择最优方案的运筹过程。金融即货币的资金融通,是货币流通、信用活动及与之相关的经济行为的总称,因此金融决策分析的对象主要包括货币、有价证券、外汇和保险等。近年来,尤其是在包括证券在内的投资领域,使用计算机方法进行量化投资分析,逐渐成为一个广受关注的研究和应用领域。本章内容主要围绕着该领域进行介绍,同时对银行利息计算等其他金融相关内容也做出必要说明。

## 7.1 利息计算

利息计算作为银行存款利息、贷款利息等的一种基本计算方式,无论在银行的日常结账环节还是人们日常生活中都发挥了不小的作用。甚至在诸如买房按揭等应用中,人们有时还需要根据实际情况来综合考虑更合理的利息方案。这些都需要对相关利息进行准确的计算。

### 7.1.1 借贷利息计算

**1. 单利计算**

常见的利息计算有两种计息方式,分别是单利和复利。单利方式比较简单,只对本金计算利息,因此每期的利息固定不变,总利息额主要受到计息时间的影响。计算方法为

$$本息总和 = 本金 \times (1 + 利率 \times 计息期)$$

如果有 1 万元本金,三年期的年利率为 2.75%,下面完成一些分析任务。

【例 7-1】 按照单利计算 3 年后的本息总和。

```
1  principal = 10000              # 本金
2  rate = 0.0275                  # 年利率
3  years = 3                      # 年数
```

```
4  interest = principal * rate * years    # 利息
5  total = principal + interest           # 本息总和
6  print(total)
```

输出如下:

10825.0

本例计算比较简单,直接将本金和利息相加即可得到最终的本息总和。

如果提前取款,就需要按照平均日利率来计算相应天数应得的利息,其中日利率一般按照年利率的1/360来计算。例如例7-1中提前取款,由于提前取款时用活期利率计算利息,同时活期利率一般明显低于定期利率,如0.35%。

**【例7-2】** 计算50天后提前还款时的本息总和。

```
1  principal = 10000                      # 本金
2  rate = 0.0035                          # 年利率
3  days = 50                              # 天数
4  interest = principal * (rate / 360) * days   # 利息
5  total = principal + interest           # 本息总和
6  print(total)
```

输出如下:

10004.861111111111

这个问题仍然表现为本金和利息的总和计算问题,只是在计算利息时需要将以年为单位的利息计算转换为以天为单位的利息计算,相应地需要将年利率与360相除得到日利率。

**2. 复利计算**

复利不同于单利,需要对本金和利息同时进行计息,也就是人们常说的"利滚利",一般见于民间借贷中。计算方法为

$$本息总和 = 本金 \times (1 + 利率)^{计息期}$$

如果有1万元本金,年利率为5%,下面完成一些分析任务。

**【例7-3】** 按照复利计算30天后的本息总和。

```
1  principal = 10000                      # 本金
2  rate = 0.05                            # 年利率
3  days = 30                              # 天数
4  total = principal * (1 + (rate / 360)) ** days   # 本息总和
5  print(total)
```

输出如下:

10041.750687580625

其中,计算幂值也可以使用math库的pow()方法来实现如下,两个参数分别设定底数和幂:

```
total = principal * math.pow((1 + (rate / 360)), days)   # 本息总和
```

如果采取一年多次计息,计算方法为

$$本息总和 = 本金 \times \left(1 + \frac{年利率}{年计息次数}\right)^{总计息次数}$$

如果有 1 万元本金,年利率为 5%,下面完成一些分析任务。

【例 7-4】 按照一年计息两次的复利计算一年后的本息总和。

```
1  principal = 10000                                # 本金
2  rate = 0.05                                      # 年利率
3  period = 2                                       # 计息期
4  total = principal * (1 + (rate / period)) ** period   # 本息总和
5  print(total)
```

输出如下:

10506.25

一般而言,复利结算次数越多,利息发生额越大。事实上,如果一年内多次计息,当次数趋近于无穷大时,实际利率就为 $e^{r}-1$,其中 e 为自然常数。

## 7.1.2 按揭贷款计算

在购房等商业行为中,常常需要使用按揭贷款。按揭贷款的计算方法也有很多,常见的有等额本息还款法、等额本金还款法等。等额本息还款法把贷款本金总额与利息总额相加,平均分摊到还款期的每个月中,每月还款额固定,但每月还款额中的本金比重逐月递增,利息比重逐月递减。计算方法为

$$每月还款额 = \frac{贷款本金 \times 月利率 \times (1 + 月利率)^{还款月数}}{(1 + 月利率)^{还款月数} - 1}$$

如果有 100 万元贷款金额,贷款期限为 10 年(120 个月),贷款年利率为 4.9%,下面完成一些分析任务。

【例 7-5】 按照等额本息还款法计算每月还款额。

```
1  loan = 1000000                        # 本金
2  rate = 0.049                          # 年利率
3  months = 120                          # 月数
4  total = (loan * rate / 12 * (1 + rate / 12) ** months) / ((1 + rate / 12) ** months
   - 1)
5  print(total)
```

输出如下:

10557.739547184334

因为要计算每月还款额,因此需要将年利率转换为月利率,此处用年利率除以 12 来表示。

等额本金还款法即借款人每月按相等的金额偿还贷款本息,每月贷款利息按月初剩余贷款本金计算并逐月结清。在贷款后期因贷款本金不断减少,每月还款额中贷款利息也不断减少,相对来说,实际占用银行贷款的金额更多,占用的时间更长。计算方法为将每月应还本金和每月应还利息相加,如下:

$$每月还款额 = \frac{贷款本金}{总月数} + \left(贷款本金 - \frac{贷款本金 \times (当前月数 - 1)}{总月数}\right) \times 月利率$$

如果有 100 万元贷款金额,贷款期限为 10 年(120 个月),贷款年利率为 4.9%,下面完成一些分析任务。

【例 7-6】 按照等额本金还款法计算第 3 个月的还款额。

```
1  loan = 1000000        # 本金
2  rate = 0.049          # 年利率
3  months = 120          # 月数
4  i = 3
5  total = loan / months + (loan - loan / months * (i - 1)) * rate / 12
6  print(total)
```

输出如下:

12348.611111111111

该公式也可以写成其他等价形式,从而形成结果一样的不同计算表达式。

## 7.2 博彩量化分析

在博彩领域,包括掷色子和买彩票等操作都会形成一种表现出很强的随机分布特点的数据结果。因此,对于此类随机数据,应该采取何种策略来加以应对,可以应用于包括彩票购买等各种实际应用场景中。

### 7.2.1 掷色子模拟分析

在很多数值领域都存在着数值分布的特征,只要能认识到并且利用这种特征,就可以更有效地实现预测,这种思路可以用在很多领域。如果不考虑任何数值的分布特征,单纯地靠运气来猜,那么命中结果的概率将相对更低。

下面先分析一段掷色子和猜数字的模拟演示代码。

【例 7-7】 统计用户猜中随机色子数字的概率。

```
1  import random
2  count = 0                              # 统计猜数的总次数
3  win = 0                                # 统计猜中的总次数
4  while True:
5      rand = random.randint(1, 6)        # 随机产生一个色子数
6      num = int(input())                 # 允许用户输入任意一个数字
7      if num == 0:                       # 如果用户输入 0,结束猜数字
8          break
9      else:
10         count += 1                     # 累加猜数的总次数
11         if num == rand:                # 如果猜中
12             win += 1                   # 则累加猜中的总次数
13 print('{}/{}'.format(win, count))      # 格式化输出猜中的概率
```

运行后,用户可以不断输入 1 到 6 之间的任何整数,直至输入 0 结束并显示猜中的概率。为方便理解,代码加了必要的注释说明。这里没有考虑用户可能输入非法数字和字符的情况,最终以分数的方式显示猜中的概率。可以想象,如果次数比较少,猜中的概率可能还比较高,随着猜数次数的不断增加,最后猜中的概率应该趋于稳定。那么这个概

率究竟稳定到哪个值呢？是否一定只能输入随机数值来猜数？不随机猜数会不会影响猜中的概率？对于有选择的不随机猜数，这里显然还涉及猜数的设计策略。

为了实现大规模的猜数模拟，这里不再让用户输入数值来实现模拟，而是利用Python代码按照一定策略批量产生数据来模拟用户输入。下面分别讲解。

**【例7-8】** 统计使用单一数值猜数1000万次后猜中随机色子数字的概率。

```
1   import random
2   count = 0                              # 统计猜数的总次数
3   win = 0                                # 统计猜中的总次数
4   for i in range(10000000):
5       rand = random.randint(1, 6)        # 随机产生一个色子数
6       num = 1                            # 只允许用户输入一种数字,如1
7       count += 1                         # 累加猜数的总次数
8       if num == rand:                    # 如果猜中
9           win += 1                       # 则累加猜中的总次数
10  print('{}/{}'.format(win, count))      # 格式化输出猜中的概率
```

输出如下：

1668096/10000000

这里共循环了1000万次，每次都猜同一个数字。可以看出这个结果接近1/6，次数越多，接近效果越明显。显然，猜测同一数字的概率等价于每个色子数值出现的概率。

**【例7-9】** 统计使用随机数值猜数1000万次后猜中随机色子数字的概率。

```
1   import random
2   count = 0                              # 统计猜数的总次数
3   win = 0                                # 统计猜中的总次数
4   for i in range(10000000):
5       rand = random.randint(1, 6)        # 随机产生一个色子数
6       num = random.randint(1, 6)         # 模拟用户随机猜数
7       count += 1                         # 累加猜数的总次数
8       if num == rand:                    # 如果猜中
9           win += 1                       # 则累加猜中的总次数
10  print('{}/{}'.format(win, count))      # 格式化输出猜中的概率
```

输出如下：

1668435/10000000

和例7-8相比，本例只是替换了第六行猜数的代码，让num不再具有一个固定的数值，而是每次循环都产生一个随机的数。虽然猜数的策略改变了，但是从结果来看，输出结果和刚才差别不是很大，也是趋近于1/6。这也说明一个常识性的道理，每次都使用同一数字组合来预测下一次彩票和每次都随机组合，其实从概率结果来看并无区别。

当然，根据已有的数值分布情况来有针对性地选择数值，是否可以提高猜数的命中率呢？例如使用已经出现的次数最多的数值作为猜测数值，该方法的基本假设是出现次数越多的数值越有可能再次出现。

**【例7-10】** 统计使用已出现次数最多的数值猜数1000万次后猜中随机色子数字的概率。

```
1   import random
2   count = 0                         # 统计猜数的总次数
2   win = 0                           # 统计猜中的总次数
4   countlist = [0] * 6               # 统计每个色子数值出现频次的列表
5   for i in range(10000000):
6       rand = random.randint(1, 6)   # 随机产生一个色子数值
7       num = countlist.index(max(countlist)) + 1   # 使用已出现次数最多的色子数值
                                      # 猜数
8       countlist[rand - 1] += 1      # 累加随机产生的色子数值次数
9       count += 1                    # 累加猜数的总次数
10      if num == rand:               # 如果猜中
11          win += 1                  # 则累加猜中的总次数
12  print('{}/{}'.format(win, count)) # 格式化输出猜中的概率
```

输出如下：

1666845/10000000

该结果相对于前几个例子的结果，仍然稳定在 1/6 左右。这里获取已出现次数最多的色子数值，主要包括以下三个步骤。

(1) 第四行定义了保存每个色子数值出现频次的列表，有 6 个元素，默认初始值都为 0。这里每个列表元素对应一个色子数值，序号为 0 的第一个元素对应色子数值 1，序号为 5 的最后一个元素对应色子数值 6。看得出，色子数值为所在列表元素的序号加一。

(2) 第七行是关键代码，利用 max() 方法获取列表 countlist 的最大元素值，再利用列表自带的 index() 方法查找该最大元素值所在的序号。考虑到序号和色子数值相差一，因此加一即可得到对应的色子数值。

(3) 第八行在每次生成色子随机数后，更新该随机数对应的列表元素，将其值加一。

### 7.2.2 购买彩票模拟分析

购买彩票不同于猜色子。因为购买彩票本身需要一定的资金投入，所以对于投入金额有限的用户而言，是不可能完全采取上面大规模掷色子的策略来进行购买。不过即使如此，对于彩票销售方，通过购买彩票模拟分析，可以在整体上把握彩票业务的整体盈利率，设计出流程和兑奖机制更合理的彩票销售策略。

在彩票业务中，彩民每次都要花费一定的、较少的金额来购买彩票。假设有 5 个彩民，每个彩民都有 1 万元本金，只要彩民还有余额就可以持续地购买彩票，直到余额为 0 时停止购买。同时为了有效计算结果，还可以假定每个彩民每次只买 1 张彩票，最多交易 100 万次。这样可以观察在不同的胜率、赔率和彩票金额情况下的彩民盈利情况。

【例 7-11】 模拟在既定条件下的彩民盈利情况。

```
1   import numpy as np
2   player = 5                # 彩民人数
3   win_rate = 0.01           # 胜率
4   win_once = 10             # 每次胜利赢的金额
5   price = 1                 # 彩票价格
6   for i in range(player):   # 模拟每个彩民
7       money = 10000         # 每个彩民的本金
```

```
 8      count = 0                          # 统计每个彩民交易的次数
 9      maxtime = 1000000                  # 每个彩民最多只交易 100 万次
10      for j in range(maxtime):
11          count += 1                     # 交易次数累加一
12          money -= price                 # 从每个彩民余额中扣除彩票购买成本
13          if money <= 0:                 # 一旦余额不足,则停止当前彩民的交易
14              break
15          w = np.random.binomial(1, win_rate)   # 模拟生成彩票兑奖结果
16          if w:                          # 如果中奖
17              money += win_once          # 则累加中奖金额
18      print('彩民{}的交易次数为{},余额为{}'.format(i, count, money))
```

输出如下：

彩民 0 的交易次数为 11120,余额为 0
彩民 1 的交易次数为 11100,余额为 0
彩民 2 的交易次数为 10760,余额为 0
彩民 3 的交易次数为 10960,余额为 0
彩民 4 的交易次数为 11020,余额为 0

这个输出结果并不固定,但是每个彩民大约都在一万多次交易后输掉了全部的本金。

代码说明如下：

(1) 第二行到第五行定义了一些彩票初始条件,这些初始条件对于彩民是否盈利及盈利多少非常关键,该代码其实可以有效模拟不同初始条件下彩票交易的最终盈利率。

所谓胜率是指获胜的概率,即获胜的次数与参与总次数的比率。这个值受彩票中奖策略的影响,本例不考虑具体如何实现彩票中奖,只说明该中奖策略的胜率,因此更具有普遍意义。所谓每次胜利赢的金额,即彩票中奖后每张彩票所赢得的金额。一般而言,胜率越低的彩票每次胜利赢的金额会越多。彩票价格则可以看成是彩民的投入,这也是与 7.2.1 节掷色子例子最大的区别,即存在着交易成本。所有这些初始条件的具体数值都需要彩票销售方进行精心的测算和设计。

(2) 第七行到第九行定义了每个彩民的初始条件,即每个彩民的初始条件都相同。

(3) 第十行的循环语句模拟了每个彩民的多次交易过程,最大循环次数为每个彩民的最大交易次数,即 100 万。对于每个彩民,未必一定能交易到最大交易次数,一旦交易导致余额不足,就会提前退出交易。

每次交易都会累加交易次数和扣除交易成本,因为每次交易只购买一张彩票,因此每次交易的成本就是一张彩票的价格。

这里的关键代码是模拟彩票开奖,如下：

```
w = np.random.binomial(1, win_rate)
```

该语句表示根据伯努利分布返回一个输赢的二项分布结果,即返回值要么是 0 要么是 1。binomial()方法的第一个参数表示一次试验的样本数,值为 1 表示只进行一次样本测试;第二个参数表示事件发生的概率,这里即表示彩票中奖的概率。伯努利分布的特点在于每次试验只有两种可能的结果,其中表示事件发生的概率就由第二个参数指定。

在 Python 中,非零的数值作为 if 条件时被视为条件满足,因此如果中奖累加中奖金

额的语句也可以写为

```
if w == 1:                              # 如果中奖
    money += win_once                   # 累加中奖金额
```

如果改变彩票的一些初始条件，情况很快就会发生改变。例如将每张彩票价格提升到 2 元，那么大部分用户都会在 5000 多次的交易中输完本金。即使将胜率提高到十倍（即 0.1），所有彩民可以坚持到 100 万次交易，但是最终大部分彩民都会亏损。

在很多诸如金融交易等真实的量化分析业务中，不仅存在着交易成本，而且还可能存在交易失败带来的额外损失，这些都进一步增加了计算最终结果的复杂度。

【例 7-12】 模拟增加每次交易失败的损失金额后的彩民盈利情况。

```
 1  import numpy as np
 2  player = 5                                  # 彩民人数
 3  win_rate = 0.5                              # 胜率
 4  win_once = 10                               # 每次胜利赢的金额
 5  loss_once = 10                              # 每次失败输的金额
 6  price = 0                                   # 彩票价格
 7  for i in range(player):                     # 模拟每个彩民
 8      money = 10000                           # 每个彩民的本金
 9      count = 0                               # 统计每个彩民交易的次数
10      maxtime = 1000000                       # 每个彩民最多只交易 100 万次
11      for j in range(maxtime):
12          count += 1                          # 交易次数累加一
13          money -= price                      # 从每个彩民的余额中扣除彩票购买成本
14          w = np.random.binomial(1, win_rate) # 模拟生成彩票兑奖结果
15          if w:
16              money += win_once               # 累加中奖金额
17          else:
18              money -= loss_once              # 减去损失金额
19          if money <= 0:                      # 一旦余额不足,则停止当前彩民的交易
20              break
21      print('彩民{}的交易次数为{},余额为{}'.format(i, count, money))
```

输出如下：

彩民 0 的交易次数为 742188,余额为 0
彩民 1 的交易次数为 698876,余额为 0
彩民 2 的交易次数为 1000000,余额为 13760
彩民 3 的交易次数为 1000000,余额为 13860
彩民 4 的交易次数为 1000000,余额为 27780

在这个例子中可以发现，即使胜率为 50% 而且没有交易费（即彩票价格为 0），但是每次失败输的金额和每次赢的金额一样，那么依然有部分彩民会输尽全部金额而提前离场，当然也有部分用户会赢。

但是只要稍微增加交易成本，例如将彩票价格设置为 1，则常见的输出如下：

彩民 0 的交易次数为 10802,余额为 -2
彩民 1 的交易次数为 9997,余额为 -7
彩民 2 的交易次数为 10008,余额为 -8
彩民 3 的交易次数为 11430,余额为 -10
彩民 4 的交易次数为 9686,余额为 -6

可以看出大部分彩民都在 1 万次左右的交易中输完了全部的本金。

有一种提高盈利的可行方法,可以适当提高每次胜利赢的金额,降低每次失败输的金额。例如,将例 7-12 的第三行至第六行代码替换为如下代码:

```
1  win_rate = 0.5           # 胜率
2  win_once = 10.02         # 每次胜利赢的金额
3  loss_once = 9.98         # 每次失败输的金额
4  price = 0                # 彩票价格
```

那么几乎所有的彩民都会盈利,输出示例如下:

彩民 0 的交易次数为 1000000,余额为 47839.99999979506
彩民 1 的交易次数为 1000000,余额为 32120.00000041881
彩民 2 的交易次数为 1000000,余额为 25620.000000436557
彩民 3 的交易次数为 1000000,余额为 30120.000000436557
彩民 4 的交易次数为 1000000,余额为 51239.999998328625

上面模拟了股票交易中常见的高止盈位和低止损位交易策略,即让赚钱的股票多赚钱,让亏损的股票少亏损(让盈利"奔跑",让亏损尽快"了结"),这样的结果就是亏损的次数比赚钱的次数多,单次赚的钱比单次亏的钱多。这种情况会降低胜率,但是可以提高赔率。所谓赔率,即盈亏金额的比例。因此,只要配置合理,就能总体盈利。

【例 7-13】 模拟降低胜率、提高赔率后的彩民盈利情况。

```
1  import numpy as np
2  player = 5                              # 彩民人数
3  win_rate = 0.49                         # 胜率
4  win_once = 12                           # 每次胜利赢的金额
5  loss_once = 9                           # 每次失败输的金额
6  price = 1                               # 彩票价格
7  for i in range(player):                 # 模拟每个彩民
8      money = 10000                       # 每个彩民的本金
9      count = 0                           # 统计每个彩民交易的次数
10     maxtime = 1000000                   # 每个彩民最多只交易 100 万次
11     for j in range(maxtime):
12         count += 1                      # 交易次数累加一
13         money -= price                  # 从每个彩民的余额中扣除彩票购买成本
14         w = np.random.binomial(1, win_rate)   # 模拟生成彩票兑奖结果
15         if w:
16             money += win_once           # 累加中奖金额
17         else:
18             money -= loss_once          # 减去损失金额
19         if money <= 0:                  # 一旦余额不足,则停止当前彩民的交易
20             break
21     print('用户{}玩了{}次,还剩{}元钱'.format(i, count, money))
```

输出如下:

用户 0 玩了 1000000 次,还剩 300798 元钱
用户 1 玩了 1000000 次,还剩 305523 元钱
用户 2 玩了 1000000 次,还剩 305103 元钱
用户 3 玩了 1000000 次,还剩 307791 元钱
用户 4 玩了 1000000 次,还剩 287085 元钱

这里虽然降低了胜率,但是提高了赔率,即使增加了每次交易的成本(彩票价格为1元),每位彩民依然盈利丰厚。

## 7.3 股票行情可视化

本节例子主要基于一个我国上证 A 股股票日线数据集"个股行情.csv"(可以在教学资源中找到,详细格式说明请参见附录 A)。

首先需要得到相关的股票信息,下面的分析主要结合这一部分数据来进行。

```
1  import pandas as pd
2  data = pd.read_csv('个股行情.csv', encoding = 'GBK')
3  data = data[data['代码'] == '600629.SH'][['日期', '开盘价(元)', '最高价(元)', '最低价(元)', '收盘价(元)', '成交量(股)']]
4  data = data[data['日期'] >= '2016-01-01']
5  data['日期'] = pd.to_datetime(data['日期'])
6  data = data.set_index('日期')
7  print(data)
```

输出如下:

|  | 开盘价(元) | 最高价(元) | 最低价(元) | 收盘价(元) | 成交量(股) |
| --- | --- | --- | --- | --- | --- |
| 日期 |  |  |  |  |  |
| 2016-01-04 | 24.60 | 24.61 | 22.27 | 22.27 | 2592156.0 |
| 2016-01-05 | 21.15 | 22.70 | 20.50 | 21.25 | 3574340.0 |
| 2016-01-06 | 21.25 | 21.86 | 21.18 | 21.74 | 2516283.0 |
| 2016-01-07 | 21.48 | 21.48 | 19.57 | 19.64 | 592600.0 |
| 2016-01-08 | 20.48 | 20.67 | 18.66 | 19.85 | 3098350.0 |
| ... | ... | ... | ... | ... | ... |
| 2016-06-02 | 18.78 | 19.50 | 18.66 | 18.97 | 2847635.0 |
| 2016-06-03 | 18.90 | 19.27 | 18.72 | 19.08 | 2553851.0 |
| 2016-06-06 | 19.28 | 19.30 | 18.88 | 19.10 | 1586350.0 |
| 2016-06-07 | 19.03 | 19.24 | 18.75 | 19.22 | 1756411.0 |
| 2016-06-08 | 19.18 | 19.18 | 18.80 | 18.92 | 1105000.0 |

为了简化可视化绘制,下面的例子只获取股票代码为"600629.SH"的股票在 2016 年以后大约半年的行情信息,具体包括 OHLC(开盘价、最高价、最低价和收盘价)和成交量。

### 7.3.1 K 线图绘制

K 线图是一种常见的股票信息,它主要来源于四个数据,即开盘价、最高价、最低价、收盘价,所有 K 线都围绕这四个数据展开,反映大势的状况和价格信息。如果把某日的 K 线图放在一张纸上,就能得到日 K 线图,同样也可画出周 K 线图、月 K 线图。

具体方法是首先找到某日或某一周期的最高价和最低价,垂直地连成一条直线。然后再找出该日或该周期的开盘价和收盘价,把这两个价位连接成一个狭长的长方柱体。假如该日或该周期的收盘价比开盘价高(即低开高收),通常以红色来表示,或是在柱体上留白,这种柱体就称为"阳线";如果该日或该周期的收盘价比开盘价低(即高开低收),则以绿色表示,或在柱上涂黑色,这种柱体就称为"阴线"。因此,K 线图也称为"阴阳线图"或者"蜡烛图"。

为了简化绘制,可以使用一些第三方库,如 mpl_finance。注意在安装时该库显示的名称是 mpl-finance。

**【例 7-14】** 绘制股票的 K 线图。

```
1   import pandas as pd
2   import mpl_finance as mpf
3   from matplotlib import pyplot as plt

4   # 加载数据
5   data = pd.read_csv('个股行情.csv', encoding = 'GBK')
6   data = data[data['代码'] == '600629.SH'][['日期', '开盘价(元)', '最高价(元)', '最低价(元)', '收盘价(元)', '成交量(股)']]
7   data = data[data['日期'] >= '2016 - 01 - 01']
8   data['日期'] = pd.to_datetime(data['日期'])
9   data = data.set_index('日期')

10  # 绘制 K 线图
11  fig = plt.figure(figsize = (15, 6), dpi = 100)
12  ax = fig.add_subplot()
13  mpf.candlestick2_ochl(ax, opens = data['开盘价(元)'], closes = data['收盘价(元)'],
        highs = data['最高价(元)'], lows = data['最低价(元)'], colorup = 'r', colordown = 'g',
        width = 0.5)
14  ax.set_xticks(range(0, len(data.index), 15))
15  ax.grid()
16  plt.show()
```

输出如图 7-1 所示。

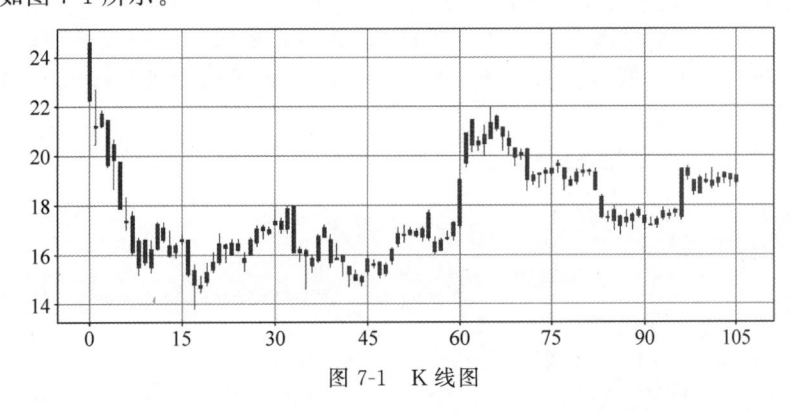

图 7-1　K 线图

在绘制 K 线图部分,主要使用了 mpl_finance 库的 candlestick2_ochl()方法。该方法的参数设置都很直观,其中 colorup 和 colordown 分别表示低开高收和高开低收两种柱体的颜色,width 参数可以设定蜡烛柱体的相对宽度。该绘图方法会自动根据数据来决定整体样式,例如会将横轴值为 0 的点适当右移,确保整体图案水平居中显示。

为了修改默认的外观,这里获取当前绘制子图 ax,通过 set_xticks()方法设置了横轴坐标,长度和数据项一样多,每 15 个显示一个标签,还通过 grid()方法增加了网格背景。

如果希望横轴显示日期,还可以进一步增加横轴的标签,即在 set_xticks()方法后增加以下语句:

```
ax.set_xticklabels([data.index.strftime('%Y-%m-%d')[i] for i in ax.get_xticks()])
```

输出如图 7-2 所示。

图 7-2　显示日期的 K 线图

set_xticklabels()方法可以根据 set_xticks()方法设置的横轴点的序号位置来更换默认的序号标签,此时只需要将新的标签个数设置为已有的横轴点数即可。因此在该代码中,先通过推导式语句获取横轴上每个点的序号,再以此序号作为当前 DataFrame 索引的序号,即可获取指定序号的各索引值。这些索引值都是日期型,因此可以进一步通过 strftime()方法按照参数指定的格式输出格式化的日期。

### 7.3.2　成交量图绘制

成交量图就是显示每天交易金额数量的柱状图,其较明显的特点是通过红、绿色分别显示低开高走和高开低走。借助于一般的 matplotlib 可视化工具包就能够完成成交量图的绘制。

【例 7-15】　绘制股票的成交量图。

```
1   import pandas as pd
2   import numpy as np
3   from matplotlib import pyplot as plt

4   # 加载数据
5   data = pd.read_csv('个股行情.csv', encoding = 'GBK')
6   data = data[data['代码'] == '600629.SH'][['日期', '开盘价(元)', '最高价(元)', '最低
    价(元)', '收盘价(元)', '成交量(股)']]
7   data = data[data['日期'] >= '2016-01-01']
8   data['日期'] = pd.to_datetime(data['日期'])
9   data = data.set_index('日期')

10  # 绘制成交量图
11  fig = plt.figure(figsize = (15, 6), dpi = 100)
12  ax = fig.add_subplot()
13  ax.bar(np.arange(0, len(data.index)), data['成交量(股)'], color = ['g' if data['开盘价
    (元)'].iloc[x] > data['收盘价(元)'].iloc[x] else 'r' for x in np.arange(0, len(data.
    index))])
```

```
14    ax.set_xticks(range(0, len(data.index), 15))
15    plt.show()
```

输出如图 7-3 所示。

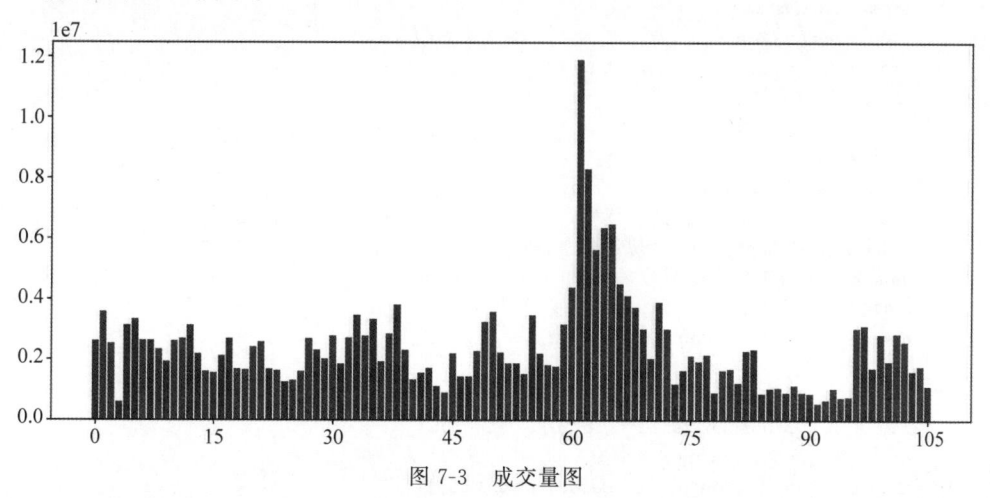

图 7-3  成交量图

本例的关键在于 bar() 方法, 即柱状图的绘制。它的前两个参数分别表示横轴和纵轴数值, 此时横轴的每个点表示一个交易日, 因此点的个数和当前 DataFrame 索引长度一致, 纵轴即每天成交量的数值。

颜色的表示采取了一种非常灵活的推导式写法, 通过以横轴每个数据点的序号来获取对应每行(即每天)的开盘价和收盘价, 并且根据开盘价和收盘价的大小返回"g""r"两个不同的字符, 分别表示绿色和红色, 构成一个由"g"和"r"组成的列表, 并以此列表序列作为每个柱体的颜色。

### 7.3.3  MACD 图绘制

MACD 也称为异同移动平均线, 是从双指数移动平均线发展而来, 由快的指数移动平均线(EMA12)减去慢的指数移动平均线(EMA26), 得到快线离差值(DIF), 以快线离差值的 9 日加权移动均线(DEA)再放大两倍, 得到 MACD 柱。MACD 的意义和双移动平均线基本相同, 即由快、慢均线的离散、聚合表征当前的多空状态和股价可能的发展变化趋势, 但观看效果更显著。MACD 的变化代表着市场趋势的变化, 不同 K 线级别的 MACD 代表当前级别周期中的买卖趋势。

对于 MACD 相关指标的计算, 可以使用第三方库 talib, 它是 Python 金融量化的高级库, 涵盖了 150 多种股票、期货交易软件中常用的技术分析指标, 包括 MACD、RSI、KDJ、动量指标、布林带等。

在使用前首先需要下载和安装 talib 库, 下载网址为 https://www.lfd.uci.edu/~gohlke/pythonlibs/#ta-lib。对于 Windows 10 系统的 64 位版本, 可以选择 TA_Lib-0.4.24-cp37-cp37m-win_amd64.whl 文件, 下载后保存到本地(这里为 D 盘根目录)。在 PyCharm 当前项目的底部 Terminal 窗格中输入

```
pip3 install d:\TA_Lib-0.4.24-cp37-cp37m-win_amd64.whl
```

即可完成安装。

**【例 7-16】** 绘制股票的 MACD 图。

```
1   import pandas as pd
2   import numpy as np
3   from matplotlib import pyplot as plt
4   import talib

5   # 加载数据
6   data = pd.read_csv('个股行情.csv', encoding = 'GBK')
7   data = data[data['代码'] == '600629.SH'][['日期', '开盘价(元)', '最高价(元)', '最低
    价(元)', '收盘价(元)', '成交量(股)']]
8   data = data[data['日期'] >= '2016-01-01']
9   data['日期'] = pd.to_datetime(data['日期'])
10  data = data.set_index('日期')

11  # 绘制 MACD 图
12  fig = plt.figure(figsize = (15, 6), dpi = 100)
13  ax = fig.add_subplot()
14  ax.set_xticks(range(0, len(data.index), 15))
15  macd_dif, macd_dea, macd_bar = talib.MACD(data['收盘价(元)'].values, fastperiod = 12,
    slowperiod = 26, signalperiod = 9)
16  ax.plot(np.arange(0, len(data.index)), macd_dif, 'red', label = 'macd dif')
17  ax.plot(np.arange(0, len(data.index)), macd_dea, 'blue', label = 'macd dea')
18  bar_red = np.where(macd_bar > 0, 2 * macd_bar, 0)
19  bar_green = np.where(macd_bar < 0, 2 * macd_bar, 0)
20  ax.bar(np.arange(0, len(data.index)), bar_red, facecolor = 'red')
21  ax.bar(np.arange(0, len(data.index)), bar_green, facecolor = 'green')
22  ax.legend(loc = 'best', shadow = True, fontsize = '10')
23  plt.show()
```

输出如图 7-4 所示。

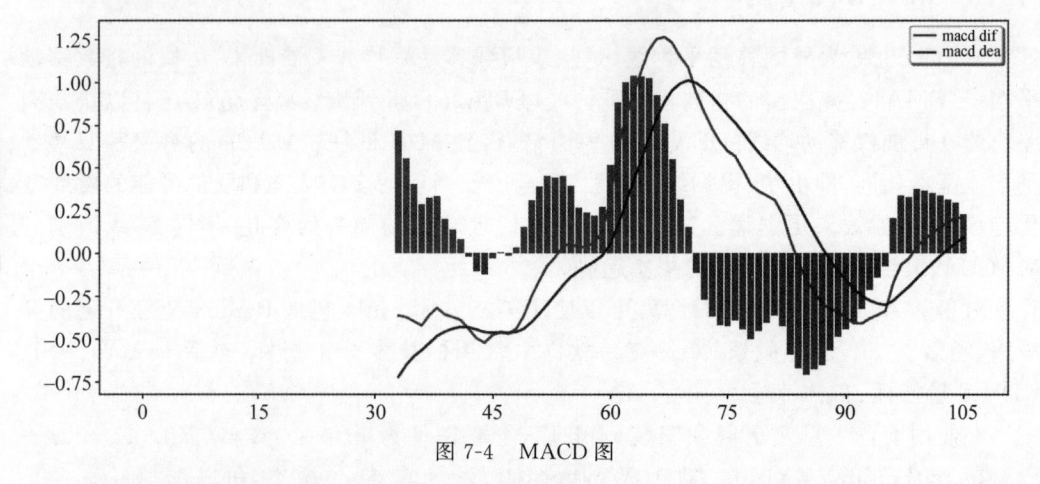

图 7-4 MACD 图

下面主要说明"绘制 MACD 图"部分的代码。

(1) 第四行利用 talib 库的 MACD() 方法来根据收盘价和移动周期的天数参数自动生成离差值(DIF)、平滑移动平均值(DEA)和绘制柱体的高度值(BAR)。MACD()方法

的 fastperiod 参数表示快指数移动平均线的周期，slowperiod 参数表示慢指数移动平均线的周期，signalperiod 参数表示快线离差值的加权移动均线的周期，这里的所有参数都以标准天数为单位。

（2）第五、六行分别绘制了 DIF 线和 DEA 线，其中 DIF 使用红色，DEA 使用蓝色。

（3）第七、八行绘制了 MACD 图中的柱体，利用 Numpy 库的 where() 方法灵活地得到了红色柱体和绿色柱体的高度列表。where() 方法有三个参数，如：

```
macd_bar > 0, 2 * macd_bar, 0
```

第一个参数表示条件，如果条件为真，即 macd_bar 大于 0，则返回 macd_bar 值的两倍数值，否则就是 0。这样可以返回各个柱体的高度列表。

（4）第九、十行可以将 macd_bar 大于 0 和小于 0 的柱体分别使用红色和绿色绘制出来，其中 facecolor 表示绘制的颜色。

（5）第十一行使用 legend() 方法添加了不同线形图对应的标题。loc 参数可以自主指定显示位置，best 表示按照最优方式，由代码自主决定；shadow 值为 True 表示增加阴影。

### 7.3.4 KDJ 图绘制

KDJ 也称为随机指标，它起初用于期货市场的分析，后被广泛用于股市的中短期趋势分析。它通过一个特定的周期（如 9 日、9 周等）内出现过的最高价、最低价、最后一个计算周期的收盘价及这三者之间的比例关系，来计算最后一个计算周期的未成熟随机值，然后根据平滑移动平均线的方法来计算 K 值、D 值与 J 值，并绘成曲线图来研判股票走势。

其中，K 线是指快速确认线，当 K 线由下转为向上运行的趋势时，视为买入的信号，而当数值运行到 90 以上时则为超买，意味着可能会转为跌势；当 K 线由上转为向下运行的趋势时，视为卖出的信号，而当数值运行到 10 以下时则为超卖，意味着可能会由跌转涨。D 线是指慢速主干线，当 D 线的数值大于 80 时为超买，意味着可能会转为跌势；而当 D 线的数值小于 20 时为超卖，意味着可能会转为涨势。J 线是方向敏感线，反映了 K 相对于 D 的偏离程度，值越大说明价格冲得越高，当它从高位反转时，说明此时动量不足，但是此时的价格不一定就会一直下落，如果接下来 K 线下行穿越 D 线，可确认价格已经反转。这个特征可以作为股票的卖点判断条件之一。

具体 KDJ 数值的获取依然可以使用 talib 库。

**【例 7-17】** 绘制股票的 KDJ 图。

```
1   import pandas as pd
2   import numpy as np
3   from matplotlib import pyplot as plt
4   import talib
5   # 加载数据
6   data = pd.read_csv('个股行情.csv', encoding = 'GBK')
7   data = data[data['代码'] == '600629.SH'][['日期', '开盘价(元)', '最高价(元)', '最低
```

价(元)', '收盘价(元)', '成交量(股)']]
```
 8  data = data[data['日期'] >= '2016-01-01']
 9  data['日期'] = pd.to_datetime(data['日期'])
10  data = data.set_index('日期')

11  # 绘制KDJ图
12  fig = plt.figure(figsize=(15, 6), dpi=100)
13  ax = fig.add_subplot()
14  ax.set_xticks(range(0, len(data.index), 15))
15  data['K'], data['D'] = talib.STOCH(data['最高价(元)'].values, data['最低价(元)'].values, data['收盘价(元)'].values, fastk_period=9, slowk_period=3, slowk_matype=0, slowd_period=3, slowd_matype=0)
16  data['J'] = 3 * data['K'] - 2 * data['D']
17  ax.plot(np.arange(0, len(data.index)), data['K'], 'blue', label='K')
18  ax.plot(np.arange(0, len(data.index)), data['D'], 'g--', label='D')
19  ax.plot(np.arange(0, len(data.index)), data['J'], 'r-', label='J')
20  ax.legend(loc='best', shadow=True, fontsize='10')
21  ax.set_xticklabels([data.index.strftime('%Y-%m-%d')[i] for i in ax.get_xticks()])
22  plt.show()
```

输出如图7-5所示。

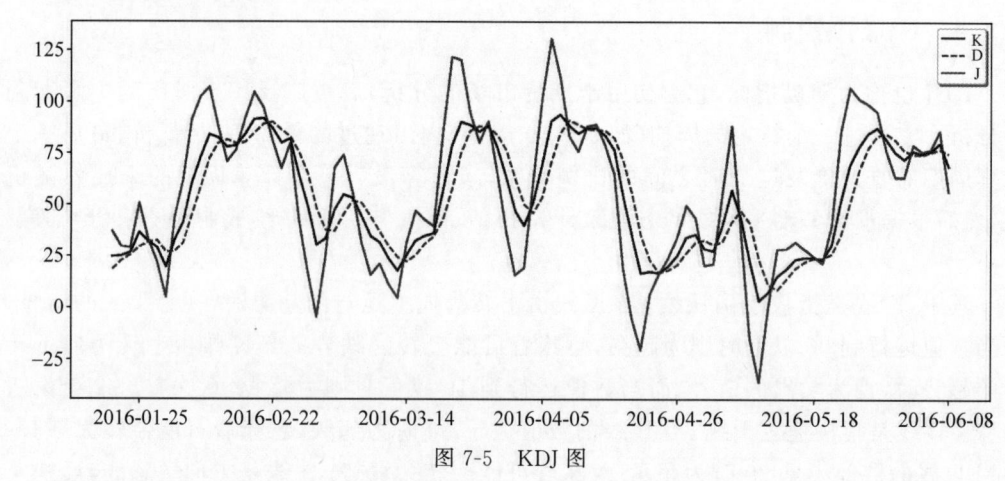

图7-5 KDJ图

下面主要介绍"绘制KDJ图"部分的代码。

（1）第四行代码利用talib库的STOCH()方法得到K值和D值，该方法的前三个主要参数是股票的最高价、最低价和收盘价，fastk_period、slowk_period和slowd_period分别是KDJ设定中常见的N、M1、M2三个窗口参数，通常设置为9、3、3。slowd_matype和slowk_matype表示平均算法类型，为0表示采取简单移动平均线（SMA）方法。K值和D值每天都对应一个数值，因此此处使用DataFrame新建的两列存储这两个数据序列。

（2）第五行根据已有的K值和D值计算J值。

（3）第六到第八行分别绘制了三条线形图，其横轴是从0开始的序号，总数和总天数一致，纵轴是每日的K、D、J值。

（4）第十行通过set_xticklabels()方法设置横轴标签为当前索引的时间信息。

## 7.4 股票行情分析

近年来,Python 数据分析在量化交易等金融领域得到了广泛的应用。这些量化交易模型可以有效地取代传统投资交易中的人工主观判断,自动从大规模的历史数据中寻找能带来更高收益和更可能获利的交易策略。这当然会有效减少市场判断失误可能带来的巨大资产波动,及市场交易行为中的非理性行为。但是,从另一方面来看,这也使得更多的人,甚至是非金融领域的人,都在试图进入这一领域,从而加剧这一行业的竞争。

在证券投资领域,和一般人工主观判断相比,量化交易方法通过分析当前行情历史、基本面及新闻等信息,甚至包括更多的相关信息,构建出符合算法要求的分析模型。这通常需要包括金融、计算机和统计等相关学科的知识,专业复合性要求较高。同时,量化交易分析的数据往往具有时序特点,很多效果不错的量化交易模型恰恰也是能很好识别时序数据规律性和周期性的有效方法,从而能完成一些非常有价值的市场行情预测。

### 7.4.1 股票异动涨跌幅阈值的确定

所谓股票异动涨跌是指一些与大多数股票明显不一致的涨跌状态,这部分股票总数并非很多,但是往往后续涨跌会出现更大的变化,因此此类特殊股票通常需要重点关注。

首先可以对所有股票的每日涨跌幅进行汇总统计,看看整体分布情况。

【例 7-18】 绘制全部股票的涨跌幅度频次分布图。

```
1   import pandas as pd
2   import matplotlib.pyplot as plt
3   data = pd.read_csv('个股行情.csv', encoding = 'GBK')
4   data = data[['日期', '涨跌幅(%)']]
5   data['日期'] = pd.to_datetime(data['日期'])
6   data = data.set_index('日期')
7   data['涨跌幅New'] = data['涨跌幅(%)'].apply(round, args = [1])
8   data = data[['涨跌幅New', '涨跌幅(%)']].groupby('涨跌幅New').count().sort_values
       (by = '涨跌幅(%)', ascending = False)
9   plt.bar(data.index, data['涨跌幅(%)'], width = 0.1)
10  plt.gca().set_xlim(-20, 20)
11  plt.show()
```

输出如图 7-6 所示。

总体来看,呈现出明显的正态分布特点,中间最高的直线是因为诸如暂停交易产生的零增长,两边较高的直线分别是 5%、10% 两个幅度的涨停和跌停产生的频次。

代码说明如下:

(1) 第七行使用四舍五入函数 round() 对目前的涨跌幅进行了数值处理,保留一位小数。之所以保留一位小数,主要是为了后面对涨跌幅进行分组统计频次,过于细致的涨跌幅分组意义不大。

(2) 第九行使用条状图绘制了各个涨跌幅的频次,宽度也适当减少。

(3) 第十行的 set_xlim() 方法限定横轴数值区间的显示范围,0 值上下各 20 单位的

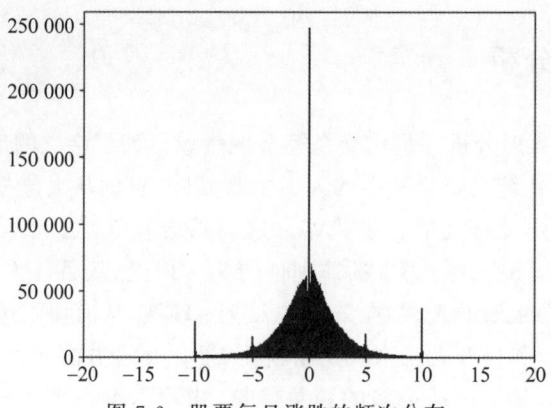

图 7-6 股票每日涨跌的频次分布

数值区间可以确保全部显示并且 0 值居中。

【例 7-19】 采取不等距分组方法显示全部股票的涨跌幅度频次分布。

```
1   import pandas as pd
2   data = pd.read_csv('个股行情.csv', encoding = 'GBK')
3   data = data[['日期', '涨跌幅(%)']]
4   data['日期'] = pd.to_datetime(data['日期'])
5   data = data.set_index('日期')
6   data['涨跌幅 New'] = data['涨跌幅(%)'].apply(round, args = [1])
7   data = data[['涨跌幅 New', '涨跌幅(%)']].groupby('涨跌幅 New').count().sort_values
    (by = '涨跌幅(%)', ascending = False)
8   data = data[~(data['涨跌幅(%)'].isin([-10, -5, 0, 5, 10]))]
9   cats = pd.qcut(data.index, 10)
10  print(cats)
```

主要输出如下：

Categories (10, interval[float64]): [(-68.70100000000001, -18.06] < (-18.06, -9.92] < (-9.92, -2.38] < (-2.38, 5.16] ... (20.64, 30.28] < (30.28, 39.34] < (39.34, 51.86] < (51.86, 1097.5]]

代码说明如下：

(1) 第八行利用选择查询去除了部分记录。考虑到例 7-18 正态分布时发现几种较高的特殊涨跌幅，这里对其进行了去除。选择条件前增加了"~"表示取反，因此就是表示不取这个列表范围之内的数值。

(2) qcut()方法可以实现不等距分组，每个分组的数据样本数量一致。此时可以看出-18.06 和 51.86 这两个数值比较有意义，在此数值范围之外的涨跌幅相对比较突出，它们也可以构成股票异动涨跌幅的阈值。值得说明的是，数据中确实存在部分大于10%甚至更高的涨跌幅，这些股票都可以看成异动涨跌幅。

### 7.4.2 股票最可能上涨和下跌的星期几

在很多股票行情分析中，常常会根据时间来判断交易策略。本例的主要目标是分析每只股票在每个星期几的上涨和下跌比例，找到每只股票通常在星期几出现频次最高的上涨（或者下跌）。事实上，很多新手都采取类似的交易策略。

**【例 7-20】** 查询特定股票在周几上涨和下跌的频次。

```
1   import pandas as pd
2   data = pd.read_csv('个股行情.csv', encoding = 'GBK')
3   data = data[['日期', '代码', '涨跌幅(%)']]
4   data['日期'] = pd.to_datetime(data['日期'])
5   data = data.set_index('日期')
6   data['weekday'] = data.index.weekday
7   data['Rise_Fall'] = 0
8   data.loc[data['涨跌幅(%)'] > 0, 'Rise_Fall'] = 1
9   data.loc[data['涨跌幅(%)'] < 0, 'Rise_Fall'] = -1
10  data = data[['涨跌幅(%)', '代码', 'weekday', 'Rise_Fall']].groupby(['代码', 'weekday', 'Rise_Fall']).count()
11  data.reset_index(inplace = True)
12  data = data[data['代码'].isin(['603969.SH', '600339.SH'])]
13  data['cumcount'] = data.sort_values(by = ['代码', '涨跌幅(%)'], ascending = [True, False]).groupby(['代码']).cumcount()
14  print(data[data['cumcount'] == 0])
```

输出如下:

|  | 代码 | weekday | Rise_Fall | 涨跌幅(%) | cumcount |
|---|---|---|---|---|---|
| 4322 | 600339.SH | 0.0 | 1 | 411 | 0 |
| 16004 | 603969.SH | 0.0 | 1 | 37 | 0 |

这里以两只股票为例来查看,例如 600339.SH 股票在周一出现上涨的频次相对较高,共出现过 411 次。

代码说明如下:

(1) 第六行增加了一个数据列 weekday,用来表示交易日是星期几,方法是直接利用时间索引的 weekday 属性,其中 0 表示周一,1 表示周二,以此类推。

(2) 第七行增加了一个数据列 Rise_Fall,用来表示当天交易是涨还是跌,默认值为 0。

(3) 第八、九行分别根据当前记录的正负情况对 Rise_Fall 数据列进行了数值更新,1 表示上涨,-1 表示下跌。对于涨幅为 0 或者空值的记录,Rise_Fall 的值都保持为 0。

(4) 第十行进行了分组,统计了每只股票在每个星期几的涨跌次数。

(5) 第十一行将分组后形成的复合索引还原成普通数据列,以方便后续数据列的获取处理。具体来看,在第十行利用"代码""weekday""Rise_Fall"三列进行了分组,分组后生成的结果会有此三列组成的复合索引。利用以下输出语句显示数据内容:

print(data)

输出如下:

|  |  |  | 涨跌幅(%) |
|---|---|---|---|
| 代码 | weekday | Rise_Fall |  |
| 600000.SH | 0.0 | -1 | 392 |
|  |  | 0 | 38 |
|  |  | 1 | 358 |
|  | 1.0 | -1 | 385 |
|  |  | 0 | 45 |
| ... | ... | ... | ... |
| 603999.SH | 3.0 | -1 | 14 |

|   |   | 0 | 0 |
|---|---|---|---|
|   |   | 1 | 10 |
| 4.0 | −1 | 13 |
|   |   | 1 | 11 |

通过 reset_index() 方法，可以将索引复原到原始的整数序列，原有的三个索引数值列也被还原成正常的数据列。利用以下输出语句显示数据内容：

```
1  data.reset_index(inplace = True)
2  print(data)
```

输出如下：

|   | 代码 | weekday | Rise_Fall | 涨跌幅(%) |
|---|---|---|---|---|
| 0 | 600000.SH | 0.0 | −1 | 392 |
| 1 | 600000.SH | 0.0 | 0 | 38 |
| 2 | 600000.SH | 0.0 | 1 | 358 |
| 3 | 600000.SH | 1.0 | −1 | 385 |
| 4 | 600000.SH | 1.0 | 0 | 45 |
| ... | ... | ... | ... | ... |
| 16112 | 603999.SH | 3.0 | −1 | 14 |
| 16113 | 603999.SH | 3.0 | 0 | 0 |
| 16114 | 603999.SH | 3.0 | 1 | 10 |
| 16115 | 603999.SH | 4.0 | −1 | 13 |
| 16116 | 603999.SH | 4.0 | 1 | 11 |

此时可以直接通过这些列名来进行下面更多的数据处理，否则就需要单独根据索引中多个数据列的序号进一步获取特定的数据列，做法比较复杂。如：

```
data.index.levels[0]
```

表示获取索引中第一个数据列"代码"的数据内容。

（6）第十二行选择了本例所确定的两只股票。

（7）第十三行通过 cumcount() 方法为每只股票各个排序的涨跌幅记录分别分配一个连续增长的整数。例如，在对当前数据分组后，按照每组进行统计，每组的第一条记录的 cumcount 数值为 0，第二条为 1，以此类推，直到遇到下一组后再次从 0 开始编号。

可以将最后一句换成

```
print(data.sort_values(by = ['代码', '涨跌幅(%)'], ascending = [True, False]))
```

输出如下：

|   | 代码 | weekday | Rise_Fall | 涨跌幅(%) | cumcount |
|---|---|---|---|---|---|
| 4322 | 600339.SH | 0.0 | 1 | 411 | 0 |
| 4325 | 600339.SH | 1.0 | 1 | 393 | 1 |
| 4329 | 600339.SH | 3.0 | −1 | 379 | 2 |
| 4328 | 600339.SH | 2.0 | 1 | 368 | 3 |
| 4332 | 600339.SH | 4.0 | −1 | 352 | 4 |
| 4334 | 600339.SH | 4.0 | 1 | 342 | 5 |
| 4326 | 600339.SH | 2.0 | −1 | 338 | 6 |
| 4331 | 600339.SH | 3.0 | 1 | 324 | 7 |
| 4323 | 600339.SH | 1.0 | −1 | 314 | 8 |
| 4320 | 600339.SH | 0.0 | −1 | 290 | 9 |

| | | | | | |
|---|---|---|---|---|---|
| 4333 | 600339.SH | 4.0 | 0 | 54 | 10 |
| 4327 | 600339.SH | 2.0 | 0 | 50 | 11 |
| 4330 | 600339.SH | 3.0 | 0 | 47 | 12 |
| 4324 | 600339.SH | 1.0 | 0 | 46 | 13 |
| 4321 | 600339.SH | 0.0 | 0 | 34 | 14 |
| 16004 | 603969.SH | 0.0 | 1 | 37 | 0 |
| 16006 | 603969.SH | 1.0 | 1 | 35 | 1 |
| 16011 | 603969.SH | 3.0 | 1 | 34 | 2 |
| 16014 | 603969.SH | 4.0 | 1 | 33 | 3 |
| 16007 | 603969.SH | 2.0 | −1 | 32 | 4 |
| 16009 | 603969.SH | 2.0 | 1 | 32 | 5 |
| 16005 | 603969.SH | 1.0 | −1 | 30 | 6 |
| 16010 | 603969.SH | 3.0 | −1 | 29 | 7 |
| 16012 | 603969.SH | 4.0 | −1 | 26 | 8 |
| 16002 | 603969.SH | 0.0 | −1 | 21 | 9 |
| 16003 | 603969.SH | 0.0 | 0 | 3 | 10 |
| 16013 | 603969.SH | 4.0 | 0 | 2 | 11 |
| 16008 | 603969.SH | 2.0 | 0 | 1 | 12 |

这里的排序非常重要，ascending 的第二个参数值为 False 表示对 by 的第二个参数"涨跌幅(%)"进行降序排序，否则就无法确保 cumcount 为 0 时一定能获取最大的频次。

（8）最后一行就是利用 cumcount 为 0 来获取每只股票中最大频次的一行。

### 7.4.3 跳空缺口分析

股价受利多或利空影响后，会出现较大幅度地上下跳动的现象，这种被称为"跳空"的现象通常可以很好地反映股价大变动的开始或结束，跳空缺口越大表明趋势越明朗。

跳空缺口有很多种定义方法，最简单的方法是定义为股价开盘价高于昨天的最高价或低于昨天的最低价，使 K 线图出现空档的现象。

**【例 7-21】** 查询特定股票的跳空缺口（使用股价开盘价高于昨天的最高价或低于昨天的最低价定义跳空缺口）。

```
1  import pandas as pd
2  data = pd.read_csv('个股行情.csv', encoding = 'GBK')
3  data = data[data['代码'] == '600339.SH']
4  data = data[['日期', '开盘价(元)', '最高价(元)', '最低价(元)']]
5  data[['最高价(元)', '最低价(元)']] = data[['最高价(元)', '最低价(元)']].shift(1)
6  print(data[(data['开盘价(元)'] > data['最高价(元)']) | (data['开盘价(元)'] < data['最低价(元)'])])
```

输出如下：

| | 日期 | 开盘价(元) | 最高价(元) | 最低价(元) |
|---|---|---|---|---|
| 1156038 | 2001−01−05 | 6.2201 | 6.1819 | 6.0498 |
| 1156043 | 2001−01−12 | 5.9735 | 6.0675 | 5.9786 |
| 1156044 | 2001−01−15 | 5.9252 | 6.0116 | 5.9557 |
| 1156045 | 2001−01−16 | 5.7574 | 5.9735 | 5.8210 |
| 1156048 | 2001−01−19 | 5.8922 | 5.8718 | 5.7701 |
| ... | ... | ... | ... | ... |
| 1159683 | 2016−01−26 | 5.4800 | 5.6700 | 5.5000 |
| 1159684 | 2016−01−27 | 5.0300 | 5.5500 | 5.0400 |

| 1159690 | 2016-02-04 | 5.0300 | 5.0200 | 4.8600 |
| 1159692 | 2016-02-15 | 4.8700 | 5.1900 | 5.0200 |
| 1159695 | 2016-02-18 | 5.4700 | 5.4000 | 5.1900 |

为了实现和昨天最高价、最低价的比较,代码的第五行将所有天数的最高价和最低价往后移动了一天,对齐了下一天的开盘价。此时,对于每一天的记录而言,都是当天的开盘价和昨天的最高价、最低价。

更有效的跳空定义方法往往还需要进一步强化跳跃的强度,例如可以使用缺口的幅度来表达,如股价开盘价高于昨天的最高价或低于昨天的最低价10%以上才算是跳空。

**【例 7-22】** 查询特定股票的跳空缺口(使用股价开盘价高于昨天的最高价或低于昨天的最低价的10%来定义跳空缺口)。

```
1  import pandas as pd
2  data = pd.read_csv('个股行情.csv', encoding = 'GBK')
3  data = data[data['代码'] == '600339.SH']
4  data = data[['日期', '开盘价(元)', '最高价(元)', '最低价(元)']]
5  data[['最高价(元)', '最低价(元)']] = data[['最高价(元)', '最低价(元)']].shift(1)
6  print(data[((data['开盘价(元)'] - data['最高价(元)']) / data['最高价(元)'] > 0.1) |
7         ((data['最低价(元)'] - data['开盘价(元)']) / data['最低价(元)'] > 0.1)])
```

输出如下:

|  | 日期 | 开盘价(元) | 最高价(元) | 最低价(元) |
| --- | --- | --- | --- | --- |
| 1157299 | 2006-04-10 | 2.5791 | 2.3416 | 2.3416 |
| 1157412 | 2006-09-21 | 3.4886 | 3.1696 | 3.1696 |
| 1159548 | 2015-07-09 | 4.4600 | 4.9600 | 4.9600 |
| 1159581 | 2015-08-25 | 5.6300 | 6.6300 | 6.2600 |
| 1159587 | 2015-09-02 | 5.7300 | 6.7500 | 6.3700 |

这里只考虑了幅度10%以上的跳空缺口,数据明显变少了。具体的幅度阈值可以根据实际情况来灵活选择。

不过,这种跳空是否具有现实的分析意义?例如例7-22中这两个时间段是否确实处于股票发生较大变动的时期?结合股票价格走势图可以更好地来进行分析和判断。

**【例 7-23】** 可视化展示特定股票的股价走势和跳空缺口时期。

```
import pandas as pd
from matplotlib import pyplot as plt
from matplotlib.pyplot import MultipleLocator
import matplotlib.dates as mdates

# 加载数据
data = pd.read_csv('个股行情.csv', encoding = 'GBK')
data = data[data['代码'] == '600339.SH'][['日期', '开盘价(元)']]
data['日期'] = pd.to_datetime(data['日期'])
data = data.set_index('日期')

# 两段跳空区间数据
data1 = data[(data.index >= pd.to_datetime('2006-04-10')) & (data.index <= pd.to_datetime('2006-09-21'))]
data2 = data[(data.index >= pd.to_datetime('2015-07-09')) & (data.index <= pd.to_datetime('2015-09-02'))]
```

```
# 绘制图形
fig = plt.figure(figsize = (15, 6), dpi = 100)
plt.plot(data['开盘价(元)'])
x = MultipleLocator(500)
ax = plt.gca()
ax.xaxis.set_major_locator(x)
ax.xaxis.set_major_formatter(mdates.DateFormatter('%Y/%m'))
plt.fill_between(data1.index, 0, data1['开盘价(元)'], color = 'g', alpha = 0.3)
plt.fill_between(data2.index, 0, data2['开盘价(元)'], color = 'g', alpha = 0.3)
plt.show()
```

输出如图 7-7 所示。

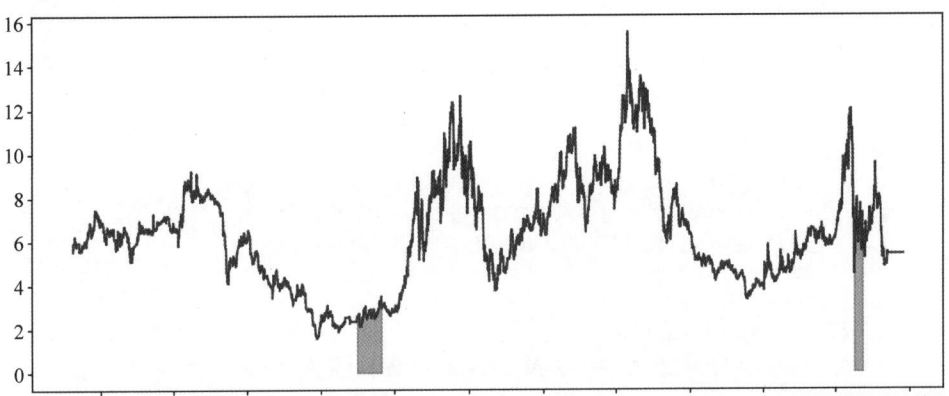

图 7-7  股价走势图

从结果可以看出，这两次跳空集中的前后几个月时间段正好处于 2006 年底发生的最大一次上涨前期和 2015 年中期最快的一次大幅下跌后期。

代码说明如下：

(1) 为了增强显示效果，需要对两段跳空区间数据进行单独标记，因此在两段跳空区间数据部分中，分别选择了 data1 和 data2 两个数据块，以时间段作为索引选择范围，时间范围和前面例子的分析结果一致。

(2) 在"绘制图形"部分的第三到第六行展示了一种修改横轴标签内容的新绘制方法，设置了以 500 个记录间隔（即 500 天）来绘制各个横轴点。该方法首先要求横轴已有相应的节点及其标签，通过重新选择节点间距和节点标签的格式来修改横轴标签显示效果。第六行更改了横轴时间标签的格式，使其只显示年份和月份。

(3) 第七、八行使用 fill_between() 方法绘制了填充效果，该方法的第一个参数表示填充的横轴区间范围，两次绘制分别使用了两个选择数据块 data1 和 data2 的时间索引范围，由于此时横轴包括了所有年份的时间信息，因此 data1 和 data2 索引时间段只对应横轴的部分区间。第二和第三个参数表示填充区间的最低点和最高点，这里都设置为从 0 到当日的开盘价，形成了折线下面垂直区域的填充效果。通过 color 和 alpha 可以设定颜色和透明度。

### 7.4.4 多股票对比分析

对于不同的股票,因为股价不一样,往往在进行趋势和走向对比分析时,无法看出明显的关系,即直接对比往往很难看出发展趋势的差异。

【例 7-24】 对比展示多只股票的股价走势。

```
1   import pandas as pd
2   from matplotlib import pyplot as plt
3   from matplotlib.pyplot import MultipleLocator
4   import matplotlib.dates as mdates

5   # 加载数据
6   data = pd.read_csv('个股行情.csv', encoding = 'GBK')
7   data['日期'] = pd.to_datetime(data['日期'])
8   data = data.set_index('日期')

9   # 绘制图形
10  fig = plt.figure(figsize = (15, 6), dpi = 100)
11  plt.plot(data[data['代码'] == '600339.SH']['开盘价(元)'])
12  plt.plot(data[data['代码'] == '600519.SH']['开盘价(元)'])
13  x = MultipleLocator(500)
14  ax = plt.gca()
15  ax.xaxis.set_major_locator(x)
16  ax.xaxis.set_major_formatter(mdates.DateFormatter('%Y/%m'))
17  plt.show()
```

输出如图 7-8 所示。

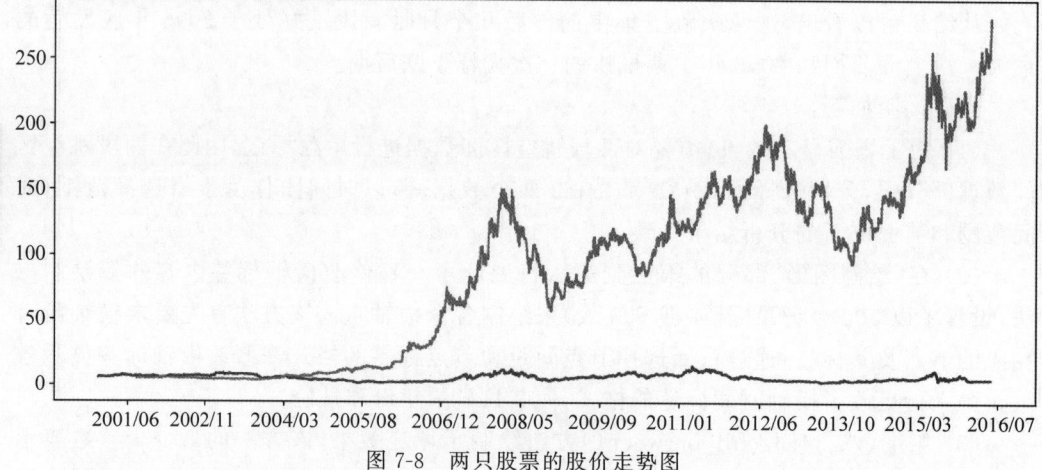

图 7-8 两只股票的股价走势图

此时由于两只股票价格差异较大,因此其中一只趋势特征比较明显,而另外一只则显得相对平缓,不能有效看出其发展趋势。

为此就需要将序列数值进行规范化处理,统一成可以比较的序列数值。常见的方法有零-均值规范化、最大最小规范化、对齐大值规范化等。为了方便后续代码的使用,这里对这些不同的数值规范化方法进行了如下函数封装:

```
1   # 零-均值规范化
2   def regular_std(data):
3       return (data - data.mean()) / data.std()

4   # 最大最小规范化
5   def regular_mm(data):
6       return (data - data.min()) / (data.max() - data.min())

7   # 对齐大值规范化
8   def regular_gr(data1, data2):
9       data1_mean = data1.mean()
10      data2_mean = data2.mean()
11      if data1_mean > data2_mean:
12          data2 = data2 * data1_mean / data2_mean
13      else:
14          data1 = data1 * data2_mean / data1_mean
15      return data1, data2
```

这些函数都可以接收序列类型的集合数据，并直接对该数据中的每个数据元素进行批量处理，返回的也是规范化后的序列数据。

其中，第一种方法也称为 Z-Score 规范化，定义为

$$\frac{(原始值 - 平均值)}{标准差}$$

结果可以表达这些数值距离其均值多少个标准差。变换后数据序列均值为 0 并且方差为 1。这个结果本身没有实际意义，仅用于比较。

第二种方法定义为

$$\frac{(原始值 - 最小值)}{(最大值-最小值)}$$

结果可以将原始数据映射到 0 到 1 之间。但是如果原始数据中存在数值极大或者极小的数据，会造成大部分数据规范化后接近于 0 或者 1，反而区分度不高。

第三种方法首先判断两个序列的均值大小，并作为序列大小比较的依据。按照对齐大值的方法，就需要将均值小的序列中的每个元素都乘以大均值和小均值的商，从而实现数值等比扩大的效果。

使用了这些最大最小规范化方法后，就可以进行有效的数据对比分析。

【例 7-25】 进行最大最小规范化后对比展示多只股票的股价走势。

```
1  import pandas as pd
2  from matplotlib import pyplot as plt
3  from matplotlib.pyplot import MultipleLocator
4  import matplotlib.dates as mdates
```

```
5   # 最大最小规范化
6   def regular_mm(data):
7       return (data - data.min()) / (data.max() - data.min())

8   # 加载数据
9   data = pd.read_csv('个股行情.csv', encoding = 'GBK')
10  data['日期'] = pd.to_datetime(data['日期'])
11  data = data.set_index('日期')

12  # 绘制图形
13  fig = plt.figure(figsize = (15, 6), dpi = 100)
14  plt.plot(regular_mm(data[data['代码'] == '600339.SH']['开盘价(元)']))
15  plt.plot(regular_mm(data[data['代码'] == '600519.SH']['开盘价(元)']))
16  x = MultipleLocator(500)
17  ax = plt.gca()
18  ax.xaxis.set_major_locator(x)
19  ax.xaxis.set_major_formatter(mdates.DateFormatter('%Y/%m'))
20  plt.show()
```

输出如图 7-9 所示。

图 7-9  数值规范化处理后两只股票的股价走势图

这里在"绘制图形"部分将原始股票的开盘价利用 regular_mm() 函数处理后再进行绘图。从结果来看，可以更明显地看出两只股票各自的发展趋势。

为了进一步增强对比分析效果，也可以添加拟合直线等，更好地反映整体变化趋势。

**【例 7-26】** 结合拟合直线对比展示多只股票的股价走势。

```
1   import pandas as pd
2   from matplotlib import pyplot as plt
3   import seaborn as sns
4   import numpy as np
```

```
 5   # 最大最小规范化
 6   def regular_mm(data):
 7       return (data - data.min()) / (data.max() - data.min())

 8   # 加载数据
 9   data = pd.read_csv('个股行情.csv', encoding = 'GBK')
10   data = data[data['代码'].isin(['600339.SH', '600519.SH'])][['日期', '代码', '开盘价(元)']]
11   data.loc[data['代码'] == '600339.SH', '开盘价(元)'] = regular_mm(data.loc[data['代码'] == '600339.SH', '开盘价(元)'])
12   data.loc[data['代码'] == '600519.SH', '开盘价(元)'] = regular_mm(data.loc[data['代码'] == '600519.SH', '开盘价(元)'])
13   data['日期'] = pd.to_datetime(data['日期'])
14   data = data.set_index('日期')
15   print(data)

16   # 绘制图形
17   fig = plt.figure(figsize = (15, 6), dpi = 100)
18   ax = fig.add_subplot()
19   sns.regplot(x = np.arange(0, len(data[data['代码'] == '600339.SH'].index)),
20               y = data[data['代码'] == '600339.SH']['开盘价(元)'].values, marker = '+', )
21   sns.regplot(x = np.arange(0, len(data[data['代码'] == '600519.SH'].index)),
22               y = data[data['代码'] == '600519.SH']['开盘价(元)'].values, marker = '.')
23   ax.set_xticks(range(0, len(data[data['代码'] == '600339.SH'].index), 500))
24   ax.set_xticklabels([data[data['代码'] == '600339.SH'].index.strftime('%Y-%m-%d')[i]
                         for i in ax.get_xticks()])
25   plt.show()
```

输出如图7-10所示。

图 7-10　数值规范化处理后两只股票的股价走势图

可以看出一只股票整体走势较平而另一只增势明显。

代码说明如下：

（1）在"加载数据"部分，首先在第二行选择了需要对比的两只股票数据。得到的数据总行数变少，时间跨度和原有 DataFrame 基本一致，都是近 16 年的总交易天数，列数也进行了筛选,只保留了必需的日期、代码和开盘价三列。

然后分别对两只股票的开盘价进行了规范化处理,并更新到原有的开盘价数据列中。由于规范化需要结合当前股票各自的最大值、最小值,因此必须对不同股票分别进行规范化处理。

(2) 在"绘制图形"部分,使用了 seaborn 库的列线图绘制功能,它的 regplot()方法可以在绘制线形图的同时自动绘制相应的回归拟合直线。对于一只股票而言,其中 x 参数需要为数值序列,因此利用当前股票总记录行数的索引个数来表示数值序列的长度,得到了一个和当前股票总交易天数一样的整数序列;y 参数也需要为数值序列,为规范化后当前股票每日开盘价,然后通过 values 属性转换为一般的数值列表形式;marker 表示绘制点的样式。

在"绘制图形"部分的第五、六行,增加了横轴标签点的时间信息,以 500 个节点为间隔,每个间隔显示对应的格式化时间索引。其实这两只股票的交易天数并不完全一致,但是相差不大,因此这里只使用了一只股票的日期作为时间显示范围。列线图默认只显示从 0 开始的整数序号。

### 7.4.5 黄金分割线交易法

黄金分割是指在分割后的整体中,较大部分与整体部分的比值等于较小部分与较大部分的比值,这个具体的比值约为 0.618,这个点可以称为黄金分割点。与此相对应,0.382 也是一个黄金分割点。可以将这两个点分别称为高位黄金分割点和低位黄金分割点。

对于一个数列而言,既可以按照数值大小得到黄金分割点对应的数值,也可以按照位序得到那个位置上的数值,这样就可以得到一只股票价格中的四个重要分割点。

【例 7-27】 查询特定股票开盘价的四个黄金分割点。

```
1   import pandas as pd
2   from scipy import stats

3   # 加载数据
4   data = pd.read_csv('个股行情.csv', encoding = 'GBK')
5   data = data[data['代码'] == '600339.SH'][['日期', '开盘价(元)']]
6   data['日期'] = pd.to_datetime(data['日期'])
7   data = data.set_index('日期')

8   # 根据数值计算开盘价的黄金分割点
9   maxValue = data['开盘价(元)'].max()
10  minValue = data['开盘价(元)'].min()
11  v382 = (maxValue - minValue) * 0.382 + minValue
12  v618 = (maxValue - minValue) * 0.618 + minValue

13  # 根据位序计算开盘价的黄金分割点
14  s382 = stats.scoreatpercentile(data['开盘价(元)'], 38.2)
15  s618 = stats.scoreatpercentile(data['开盘价(元)'], 61.8)

16  # 输出结果
```

```
17    print('数值高位黄金分割点值: ' + str(v618))
18    print('数值低位黄金分割点值: ' + str(v382))
19    print('位序高位黄金分割点值: ' + str(s618))
20    print('位序低位黄金分割点值: ' + str(s382))
```

输出如下：

数值高位黄金分割点值: 10.197552
数值低位黄金分割点值: 6.902048000000001
位序高位黄金分割点值: 6.6806
位序低位黄金分割点值: 5.41

代码说明如下：

(1) 在"根据数值计算开盘价的黄金分割点"部分，利用该只股票所有天数的开盘价最高值和最低值，并以 0.382 和 0.618 两个黄金分割系数，直接计算高位黄金分割点和低位黄金分割点。

(2) 在"根据位序计算开盘价的黄金分割点"部分，使用了 stats 库的 scoreatpercentile() 方法，该方法可以直接根据位序按照第二个参数指定的百分比位置获取对应的数值。

【例 7-28】 可视化展示特定股票开盘价的四个黄金分割点及其价格区间。

```
1     import pandas as pd
2     from scipy import stats
3     from matplotlib import pyplot as plt
4     from matplotlib.pyplot import MultipleLocator
5     import matplotlib.dates as mdates

6     # 加载数据
7     data = pd.read_csv('个股行情.csv', encoding = 'GBK')
8     data = data[data['代码'] == '600339.SH'][['日期', '开盘价(元)']]
9     data['日期'] = pd.to_datetime(data['日期'])
10    data = data.set_index('日期')

11    # 根据数值计算开盘价的黄金分割点
12    maxValue = data['开盘价(元)'].max()
13    minValue = data['开盘价(元)'].min()
14    v382 = (maxValue - minValue) * 0.382 + minValue
15    v618 = (maxValue - minValue) * 0.618 + minValue

16    # 根据位序计算开盘价的黄金分割点
17    s382 = stats.scoreatpercentile(data['开盘价(元)'], 38.2)
18    s618 = stats.scoreatpercentile(data['开盘价(元)'], 61.8)

19    # 得到高位和低位黄金分割点区域的上下限
20    upp618 = max(v618, s618)     # 高位上限
21    lwr618 = min(v618, s618)     # 高位下限
22    upp382 = max(v382, s382)     # 低位上限
23    lwr382 = min(v382, s382)     # 低位下限

24    # 绘制图形
25    fig = plt.figure(figsize = (15, 6), dpi = 100)
26    plt.plot(data['开盘价(元)'])
27    x = MultipleLocator(500)
```

```
28  ax = plt.gca()
29  ax.xaxis.set_major_locator(x)
30  ax.xaxis.set_major_formatter(mdates.DateFormatter('%Y/%m'))
31  plt.fill_between(data.index, upp618, lwr618, facecolor = 'r', alpha = 0.3)
32  plt.fill_between(data.index, upp382, lwr382, facecolor = 'g', alpha = 0.3)
33  plt.show()
```

输出如图 7-11 所示。

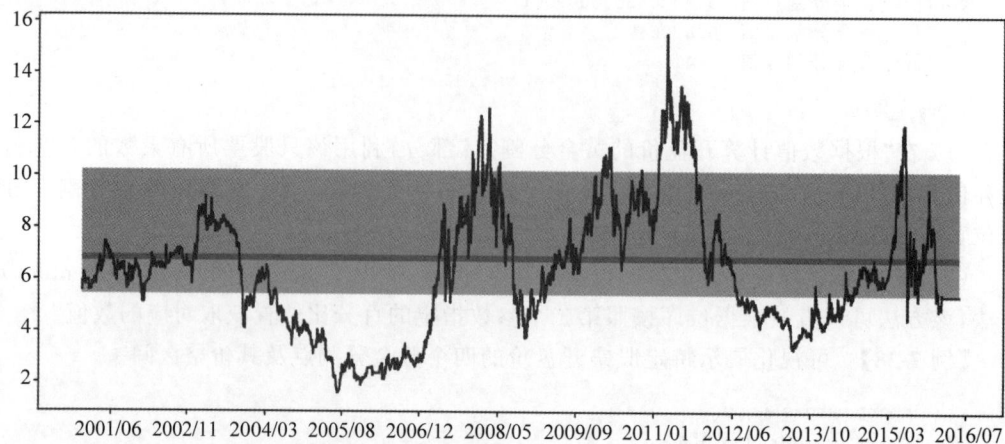

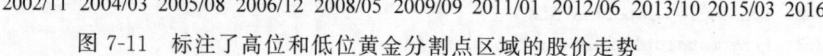

图 7-11 标注了高位和低位黄金分割点区域的股价走势

该代码综合使用了前面介绍的各种方法，淡红色区域绘制了高位黄金分割点区间，淡绿色区域绘制了低位黄金分割点区间。在得到高位和低位黄金分割点区域的上下限部分，高位区间的上限是通过比较根据数值计算的开盘价黄金分割点的高位值和根据位序计算的开盘价黄金分割点的高位值得到的最大值，高位区间的下限是通过比较根据数值计算开盘价黄金分割点的高位值和根据位序计算的开盘价黄金分割点的高位值得到的最小值，低位区间的上下限以此类推。

一般而言，既然黄金分割线代表了阻力与支撑，那么在这两个区域内也同样拥有不一样的阻力和支撑。对于这两个不同的区域，可以采取不同的交易策略和量化方式。例如在低位绿色区域可以买入股票，在高位红色区域即可卖出股票。

## 7.5 回测模拟

回测模拟是指设定了某些股票买卖策略后，基于已经发生过的真实行情历史数据，从某个时间点开始，严格按照设定的买卖策略进行操作，并模拟真实金融市场交易的规则来处理，得出一个时间段内的盈利率等数据。通过回测模拟，可以较真实地检验已有的股票买卖策略是否合理。

### 7.5.1 高抛低吸策略

高抛低吸是一种常见且相对简单的回测模拟方法。假设对一只股票采取每次买卖都是 400 股的策略，如果当日开盘价比昨日开盘价上涨超过 5%，就卖出 400 股；如果下跌超过 5%,就买入 400 股。这里要考虑真实股票买卖中存在的交易手续费。假设常见的印花税按照卖出股票交易总额的千分之一来收取,再假设佣金为 5 元,过户费为 1 元。

【例 7-29】 使用高抛低吸策略进行回测模拟。

```
 1  import pandas as pd

 2  # 加载数据
 3  data = pd.read_csv('个股行情.csv', encoding = 'GBK')
 4  data = data[data['代码'] == '600339.SH'][['日期', '开盘价(元)']]

 5  # 设定基础参数
 6  amount = 100000                              # 账户余额
 7  shareholding = 10000                         # 初始持有股数
 8  fixNumber = 400                              # 每次交易股数
 9  threshold = 0.05                             # 涨跌幅阈值
10  preValue = data['开盘价(元)'].iloc[0]         # 得到第一天的开盘价
11  countBuy = 0                                 # 买入交易次数
12  countSell = 0                                # 卖出交易次数
13  totalFee = 0                                 # 总交易手续费

14  # 循环处理从第二天开始的每一天
15  for i in range(1, len(data)):
16      value = data['开盘价(元)'].iloc[i]        # 得到当天开盘价
17      if (preValue - value) / preValue > threshold:    # 如果比昨天下跌超过 5%
18          cost = fixNumber * value             # 计算买入股票的总金额
19          if amount > cost:                    # 如果还有足够的账户余额,就买入
20              amount -= cost                   # 从账户余额中减去买入股票的金额
21              shareholding += fixNumber        # 增加股票的持股数
22              countBuy += 1                    # 买入股票的次数加一
23          else:    # 如果没有足够的账户余额,就结束全部交易
24              break
25      elif (value - preValue) / preValue > threshold:  # 如果比昨天上涨超过 5%
26          cost = fixNumber * value * 0.001 + 6  # 计算股票交易手续费
27          if shareholding >= fixNumber:        # 如果还有足够的持股数,就卖出
28              amount += fixNumber * value      # 在账户余额中增加卖出股票的总金额
29              amount -= cost                   # 从账户余额减去卖出股票的交易手续费
30              totalFee += cost                 # 累积总交易手续费
31              shareholding -= fixNumber        # 减少股票的持股数
32              countSell += 1                   # 卖出股票的次数加一
33          else:    # 如果没有足够的持股数,就结束全部交易
34              break
35      preValue = value    # 将当天的开盘价保存为第二天的昨天开盘价

36  print('最终金额为: ' + str(amount))
37  print('最终持股数量为: ' + str(shareholding))
38  print('买入次数为: ' + str(countBuy))
39  print('卖出次数为: ' + str(countSell))
40  print('总交易费用为: ' + str(totalFee))
```

输出如下:

最终金额为:117104.8906400002

最终持股数量为：12400
买入次数为：217
卖出次数为：211
总交易费用为：1837.4293599999999

本例的计算过程已通过代码注释进行了详细说明。从结果来看,最终获利约为1.7万元。但是这是不是最优的策略呢？可以调整策略的一些参数,如上涨下跌的幅度,再看看各种情况下的效果。

**【例 7-30】** 计算不同涨跌幅阈值下的高抛低吸回测模拟策略效果。

```python
import pandas as pd

# 加载数据
data = pd.read_csv('个股行情.csv', encoding = 'GBK')
data = data[data['代码'] == '600339.SH'][['日期', '开盘价(元)']]

# 循环遍历不同的涨跌幅
for j in range(1, 11):
    threshold = j / 100                        # 涨跌幅阈值,从 0.01 到 0.10

    # 设定基础参数
    amount = 100000                            # 账户余额
    shareholding = 10000                       # 初始持有股数
    fixNumber = 400                            # 每次交易股数
    preValue = data['开盘价(元)'].iloc[0]       # 得到第一天的开盘价
    countBuy = 0                               # 买入交易次数
    countSell = 0                              # 卖出交易次数
    totalFee = 0                               # 总交易手续费

    # 循环处理从第二天开始的每一天
    for i in range(1, len(data)):
        value = data['开盘价(元)'].iloc[i]      # 得到当天开盘价
        if (preValue - value) / preValue > threshold:   # 如果比昨天下跌超过 5 %
            cost = fixNumber * value           # 计算买入股票的总金额
            if amount > cost:                  # 如果还有足够的账户余额,就买入
                amount -= cost                 # 从账户余额中减去买入股票的金额
                shareholding += fixNumber      # 增加股票的持股数
                countBuy += 1                  # 买入股票的次数加一
            else:   # 如果没有足够的账户余额,就结束全部交易
                break

        elif (value - preValue) / preValue > threshold:  # 如果比昨日上涨超过 5 %
            cost = fixNumber * value * 0.001 + 6#  计算股票交易手续费
            if shareholding >= fixNumber:      # 如果还有足够的持股数,就卖出
                amount += fixNumber * value
                                               # 在账户余额中增加卖出股票的总金额
                amount -= cost    # 从账户余额中减去卖出股票的交易手续费
                totalFee += cost               # 累积总交易手续费
                shareholding -= fixNumber      # 减少股票的持股数
                countSell += 1                 # 卖出股票的次数加一
            else:   # 如果没有足够的持股数,就结束全部交易
                break
```

```
37              preValue = value    # 将当天的开盘价保存为第二天的昨天开盘价

38              print('阈值{}下的最终金额：{}'.format(threshold, amount))
```

输出如下：

阈值 0.01 下的最终金额：188871.82356000037
阈值 0.02 下的最终金额：155612.65151999978
阈值 0.03 下的最终金额：184709.09552000044
阈值 0.04 下的最终金额：119815.65280000033
阈值 0.05 下的最终金额：117104.8906400002
阈值 0.06 下的最终金额：117135.53392000028
阈值 0.07 下的最终金额：95477.09636000007
阈值 0.08 下的最终金额：108807.95668000005
阈值 0.09 下的最终金额：122111.04316000003
阈值 0.1 下的最终金额：118270.99416000006

可以看出阈值为 1%、3% 时，获利最高，而阈值为 7% 时获利最低，产生了赔本的结果。

当然，在实际操作中，判断依据未必只能根据前一天的情况，也可以将判断周期拉长，或者调整每次交易股票的数量，从而形成更多的交易策略。

### 7.5.2 均值回归策略

均值回归建立在一种假设之上，即股价上涨（下跌）具有暂时性，价格最终还会恢复到一个相对正常的水平，即股票的价值，价格会围绕价值上下波动。很多交易者都属于价值投资者，因此往往对于股票的投资采取低吸高抛的策略，这背后的思想就是均值回归。当然，这种回归往往并不表现为在所有时间段内都有效，更大可能是在某些特定时间段内有所体现，因此分析时的时间段选择非常重要。

同时，不同股票的均值及其变动程度都不尽相同，因此在实际操作中，可以利用一只股票前期的均值和方差变动情况得到一个买卖价格的参考，并指导后期对该股票的买卖行为。

下面的例子考虑单边做多，不考虑做空的情况，即看好股票未来的上涨前景，通过买入持有、等待上涨实现获利。

【例 7-31】 使用直线条展示价格均值上下的买卖区间。

```
1   import pandas as pd
2   from matplotlib import pyplot as plt

3   # 加载数据
4   data = pd.read_csv('个股行情.csv', encoding = 'GBK')
5   data = data[data['代码'] == '600339.SH'][['日期', '开盘价(元)']]
6   data['日期'] = pd.to_datetime(data['日期'])
7   data = data.set_index('日期')

8   # 划分数据
9   trainData = data[:3000]
10  testData = data[3000:]

11  # 计算买卖区间边界
```

```
12   openMean = trainData['开盘价(元)'].mean()
13   openStd = trainData['开盘价(元)'].std()
14   sellSignal = openMean + openStd / 3
15   buySignal = openMean - openStd / 3

16   # 绘制图形
17   plt.plot(testData['开盘价(元)'])
18   plt.axhline(buySignal, color = 'r', lw = 3)
19   plt.axhline(openMean, color = 'black', lw = 1)
20   plt.axhline(sellSignal, color = 'g', lw = 3)
21   plt.rcParams['font.sans-serif'] = ['SimHei']
22   plt.legend(['股价', '买入线', '均值线', '卖出线'])
23   plt.show()
```

输出如图 7-12 所示。

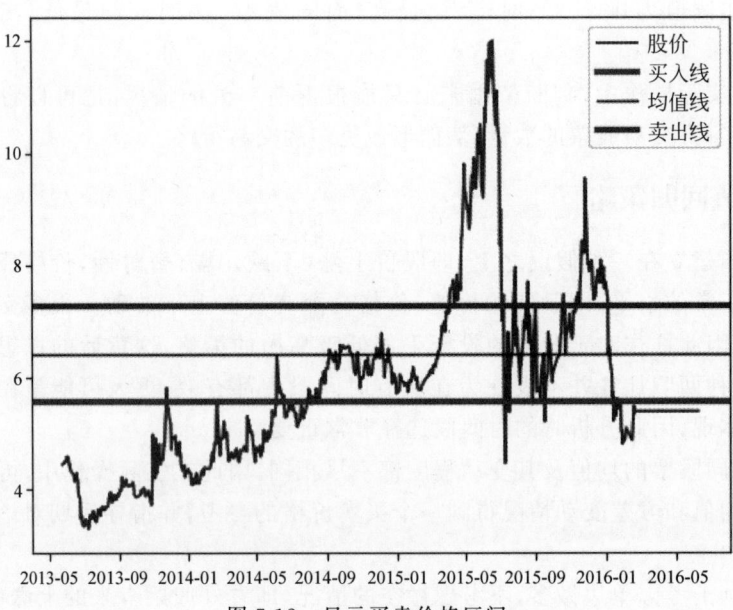

图 7-12　显示买卖价格区间

代码说明如下：

(1) 在"划分数据"部分，为了测试策略的有效性，将前 3000 天的交易行情作为训练集，余下 700 多天作为测试集。利用这些训练数据计算得到的参数可以用来运行测试数据，对比策略收益结果与基准收益结果。

(2) 在"计算买卖区间边界"部分，以均值上下方差的三分之一作为波动的最高限和最低限，当时间序列触及买入信号阈值时买入股票，当时间序列触及卖出信号阈值时卖出股票。

【例 7-32】　使用不同颜色的点展示价格均值上下的买卖区间。

```
1   import pandas as pd
2   from matplotlib import pyplot as plt

3   # 加载数据
```

```
 4    data = pd.read_csv('个股行情.csv', encoding = 'GBK')
 5    data = data[data['代码'] == '600339.SH'][['日期', '开盘价(元)']]
 6    data['日期'] = pd.to_datetime(data['日期'])
 7    data = data.set_index('日期')

 8    # 划分数据
 9    trainData = data[:3000]
10    testData = data[3000:]

11    # 计算买卖区间边界
12    openMean = trainData['开盘价(元)'].mean()
13    openStd = trainData['开盘价(元)'].std()
14    sellSignal = openMean + openStd / 3
15    buySignal = openMean - openStd / 3

16    # 绘制图形
17    data1 = testData[testData['开盘价(元)'] <= buySignal]
18    data2 = testData[(testData['开盘价(元)'] > buySignal) & (testData['开盘价(元)']
          < sellSignal)]
19    data3 = testData[testData['开盘价(元)'] >= sellSignal]
20    plt.scatter(data1.index, data1)
21    plt.scatter(data2.index, data2)
22    plt.scatter(data3.index, data3)
23    plt.rcParams['font.sans-serif'] = ['SimHei']
24    plt.legend(['买入', '不操作', '卖出'])
25    plt.show()
```

输出如图 7-13 所示。

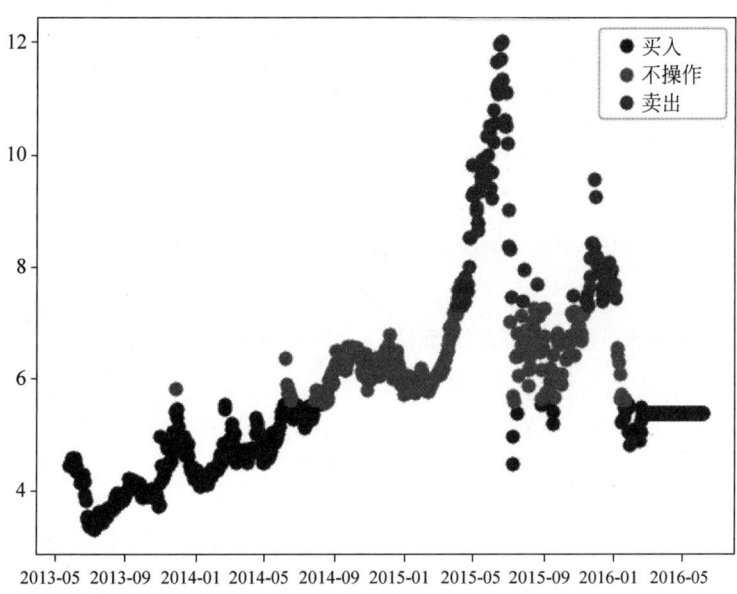

图 7-13　使用不同颜色的点来绘制不同买卖价格区间

这里通过三次查询不同数值范围的股价，形成了不同的买卖价格区间，即买入区间、不操作区间和卖出区间。考虑到这些区间之间存在交叉，这里使用了不同颜色的散点图。

**【例 7-33】** 使用均值回归策略进行回测模拟。

```
1   import pandas as pd

2   # 加载数据
3   data = pd.read_csv('个股行情.csv', encoding = 'GBK')
4   data = data[data['代码'] == '600339.SH'][['日期', '开盘价(元)']]
5   data['日期'] = pd.to_datetime(data['日期'])
6   data = data.set_index('日期')

7   # 划分数据
8   trainData = data[:3000].copy()
9   testData = data[3000:].copy()

10  # 计算买卖区间边界
11  openMean = trainData['开盘价(元)'].mean()
12  openStd = trainData['开盘价(元)'].std()
13  sellSignal = openMean + openStd / 3
14  buySignal = openMean - openStd / 3

15  # 添加不同买卖价格区间的操作标记
16  testData['操作'] = ''                              # 默认的空字符表示无操作
17  testData.loc[testData['开盘价(元)'] <= buySignal, '操作'] = '买入'
18  testData.loc[testData['开盘价(元)'] >= sellSignal, '操作'] = '卖出'

19  # 参数设置
20  amount = 100000                                    # 账户余额
21  shareholding = 0                                   # 持股数
22  preOperation = '卖出'                              # 用来标记上一次是卖出还是买入

23  # 循环遍历每条测试集记录
24  for index, row in testData.iterrows():
25      if preOperation == '卖出' and row['操作'] == '买入':   # 如果上一次是卖出并且这
                                                              # 条记录首次出现买入标记
26          shareholding += amount // (row['开盘价(元)'] * 100)   # 以当前股价,每100股
                                                                  # 为基本购置单位,使用
                                                                  # 全部金额买入股票
27          amount -= row['开盘价(元)'] * 100 * shareholding     # 从账户余额中减去买入
                                                                  # 股票的金额
28          preOperation = '买入'       # 标记当前已经处于全部买入状态
29          print(str(index) + '买入' + str(shareholding) + ',股价' + str(row['开盘价
            (元)']) + ',金额' + str(row['开盘价(元)'] * 100 * shareholding) + ',余额' +
            str(amount))

30      elif preOperation == '买入' and row['操作'] == '卖出':   # 如果上一次是买入并且
                                                                # 这条记录首次出现卖出
                                                                # 标记
31          amount += row['开盘价(元)'] * 100 * shareholding     # 在账户余额中增加卖出
                                                                  # 股票的金额
32          shareholding = 0            # 卖出全部股票
33          preOperation = '卖出'       # 标记当前已经处于全部卖出状态
```

34        print(str(index) + '卖出' + str(shareholding) + ',股价' + str(row['开盘价
          (元)']) + ',余额' + str(amount))
```

输出如下：

```
2013 - 05 - 24 00:00:00 买入 225.0, 股价 4.44, 金额 99900.00000000001, 余额
99.99999999998545
2015 - 03 - 31 00:00:00 卖出 225.0, 股价 7.28, 余额 163900.0
2015 - 07 - 08 00:00:00 买入 330.0, 股价 4.96, 金额 163680.0, 余额 220.0
2015 - 07 - 24 00:00:00 卖出 330.0, 股价 7.38, 余额 243760.0
2015 - 08 - 26 00:00:00 买入 441.0, 股价 5.52, 金额 243432.0, 余额 328.0
2015 - 10 - 19 00:00:00 卖出 441.0, 股价 7.47, 余额 329755.0
2016 - 01 - 14 00:00:00 买入 632.0, 股价 5.21, 金额 329272.0, 余额 483.0
```

为了简化问题，本例没有考虑交易手续费。代码说明如下：

（1）在"划分数据"部分，使用 copy() 方法非常重要，因为 trainData 和 testData 是通过选择查询获取的数据，数据内容仍然和 data 共享，这样会导致后续更新 testData 时出现不必要的警告信息。利用 copy() 方法可以明确地复制选择查询的数据，重新建立一份数据，后续的数据更新也不会影响 data 的原始内容。

（2）在"添加不同买卖价格区间的操作标记"部分，为了能指导具体的买入卖出，在测试数据中新增了一个数据列"操作"，默认为空字符串，代表无操作。同时把开盘价低于买入边界值的当天操作标记为"买入"，把开盘价高于卖出边界值的当天操作标记为"卖出"。本操作采取了全仓整体买卖，因为一旦买入发生后就不可能在第二天再买入，因此连续的买入操作其实只有第一个操作具有实际意义，卖出也是同样的道理。为了统一说明，本例就根据买卖信号发生的第一天进行交易。

（3）在"循环遍历每条测试集记录"部分，按照上述思路实现了功能。preOperation 变量的定义非常重要，它标记当前最近的交易是买入还是卖出，并可以据此通知下一次操作。例如当前是卖出，此后就可以根据第一次出现"买入"信号而实施买入操作。

这里输出了所有交易记录。从中可以看到，交易次数并不多，虽然省略了交易费用的计算，但是总体收益较大。当然，这只是一种理想状态，真实的操作中还要考虑股票长期趋势等更多因素。

### 7.5.3 趋势跟踪策略

趋势跟踪策略的假设正好和均值回归相反，它认为之前价格上涨预示着之后一段时间内也会上涨，这种方法俗称为"追涨杀跌"。在实际操作中，诸如向上突破信号、分批跟随趋势建仓等交易策略都是基于该思路。一般而言，采用趋势跟踪策略亏损的次数比盈利的次数多，但每次盈利金额要高于每次亏损金额。因此，合理设置止损非常重要。

一种常见的趋势跟踪策略就是如果当天价格超过 $m$ 天内的最高价，即可视为上涨趋势成立并视为买入信号；反之，如果当天价格低过 $n$ 天内的最低价，即可视为下跌趋势成立并视为卖出信号。一般而言，为了实现盈利大于亏损，$m$ 阈值通常会设置为大于 $n$ 阈值值，实现一种非均衡的胜负比例环境，本例中分别设置为 10 和 5。

【例 7-34】 使用趋势跟踪策略进行回测模拟。
```

```python
import pandas as pd

# 加载数据
data = pd.read_csv('个股行情.csv', encoding = 'GBK')
data = data[data['代码'] == '600339.SH'][['日期', '开盘价(元)']]
data['日期'] = pd.to_datetime(data['日期'])
data = data.set_index('日期')

# 设置买入卖出操作信号
data['操作'] = ''                        # 默认的空字符表示无操作
data['ndHigh'] = data['开盘价(元)'].rolling(10).max()   # 获取每天之前10天的最高开盘价
data['ndHigh'] = data['ndHigh'].shift(1)       # 使每天的开盘价都和前10天的最高值对齐
data.loc[data['开盘价(元)'] > data['ndHigh'], '操作'] = '买入'  # 将当天开盘价大于
                                                                # 前10天最高价的
                                                                # 操作作为上涨趋
                                                                # 势并标记为买入
data['ndLow'] = data['开盘价(元)'].rolling(5).min()   # 获取每天之前10天的最低开盘价
data['ndLow'] = data['ndLow'].shift(1)       # 使每天开盘价都和前10天的最低值对齐
data.loc[data['开盘价(元)'] < data['ndLow'], '操作'] = '卖出'  # 将当天开盘价小于前
                                                                # 10天最低价的操作
                                                                # 作为下跌趋势并标
                                                                # 记为卖出

# 参数设置
amount = 100000              # 账户余额
preAmount = 0                # 上一次交易后账户余额
shareholding = 0             # 持股数
preOperation = '卖出'         # 标记上一次是卖出还是买入
win = 0                      # 统计交易盈利的次数
fail = 0                     # 统计交易亏损的次数

# 循环遍历每条记录
for index, row in data.iterrows():
    if preOperation == '卖出' and row['操作'] == '买入':  # 如果上一次是卖出并且当
                                                          # 前记录首次出现买入标记
        preAmount = amount    # 保存当前买入操作前的账户余额
        shareholding += amount // (row['开盘价(元)'] * 100)   # 以当天股价,每100
                                                               # 股为基本购置单位,
                                                               # 使用全部账户余额
                                                               # 买入股票
        amount -= row['开盘价(元)'] * 100 * shareholding   # 从账户余额中减去买
                                                            # 入股票的金额
        preOperation = '买入'   # 标记已经买入
    elif preOperation == '买入' and row['操作'] == '卖出':  # 如果上一次是买入并且
                                                            # 这条记录首次出现卖出
                                                            # 标记
        amount += row['开盘价(元)'] * 100 * shareholding   # 在账户余额中增加卖
                                                            # 出股票的金额
        preOperation = '卖出'   # 标记已经卖出
        shareholding = 0       # 卖出全部股票
        if amount > preAmount:   # 如果当前卖出后,账户余额比上次买入前增多
            win += 1             # 交易盈利次数加一
```

```
35                   else:
36                       fail += 1          # 交易亏损次数加一
37   print('交易盈利{}次,亏损{}次,账户余额为{},持股金额为{}'.format(win, fail, amount,
     shareholding * 100 * data['开盘价(元)'].tail(1).values[0]))
```

输出如下:

交易盈利 57 次,亏损 85 次,账户余额为 118.81000000014319,持股金额为 201750.0

代码说明如下:

(1) 在"设置买入卖出操作信号"部分中,通过 rolling()方法设置了窗口范围,10 表示将连同当前记录在内的往前共计 10 条记录作为一个窗口,后面的 max 表示计算这个窗口所有记录开盘价的最大值和最小值,并保存到当前记录的"ndHigh"和"ndLow"数据列中。通过 shift()方法向下移动一天,使得每天开盘价都与前 10 天的最高价和最低价对齐。据此就可以根据是否大于前 10 天的最高值和最低值作为买入和卖出的信号,标记在"操作"数据列中。

(2) 由于该策略操作较为频繁,买卖操作各发生大约 140 多次,因此没有输出每一次的交易情况,而是汇总了四个指标,分别是盈利次数、亏损次数、账户余额和持股金额。其中盈利次数、亏损次数是根据每次卖出后的账户金额和上一次买入前的账户金额的大小比较得到的,持股金额是根据最后一天开盘价和持股数量计算得到的。

从结果可以看出,确实亏损次数大于盈利次数,但是总体来看仍然盈利明显。

### 7.5.4 正态分布买入策略

如果认为股票的价格从整体来看符合正态分布,那么就可以利用这种规律来对股价进行预测。例如股价在前期跌幅较大,那么后期大概率地会呈现增长。按照这个假设,可以首先得到每只股票历史涨跌幅的汇总值,以此作为后续涨跌判断的依据。

【例 7-35】 汇总每只股票的历史涨跌幅。

```
1   import pandas as pd
2   data = pd.read_csv('个股行情.csv', encoding = 'GBK')
3   data = data[data['日期'] < '2015 - 01 - 01']
4   print(data[['代码', '涨跌幅(%)']].groupby('代码').sum().sort_values(by = '涨跌幅(%)',
    ascending = False))
```

输出如下:

```
代码         涨跌幅(%)
600629.SH   1299.6561
600137.SH   1022.3058
600187.SH   1014.0438
600605.SH    946.3121
600606.SH    938.2443
   ...          ...
601258.SH   - 53.8001
601116.SH   - 64.5244
601011.SH   - 66.5360
601857.SH   - 93.4941
601558.SH   - 120.8648
```

考虑到正态分布要求时间间隔不能太短,这里选择了 2015 年 1 月 1 日作为分界点,将此时间点之前的数据作为分析数据,此时间点之后的数据作为测试数据。在结果中,跌幅最大的几只股票都位于后面的记录。

为了能查看具体的情况,可以进一步对最后四只股票进行可视化趋势展示。

**【例 7-36】** 可视化展示多只特定股票的后续股价趋势。

```
1   import pandas as pd
2   from matplotlib import pyplot as plt
3   data = pd.read_csv('个股行情.csv', encoding = 'GBK')
4   data = data[data['日期'] >= '2015 - 01 - 01']
5   plt.subplot(221)
6   plt.plot(data[data['代码'] == '601116.SH']['日期'], data[data['代码'] == '601116.SH']['收盘价(元)'])
7   plt.xticks([])
8   plt.subplot(222)
9   plt.plot(data[data['代码'] == '601011.SH']['日期'], data[data['代码'] == '601011.SH']['收盘价(元)'])
10  plt.xticks([])
11  plt.subplot(223)
12  plt.plot(data[data['代码'] == '601857.SH']['日期'], data[data['代码'] == '601857.SH']['收盘价(元)'])
13  plt.xticks([])
14  plt.subplot(224)
15  plt.plot(data[data['代码'] == '601558.SH']['日期'], data[data['代码'] == '601558.SH']['收盘价(元)'])
16  plt.xticks([])
17  plt.show()
```

输出如图 7-14 所示。

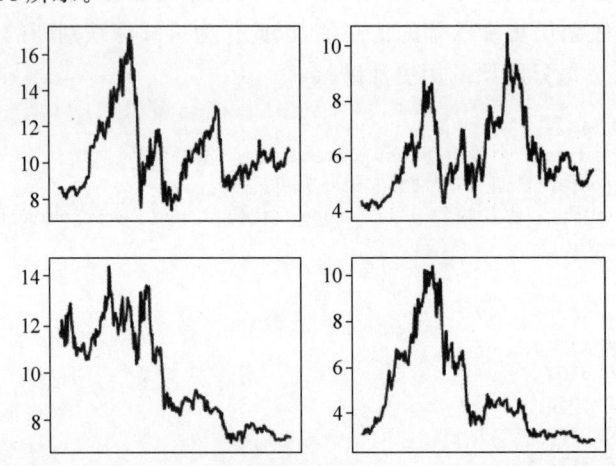

图 7-14 跌幅最大的四只股票价格在 2015 年以后的变化趋势

从图中可以看出,有三只股票(左上、右上、右下)价格都呈现出连续快速增长的趋势,另一只在略有下降后再次增长(左下)。当然,这个练习提供的只是一种简单的思路,更合理的做法是结合更多的角度,例如使用具体的量化增长指标来测度,结合更多的股票来进行综合分析等。

该代码使用了四张子图来对比显示多只股票价格的趋势，xticks 参数设置为空表示取消横轴节点标签的显示内容。

该方法最根本的问题仍然表现在正态分布假设上，早期股市分析的策略算法往往认为市场的涨跌服从正态分布，一方面因为很多统计数据显示正态分布确实存在于金融市场，另一方面编写符合正态分布规律的算法更为简单。但是，由于现实社会中突发异常情况的不断增多和诸多人为因素的影响，真正的股票价格很难绝对服从正态分布。

## 习题

1. 查阅资料，了解银行按揭贷款的更多测算方式，并给出实现代码。
2. 观察使用更多策略来改进猜色子的命中率，如利用最近最不经常出现的数字、离目前平均值最远的数字等，看看最终效果是否可以有所改进。
3. 结合参数遍历和策略改进，探索 7.2.2 节中彩票购买模拟分析的优化思路。
4. 利用股票行情可视化，允许用户选择所需的股票，对比展示股价时序变化趋势。
5. 结合个股行情数据集，思考以下问题：
（1）股市整体大跌（如日跌幅超过 5%）前，股市股票时序变化有无显著特征？
（2）挖掘涨跌情况呈现"跷跷板"效应的股票对（即一只股票上涨的时候另一只股票大概率下跌）。
6. 查阅资料，了解更多回测模拟策略，并给出实现代码。

# 附录 A

# 本书使用的数据文件说明

读者可以从本书配套资源中获取本附录涉及的所有数据文件。

## 1. ratings.csv

该数据集来自于 Netflix 推荐系统数据集，主要统计了观众对电影的评分信息，共有近 2300 万条数据记录，每条记录的具体信息如表 A-1 所示。

表 A-1　电影评分记录数据列说明

| 数据列名称 | 含　义 |
| --- | --- |
| userId | 用户 ID |
| movieId | 电影 ID |
| rating | 评分 |
| timestamp | 评分时间（时间戳信息） |

## 2. Indicators.csv

该数据集主要统计了各国常见的测度指标，共有 560 多万条数据记录，每条记录的具体信息如表 A-2 所示。

表 A-2　国家测度指标记录数据列说明

| 数据列名称 | 含　义 |
| --- | --- |
| CountryName | 国家名称 |
| CountryCode | 国家代码 |
| IndicatorName | 指标名称 |
| IndicatorCode | 指标代码 |
| Year | 指标测度年份 |
| Value | 指标值 |

## 3. 居民消费价格指数月度数据.csv

该数据集的官方下载网址为 https://data.stats.gov.cn/easyquery.htm?cn=A01。

该数据集提供了居民消费价格指数、食品烟酒类居民消费价格指数、衣着类居民消费价格指数、居住类居民消费价格指数、生活用品及服务类居民消费价格指数、交通和通信类居民消费价格指数、教育文化和娱乐类居民消费价格指数、医疗保健类居民消费价格指数、其他用品和服务类居民消费价格指数等各类我国居民消费价格指数数据,时间跨度为 2018 年 9 月到 2021 年 7 月,共计 35 个月的月份统计数据。

该数据集采取以月份为列、指标为行的存储格式。

### 4. car_train_0110.csv

该数据集的官方下载网址为 https://tianchi.aliyun.com/dataset/dataDetail?dataId=107409。

该数据集主要统计了二手车交易记录,共有 25 万条数据记录,每条记录的具体信息如表 A-3 所示。

表 A-3 二手车交易记录数据列说明

| 数据列名称 | 含 义 |
| --- | --- |
| SaleID | 交易记录号(唯一编码) |
| Name | 汽车名称 |
| regDate | 汽车注册日期 |
| Model | 车型编码 |
| Brand | 汽车品牌 |
| bodyType | 车身类型(豪华轿车:0;微型车:1;厢型车:2;大巴车:3;敞篷车:4;双门汽车:5;商务车:6;搅拌车:7) |
| fuelType | 燃油类型(汽油:0;柴油:1;液化石油气:2;天然气:3;混合动力:4;其他:5;电动:6) |
| Gearbox | 变速箱类型(手动:0;自动:1) |
| Power | 发动机功率(范围为[0,600]) |
| Kilometer | 汽车已行驶距离(单位:万千米) |
| notRepairedDamage | 汽车有尚未修复的损坏(是:0;否:1) |
| regionCode | 地区编码 |
| Seller | 销售方(个体:0;非个体:1) |
| offerType | 报价类型(提供:0;请求:1) |
| creatDate | 汽车开始销售时间 |
| Price | 二手车交易价格 |
| v_0 到 v_23 | 包含 v_0~v_23 在内的 24 个匿名特征 |

部分信息因为隐私保护需要已进行脱敏处理。

### 5. 就业人口行业划分.csv

该数据集的官方下载网址为 https://data.stats.gov.cn/easyquery.htm?cn=C01。

该数据集统计了城镇单位就业人员的分行业人员数据情况,提供了从 2003 年到 2019 年共计 17 年、20 个行业(含全部行业的汇总数据)的就业人员数量,单位为万人。

该数据集采取以行业为列、以年份为行的存储格式。

### 6. 城镇单位就业人员平均工资与人数.csv

该数据集的官方下载网址为 https://data.stats.gov.cn/easyquery.htm?cn=C01。

该数据集统计了我国城镇单位就业人员工资与人数信息,提供了 2019 年 20 个行业的城镇单位就业人员平均工资(元)与人数(万人)。

该数据集以行业为行,共有三列,分别是指标、平均工资(元)、人数(万人)。

### 7. salary_potential.csv

该数据集的官方下载网址为 https://tianchi.aliyun.com/dataset/dataDetail?dataId=90458。

该数据集统计了美国高校毕业生的薪酬信息,共提供了从1985到2016年各个高校毕业生薪酬的历史平均值。该数据集有近一千条数据记录,每条记录的具体信息如表A-4所示。

表 A-4  美国高校毕业生薪酬数据列说明

| 数据列名称 | 含 义 |
| --- | --- |
| Rank | 记录号 |
| name | 大学名称 |
| state_name | 所在州 |
| early_career_pay | 早期职业薪酬 |
| mid_career_pay | 中期职业薪酬 |
| make_world_better_percent | 比例1 |
| stem_percent | 比例2 |

### 8. GDP年度数据.csv

该数据集的官方下载网址为 https://data.stats.gov.cn/easyquery.htm?cn=C01。

该数据集统计了我国各年度国民生产总值数据,提供了从2001年到2020年共计20年的国民生产总值(亿元)数据。

该数据集采取以年份为列的存储格式,主要统计了包括国民总收入、国内生产总值、第一产业增加值、第二产业增加值、第三产业增加值和人均国内生产总值等指标数据。

### 9. NZ airfares.csv

该数据集的官方下载网址为 https://tianchi.aliyun.com/dataset/dataDetail?dataId=92659。

该数据集为机票价格数据集,共提供了16万多条数据记录,每条记录的具体信息如表A-5所示。

表 A-5  机票价格数据列说明

| 数据列名称 | 含 义 |
| --- | --- |
| Travel Date | 日期(日/月/年) |
| Dep. airport | 出发机场 |
| Dep. time | 出发时间(小时、分钟) |
| Arr. airport | 到达机场 |
| Arr. time | 到达时间(小时、分钟) |
| Duration | 飞行时长 |
| Direct | 直飞与否(中间转机几次) |
| Transit | 中转时间和机场 |
| Baggage | 是否可以托运行李 |

续表

| 数据列名称 | 含义 |
| --- | --- |
| Airline | 航空公司名称 |
| Airfare(NZ＄) | 机票价格（新西兰元） |

## 10. bi-attrition.csv

该数据集的官方下载网址为 https://www.kaggle.com/c/bi-attrition-prediction/data。

该数据集统计了员工各种统计信息以及该员工是否已经离职，提供了36个员工的信息共1176行记录。每条记录的具体信息如表A-6所示。

表A-6  员工离职信息数据列说明

| 数据列名称 | 含义 |
| --- | --- |
| user_id | 员工ID |
| Age | 员工年龄 |
| Attrition | 员工是否已经离职 |
| BusinessTravel | 商务差旅频率 |
| DailyRate | 平均每日工资 |
| Department | 员工所在部门 |
| DistanceFromHome | 公司跟家庭住址的距离 |
| Education | 员工的受教育程度 |
| EducationField | 员工所学习的专业领域 |
| EmployeeCount | 员工总数 |
| EmployeeNumber | 员工号码 |
| EnvironmentSatisfaction | 员工对于工作环境的满意程度 |
| Gender | 员工性别 |
| HourlyRate | 按小时的计时工资 |
| JobInvolvement | 员工工作投入程度 |
| JobLevel | 职业级别 |
| JobRole | 工作角色 |
| JobSatisfaction | 工作满意程度 |
| MaritalStatus | 员工婚姻状况 |
| MonthlyIncome | 员工月收入 |
| MonthlyRate | 按月份的计时工资 |
| NumCompaniesWorked | 员工曾经工作过的公司数 |
| Over18 | 年龄是否超过18岁 |
| OverTime | 是否加班 |
| PercentSalaryHike | 工资提高的百分比 |
| PerformanceRating | 绩效评估 |
| RelationshipSatisfaction | 关系满意度 |
| StandardHours | 标准工时 |
| StockOptionLevel | 股票期权水平 |
| TotalWorkingYears | 总工龄 |

续表

| 数据列名称 | 含义 |
| --- | --- |
| TrainingTimesLastYear | 前一年的培训时长 |
| WorkLifeBalance | 工作与生活平衡程度 |
| YearsAtCompany | 在目前公司工作年数 |
| YearsInCurrentRole | 在目前职位的工作年数 |
| YearsSinceLastPromotion | 距离上次升职的年数 |
| YearsWithCurrManager | 与目前的管理者共事年数 |

**11. 个股行情.csv**

该数据集的官方下载网址为 https://www.juhe.cn/market/product?id=10088。

该数据集统计了我国上证 A 股股票日线数据,共有 1095 只股票,时间跨度为 1999 年 12 月 9 日到 2016 年 6 月 8 日,不包括假期休市。每条数据记录有 24 列,共计 360 多万行。每条记录的具体信息如表 A-7 所示。

表 A-7 我国上证 A 股股票日线数据列说明

| 数据列名称 | 示例 |
| --- | --- |
| 代码 | 600000.SH |
| 简称 | 浦发银行 |
| 日期 | 1999-11-10 |
| 前收盘价(元) | N/A(表示为空) |
| 开盘价(元) | 3.6043 |
| 最高价(元) | 3.6409 |
| 最低价(元) | 3.2988 |
| 收盘价(元) | 3.3904 |
| 成交量(股) | 174085100 |
| 成交金额(元) | 4859102435 |
| 涨跌(元) | N/A |
| 涨跌幅(%) | N/A |
| 均价(元) | 27.9122 |
| 换手率(%) | 54.4016 |
| A股流通市值(元) | 8880000000 |
| B股流通市值(元) | N/A |
| 总市值(元) | 66877500000 |
| A股流通股本(股) | 320000000 |
| B股流通股本(股) | 0 |
| 总股本(股) | 2410000000 |
| 市盈率(%) | 77.8154 |
| 市净率(%) | 20.0622 |
| 市销率(%) | 22.3593 |
| 市现率(%) | -22.9849 |

# 附录 B

# 常见中英文字体名称

表 B-1　常见中英文字体名称对照

| 中文字体名称 | 英文字体名称 |
| --- | --- |
| 黑体 | SimHei |
| 宋体 | SimSun |
| 新宋体 | NSimSun |
| 仿宋 | FangSong |
| 楷体 | KaiTi |
| 仿宋_GB2312 | FangSong_GB2312 |
| 楷体_GB2312 | KaiTi_GB2312 |
| 微软正黑体 | Microsoft JhengHei |
| 微软雅黑体 | Microsoft YaHei |
| 隶书 | LiSu |
| 幼圆 | YouYuan |
| 华文细黑 | STXihei |
| 华文楷体 | STKaiti |
| 华文宋体 | STSong |
| 华文中宋 | STZhongsong |
| 华文仿宋 | STFangsong |
| 方正舒体 | FZShuTi |
| 方正姚体 | FZYaoti |
| 华文彩云 | STCaiyun |
| 华文琥珀 | STHupo |
| 华文隶书 | STLiti |
| 华文行楷 | STXingkai |
| 华文新魏 | STXinwei |

# 附录 C

## print()方法输出数字字符串的格式

表 C-1　print()方法输出数字字符串的格式

| 数　　字 | 格　　式 | 输　　出 | 描　　述 |
| --- | --- | --- | --- |
| 3.1415926 | {:.2f} | 3.14 | 保留小数点后两位 |
| 3.1415926 | {:+.2f} | +3.14 | 带符号保留小数点后两位 |
| -1 | {:+.2f} | -1.00 | 带符号保留小数点后两位 |
| 2.71828 | {:.0f} | 3 | 不带小数 |
| 5 | {:0>2d} | 05 | 数字补零（左边填充，宽度为2） |
| 5 | {:x<4d} | 5xxx | 数字补 x（右边填充，宽度为4） |
| 10 | {:x<4d} | 10xx | 数字补 x（右边填充，宽度为4） |
| 1000000 | {:,} | 1,000,000 | 以逗号分隔的数字格式 |
| 0.25 | {:.2%} | 25.00% | 百分比格式 |
| 1000000000 | {:.2e} | 1.00e+09 | 指数记法 |
| 13 | {:>10d} | 13 | 右对齐（默认，宽度为10） |
| 13 | {:<10d} | 13 | 左对齐（宽度为10） |
| 13 | {:^10d} | 13 | 中间对齐（宽度为10） |
| 11 | '{:b}'.format(11) | 1011 | 不同的进制 |
| | '{:d}'.format(11) | 11 | |
| | '{:o}'.format(11) | 13 | |
| | '{:x}'.format(11) | b | |
| | '{:#x}'.format(11) | 0xb | |
| | '{:#X}'.format(11) | 0XB | |